普通高等教育物流与供应链管理系列重点教材

智能物流设施与设备

主　编：邹　霞
副主编：张小艺　刘培德
参　编：闻思源　王福华　沈长鹏　刘　鹏
　　　　张贻弓　李晓萌　尹　航　王子实

电子工业出版社
Publishing House of Electronics Industry
北京·BEIJING

内 容 简 介

物流设施与设备是物流系统的重要组成部分，随着计算机技术和信息技术的发展，物流设施与设备也逐步迈向智能化。本书以物流职能为主线，分别对物流七大职能领域的设施与设备进行介绍。另外，本书还增加了物流设备管理、物流标准化与集装单元化的内容，对物流产业前沿的智能化设施与设备也进行了介绍，同时又按照"产学协同"的理念，重点突出了物流生产中的主流设备。

本书适合作为高等院校物流管理和物流工程等专业学生的教材，也适合物流领域专业硕士研究生使用，还可供相关从业人员阅读参考。

未经许可，不得以任何方式复制或抄袭本书之部分或全部内容。
版权所有，侵权必究。

图书在版编目（CIP）数据

智能物流设施与设备／邹霞主编．— 北京：电子工业出版社，2020.12
ISBN 978－7－121－40192－3
Ⅰ.①智… Ⅱ.①邹… Ⅲ.①智能技术－应用－物流－设备管理 Ⅳ.①F253.9－39
中国版本图书馆 CIP 数据核字（2020）第 245023 号

责任编辑：王二华
印　　刷：三河市君旺印务有限公司
装　　订：三河市君旺印务有限公司
出版发行：电子工业出版社
　　　　　北京市海淀区万寿路 173 信箱　邮编：100036
开　　本：787×1092　1/16　印张：17.5　字数：441.6 千字
版　　次：2020 年 12 月第 1 版
印　　次：2025 年 6 月第 10 次印刷
定　　价：55.00 元

凡所购买电子工业出版社图书有缺损问题，请向购买书店调换。若书店售缺，请与本社发行部联系，联系及邮购电话：(010)88254888，88258888。
质量投诉请发邮件至 zlts@phei.com.cn，盗版侵权举报请发邮件至 dbqq@phei.com.cn。
本书咨询联系方式：(010)88254532。

前　言

物流设施与设备是物流系统的重要组成部分，也是现代化物流运营的硬件基础和关键技术。随着计算机技术和信息技术的发展，物流设施和设备逐步迈向智能化。由于物流系统具有广泛性与复杂性，以及物流业务的模式变化快及物流设施、设备的迭代速度快等原因，物流各领域不断出现新型的、智能化设备，物流基建也向着"新基建"的方向发展。

本书以物流职能为主线，分别对物流七大职能领域的设备进行详细介绍。为了让学生紧跟物流领域最新技术，本书对物流各领域的智能设施与设备进行了梳理，并将相关知识分别增加到各章节内容中。同时，由于电子商务业务的快速发展给物流领域带来的变化，促进了订单拣选、配送等领域的最新设备与系统的快速发展，因此，本书也将这两个领域的相关知识进行了讲解。随着物流自动化、智能化的普及，企业要求物流人才具备物流设备的维护、保养相关知识与能力，结合此要求，本书增加了物流设备的维护、保养相关内容，并作为单独一章进行详细介绍。由于设施与设备的复杂性和抽象性，本书共使用了300多幅图片以展示设施与设备的构造，从而提升了本书的可读性，并便于学生直观、快速地掌握相关知识。本书精选了许多案例和拓展阅读资料（可通过扫描书中提供的二维码进行阅读），从而帮助学生了解产业前沿动态、提升学习兴趣、明确未来就业方向。

在物流专业高等教育的发展过程中，智能物流方向和物流系统规划方向是很多高校物流专业的人才培养方向，具有该方向应用能力的学生受到产业界的广泛认可与肯定。物流设施与设备课程，是物流方向和物流系统规划方向的必修课，只有掌握了物流设备的概念、分类、功能、作业原理、特性和应用场合等相关知识，才能具备物流系统规划与设计的能力，并为成为智能物流人才打下基础。

在"产学协同"的背景下，为了既能反应物流设备制造行业的最新发展动态和成果，又能帮助学生提高实践能力，我们特邀国内知名物流设备供应商——兰剑智能科技股份有限公司的专家参与本书的撰写工作，并为本书提供大量素材和案例，在此表示感谢。

本书由刘培德、王洪海筹划并组织编写工作，由邹霞担任主编并负责统稿，由张小艺、刘培德担任副主编，由物流设施与设备专家吴耀华教授审订。作者具体分工如下：邹霞编写第1章、第2章、第4章至第8章；王福华编写第3章和第10章；闻思源编写第9章；沈长鹏、刘鹏、张贻弓提供案例素材；李晓萌、尹航、王子实负责查找资料、修改文字、调整版式。

本书编写团队的严谨工作，电子工业出版社科学、严谨的工作流程，审稿专家对内容的严格要求，保证了本书的质量。但是由于物流系统的复杂性和设备迭代的快速性，以及作者对于行业研究的局限性，书中难免存在疏漏和不足，恳请同行和广大读者批评指正。

编　者

2020 年 10 月

目 录

第1章 物流设施与设备概述 … 001
1.1 物流设施与设备的概念 …… 001
1.1.1 物流设施与设备的定义与构成 …………… 001
1.1.2 物流设施与设备在物流系统中的地位与作用 …………………………… 003
1.1.3 我国物流设备的发展趋势 ……………………… 004
1.2 物流设施与设备的分类 …… 005
1.2.1 物流设施的分类体系 …………………………… 005
1.2.2 物流设备的分类体系 …………………………… 005
本章小结 …………………… 007
习题 ………………………… 007

第2章 物流设施与设备管理 … 008
2.1 物流设施与设备的选配 …… 008
2.1.1 物流设施与设备选配的基本要求 …………… 008
2.1.2 物流设施与设备的选配原则 ………………… 009
2.2 物流设备管理 ……………… 010
2.2.1 物流设备管理概述 …………………………… 010
2.2.2 物流设备故障 ……… 013
2.2.3 物流设备的维护、保养与修理 ……………… 015
2.2.4 物流设备的更新与改造 …………………………… 016
本章小结 …………………… 018
习题 ………………………… 018

第3章 运输设施与设备 ……… 019
3.1 铁路运输设施与设备 ……… 019
3.1.1 铁路运输概述 ……… 019
3.1.2 铁路运输设施的组成 …………………………… 021
3.1.3 常见铁路运输设备 …………………………… 025
3.2 公路运输设施与设备 ……… 030
3.2.1 公路运输概述 ……… 030
3.2.2 公路运输设施的组成 …………………………… 031
3.2.3 常见公路运输设备 …………………………… 038
3.3 水路运输设施与设备 ……… 042
3.3.1 水路运输概述 ……… 042
3.3.2 水路运输设施的组成 …………………………… 043
3.3.3 常见水路运输设备 …………………………… 050
3.4 航空运输设施与设备 ……… 055
3.4.1 航空运输概述 ……… 055
3.4.2 航空运输设施的组成 …………………………… 056
3.4.3 常见的航空运输设备 …………………………… 057
3.5 管道运输设施与设备 ……… 058
3.5.1 管道运输概述 ……… 058

3.5.2　管道运输设施的组成
　　　　　　……………………060
　　3.5.3　常见的管道运输设施
　　　　　　……………………060
本章小结 ……………………… 061
习题 …………………………… 061

第4章　仓储设施与设备 ………… 062

4.1　仓储设施与设备概述 ……… 062
　　4.1.1　仓库的定义与分类
　　　　　　……………………062
　　4.1.2　仓储设施与设备的配
　　　　　　置原则和选用步骤
　　　　　　……………………066
　　4.1.3　仓储系统的主要参数
　　　　　　……………………068
4.2　货架 ………………………… 069
　　4.2.1　货架的定义、功能与
　　　　　　分类 ………………069
　　4.2.2　常用货架 ……… 071
　　4.2.3　货架的选择 …… 078
4.3　自动化立体仓库 …………… 079
　　4.3.1　自动化立体仓库的概
　　　　　　念与特点 …………079
　　4.3.2　自动化立体仓库的分类
　　　　　　……………………080
　　4.3.3　自动化立体仓库的构成
　　　　　　……………………083
　　4.3.4　我国自动化立体仓库的
　　　　　　应用 ………………085
4.4　堆垛机 ……………………… 086
　　4.4.1　堆垛机的分类与功能
　　　　　　……………………086
　　4.4.2　堆垛机的基本结构
　　　　　　……………………088
4.5　其他设备 …………………… 090
　　4.5.1　装卸平台 ……… 090
　　4.5.2　计量设备 ……… 091

　　4.5.3　仓储保管养护设备
　　　　　　……………………095
　　4.5.4　仓储安全消防设备
　　　　　　……………………096
本章小结 ……………………… 098
习题 …………………………… 098

第5章　物流标准化及集装化设备 … 100

5.1　物流标准化及集装单元化 … 100
　　5.1.1　物流标准化的含义
　　　　　　与作用 ……………100
　　5.1.2　集装单元化的概念
　　　　　　……………………101
　　5.1.3　集装单元化的形式
　　　　　　和优点 ……………102
　　5.1.4　集装单元化的基本
　　　　　　原则 ………………102
5.2　周转箱 ……………………… 103
　　5.2.1　周转箱的分类 … 103
　　5.2.2　周转箱的优势及功能
　　　　　　……………………104
　　5.2.3　周转箱的循环共用模式
　　　　　　……………………105
5.3　托盘 ………………………… 106
　　5.3.1　托盘的概念和特点
　　　　　　……………………106
　　5.3.2　托盘的规格标准 … 107
　　5.3.3　托盘的种类 …… 107
　　5.3.4　托盘的集装方法 … 111
5.4　集装箱 ……………………… 112
　　5.4.1　集装箱的构造和特点
　　　　　　……………………113
　　5.4.2　集装箱的规格标准
　　　　　　……………………115
　　5.4.3　集装箱的分类 … 116
　　5.4.4　集装箱吊具 …… 120
　　5.4.5　集装箱搬运工艺 … 122
本章小结 ……………………… 128

习题 129

第6章 装卸搬运设备 130

6.1 装卸搬运设备概述 130
    6.1.1 装卸搬运设备的含义与作用 130
    6.1.2 装卸搬运设备的分类 131
    6.1.3 装卸搬运设备的选型 132
6.2 起重设备 133
    6.2.1 起重设备概述 133
    6.2.2 桥架型起重机 137
    6.2.3 臂架型起重机 142
    6.2.4 起重机的选择 145
6.3 输送设备 147
    6.3.1 输送设备概述 147
    6.3.2 连续性输送机 148
    6.3.3 间歇性输送机 151
    6.3.4 气力输送机 154
6.4 叉车 157
    6.4.1 叉车概述 157
    6.4.2 叉车的类型 158
    6.4.3 叉车的主要技术参数 161
    6.4.4 叉车属具 162
6.5 AGV 165
    6.5.1 AGV概况 165
    6.5.2 AGV的组成 168
    6.5.3 AGV的工作过程 171
    6.5.4 AGV的导引原理 171
6.6 轻型搬运车 173
    6.6.1 手动液压升降平台车 173
    6.6.2 手动液压托盘搬运车 173
    6.6.3 手动液压堆高车 174
本章小结 174
习题 174

第7章 拣选与分拣设备 177

7.1 分拣概述 177
    7.1.1 广义分拣的含义 177
    7.1.2 分拣信息 177
    7.1.3 分拣作业 178
7.2 自动分拣技术 179
    7.2.1 分拣技术的分类 179
    7.2.2 自动分拣系统的功能、特点和适用条件 179
    7.2.3 自动分拣系统的基本结构 180
    7.2.4 常见的自动分拣机 182
7.3 "人到货"拣选系统 187
    7.3.1 "人到货"拣选系统概述 187
    7.3.2 拣选信息技术分类 188
    7.3.3 拣选效率对比分析 190
7.4 "货到人"拣选系统 190
    7.4.1 "货到人"拣选系统概述 190
    7.4.2 "货到人"拣选系统作业流程 191
    7.4.3 典型"货到人"拣选系统 192
本章小结 195
习题 195

第8章 智能配送设备 196

8.1 送货车辆 196
8.2 智能送货装备 196
    8.2.1 智能送货装备概述 196
    8.2.2 无人机 197
    8.2.3 无人车 201

8.3 配送签收模式及设备……………204
  8.3.1 配送签收模式…………204
  8.3.2 智能签收设备…………205
本章小结………………………………207
习题……………………………………207

第9章 物流信息设施与设备……208

9.1 物流信息概述……………………208
  9.1.1 物流信息的作用………208
  9.1.2 物流信息技术…………209
9.2 条形码技术………………………209
  9.2.1 一维码技术……………210
  9.2.2 二维码技术……………212
9.3 条形码识别系统…………………214
  9.3.1 条形码识别系统概述……214
  9.3.2 光电扫描器……………214
  9.3.3 便携式数据采集终端……218
  9.3.4 无线数据采集器………219
9.4 射频设备…………………………220
  9.4.1 射频识别概述…………220
  9.4.2 RFID系统的主要技术及分类……………………222
9.5 POS及POS系统的应用…………224
  9.5.1 POS结构与功能………224
  9.5.2 POS终端的类型………224
  9.5.3 POS系统的构成与应用……………………225
  9.5.4 虚拟POS系统…………226
9.6 GPS与GIS………………………227
  9.6.1 GPS的定义和工作原理……………………227
  9.6.2 GPS的组成……………228
  9.6.3 GIS的定义和工作原理……………………230
  9.6.4 GIS的组成、分类和功能……………………231
9.7 北斗卫星导航系统…………………234
  9.7.1 北斗卫星导航系统概述……………………234
  9.7.2 北斗卫星导航系统的构成和特点……………235
9.8 物联网技术………………………236
  9.8.1 物联网的概念…………236
  9.8.2 物联网的基本特征和功能……………………237
  9.8.3 物联网体系的结构……………………238
  9.8.4 物联网的关键技术……………………239
  9.8.5 物联网的应用…………240
本章小结………………………………241
习题……………………………………241

第10章 包装与流通加工设备……244

10.1 包装与流通加工设备概述………244
  10.1.1 包装设备概述…………244
  10.1.2 流通加工设备概述……………………245
10.2 常用的包装设备…………………247
  10.2.1 常用的包装技术……………………247
  10.2.2 包装设备分类…………251
  10.2.3 常见的包装容器……………………252
  10.2.4 包装机械设备…………255
10.3 流通加工设备……………………262
  10.3.1 流通加工设备的分类……………………262
  10.3.2 常见的几种流通加工设备……………………264
本章小结………………………………267
习题……………………………………267

参考文献………………………………269

第 1 章

物流设施与设备概述

> **学习目标**
> （1）掌握物流设施与设备的基本概念、分类标准和主要类型；
> （2）理解物流设施与设备的发展现状和趋势；
> （3）掌握选配物流设施与设备的基本原则；
> （4）能够根据实际作业需求选定合理的物流设备类型。

1.1 物流设施与设备的概念

1.1.1 物流设施与设备的定义与构成

1. 物流设施与设备的定义

物流活动是指物流各功能的实施与管理的过程，它由运输、储存、配送、装卸搬运、流通加工和包装等环节构成。物流作业是指实现物流功能时所进行的具体操作。

物流设施与设备就是指进行各项物流活动和物流作业所需要的设施与设备的总称。物流活动的实现需要相应的劳动场所和劳动工具，而这些劳动场所就是物流设施，劳动工具就是物流设备。

物流系统的建立和运行需要大量技术装备手段，这些手段的有机联系对物流系统的运行有决定意义。这些要素对实现物流的功能也是必不可少的，主要有以下几个要素：

①物流设施。它是组织物流系统运行的基础物质条件，包括物流场站、物流中心、仓库，物流线路，建筑、公路、铁路和港口等。

②物流装备。它是保证物流系统运行的条件，包括储存设备、运输设备、加工设备和装卸设备等。

③信息技术及网络。它是掌握和传递物流信息的手段，根据所需信息水平不同，包括通信设备及线路、传真设备、计算机及网络设备等。

④组织及管理。它是物流网络的"软件"，起着连接、调运、运筹、协调和指挥其他各要素，以保障物流系统目的实现的作用。

2. 物流设施与设备的构成

物流设施与设备由物流基础设施、物流设备两大部分构成。其中物流基础设施包括公路、铁路、航空、水路、管道、港口、货运站场和通信等基础设施，这些基础设施的建设水平和通过能力直接影响着物流各环节的运行效率。

物流设备是指用于储存、运输、装卸搬运、拣选、分拣、包装、流通加工、配送、信息采集与处理等物流活动的设备。物流设备按功能可划分为储存设备、装卸搬运设备、运输及配送设备、拣选和分拣设备、流通加工设备、信息采集与处理设备、集装单元化设备七大类，如图1-1所示。

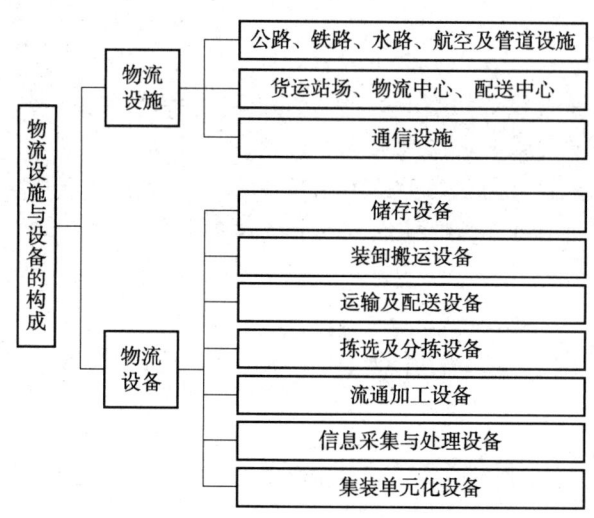

图1-1 物流设施与设备的构成

（1）物流设施

物流设施就是物流活动的空间，它贯穿物流的全过程，涉及物流的各个作业环节，主要有以下两大类。

①物流基础性设施。这类设施多为公共设施，是宏观物流的基础，主要由政府或国有机构投资建设，其特点是战略地位高、辐射范围大。

②物流功能性设施。这类设施是提供物流功能性服务的基本手段。

（2）物流设备

物流设备是指进行各项物流活动所需的机械设备、器具等，可供长期使用并在使用过程中基本保持原来实物形态的生产资料，包含用于储存、运输、搬卸装运、拣选、分拣、包装、流通加工、配送、信息采集与处理等物流活动的设备或装备。

①物流仓储设备主要用于各种配送中心、仓库存取货物。主要有货架、堆垛机、室内搬运车、出入库输送设备、分拣设备、提升机、自动导引运输车（Automated Guided Vehicle，AGV）、搬运机器人及计算机管理和监控系统。这些设备可以组成自动化、半自动化、机械化的商业仓库，完成对物料的堆垛、存取、分拣等作业。

②起重机械用于将重物提升、降落、移动、放置于需要的位置。起重机械是生产过程中不可缺少的物料搬运设备，包括千斤顶、起重葫芦、桥架式起重机、臂架式起重机、装卸桥等。

③输送机械是按照规定路线连续或间歇地运送散状物料或成件物品的搬运设备,是现代物料搬运系统的重要组成部分,主要有带式输送机、斗式提升机、刮板式输送机、悬挂式输送机、架空索道等。

④流通加工机械是完成流通加工作业的专用机械设备,主要有切割机械与包装机械两大类。切割机械有金属、木材、玻璃、塑料等原材料切割机械;包装机械有充填机械、罐装机械、捆扎机械、裹包机械、贴标机械、封口机械、清洗机械、真空包装机械、多功能包装机械等。

⑤集装单元器具,其主要有集装箱、托盘、周转箱和其他集装单元器具。

⑥工业搬运车辆,主要指在工厂、码头中应用极为广泛的集装箱、AGV、叉车、跨运车、牵引车等搬运设备。

1.1.2 物流设施与设备在物流系统中的地位与作用

物流系统是由若干个相互区别、相互联系而又相互作用的要素组成,在一定的物流环境中,为达到物流活动的整体目标而存在的有机整体,其基本组成要素包括人、财、物、设备、信息、组织管理等。因此,物流设施与设备作为构成物流系统的基本要素之一,其在物流系统中的地位和作用可概括如下。

1. 物流设施与设备是物流系统的物质基础和重要资产

任何物流系统的正常运转都离不开物流设施与设备的支持,而物流设施与设备往往需要很大的投资。现代物流设施与设备既是技术密集型的物流服务工具,也是资金密集型的社会财富,因此,科学合理地配置和运用物流设施与设备是提高物流系统效率、降低物流总成本的关键技术手段,也是提高企业经济效益和社会效益的重要方法。

2. 物流设施与设备涉及物流系统的全过程

在物流系统运营中,物流各基本功能的实现都离不开相应的物流设施与设备,并且物流设施与设备配置的合理与否直接影响着整个物流系统的运营效率和效果。

3. 物流设施与设备是影响物流服务水平的重要因素

随着国民经济的不断发展,人们对现代物流服务的要求越来越高,物流设施与设备作为现代物流服务的技术手段,成为影响物流服务水平的重要因素,已经成为衡量一个国家、地区和企业的物流服务水平的重要标志。具备了现代化的物流设施与设备,也就具备了向社会提供高水平物流服务的能力。

4. 物流机械设施与设备是物流技术水平的主要标志

在现代化的物流系统中,硬件技术综合运用了自动化控制技术、计算机技术、现代通信技术等高新技术,使各项作业实现了半自动化、自动化。在物流管理过程中,从信息的自动采集、处理到信息的发布完全可以实现智能化,依靠功能完善的高水平监控管理软件来实现对物流各环节的自动监控,并可以对物流系统的运行情况进行及时的诊断,提出合理化建议。因此,物流设备与设施的现代化水平的高低是衡量物流技术水平高低的主要标志。

1.1.3 我国物流设备的发展趋势

随着现代物流业的发展,物流设备作为其物质基础表现出了以下几个方面的发展趋势。

1. 大型化与高速化

大型化是指设备的容量、规模、能力越来越大。大型化是实现物流规模效应的基本手段,可以提升物流系统功能。目前载重超过600吨的运输车辆已经出现,中国自主研发的"新埔洋"号邮轮总载重30.8万吨。高速化是指设备运行速度、识别速度、运算速度大大加快,以提高物流作业效率。从2014年起中国高铁的速度不低于250千米/小时,民航客机的速度一般为900千米/小时。

2. 实用化与轻型化

物流设备应适应不同的作业要求,应具备好用、易维护、易操作等特性,具有耐久性、无故障性、良好的经济性,以及较高的安全性、可靠性和环保性。物流设备选择要考虑综合效益,可通过缩减外形尺寸、简化结构、降低设备造价来实现,同时也可减少设备的运行成本。

3. 专用化与通用化

随着物流的多样性,物流设备的品种也越来越多且不断更新。物流活动的系统性、经济性、机动性、快速化,要求一些设备向专门化方向发展,又有一些设备向通用化、标准化方向发展。

物流设备的专用化是提高物流效率的基础,是专门为某一物流环节作业、某一专门商品等提供的设备,如从客货混载到客货分载,出现了专门运输货物的飞机、轮船、汽车等设备。

通用化的物流设备为物流系统供应链保持高效率提供了基本保证,还可以实现物流作业的快速转换,极大地提高物流作业效率。物流设备通用化主要以集装箱运输的发展为代表。

4. 自动化与智能化

自动化与智能化是未来的主要发展方向,通过将机械技术、电子技术与智能算法相结合,将先进的微电子技术、模糊控制技术、智能算法等应用到机械的驱动和控制系统中,实现物流设备的自动化和智能化。例如,自动化仓库中的AGV、无人机、公路运输智能交通系统的开发和应用,已引起各国的广泛重视。

5. 成套化与系统化

成套化和系统化的物流设备具有广阔的发展前景,只有当组成物流系统的设备成套、匹配时，物流系统才是最有效、最经济的。通过计算机把各种物流设备组成一个集成系统，通过中央控制室的控制与物流系统协调配合，形成不同机种的最佳匹配和组合，发挥最佳效用。例如，工厂生产搬运自动化系统、货物配送集散系统、集装箱装卸搬运系统、货物自动分拣与搬运系统等都是成套化和系统化的典型代表。

6. 绿色化

"绿色环保"需要贯穿物流作业的全过程。绿色化就是要达到环保要求，一是与牵引动力的发展及制造、辅助材料等技术发展有关，要有效利用能源、减少污染排放，使用清洁能源、可回收材料等；二是指在使用过程中，对各物流设备及材料的合理调度和恰当使用。

拓展阅读 1-1

1.2 物流设施与设备的分类

1.2.1 物流设施的分类体系

物流设施种类繁多、形式多样，大致可分为基础性物流设施和功能性物流设施。

1. 基础性物流设施

基础性物流设施一般具有公共设施性质，是宏观物流的基础，它的主要特点是由政府投资（或主导）建设，战略地位高，辐射范围大，包括以下三个方面。

①物流网络结构中的枢纽点。其包括全国性或区域性铁路枢纽、公路枢纽、航空枢纽港、水路枢纽港、国家战略物流储备基地，辐射全国经济区域的物流基地等。

②物流网络结构中的铁路线、公路线、航道、输送管路等。

③物流基础信息平台。其任务是为企业的物流信息系统提供基础信息服务（如交通状态信息等），承担不同企业间的信息交换枢纽支持，提供政府行业管理决策支持等。

2. 功能性物流设施

功能性物流设施一般是由企业所拥有，提供物流功能性服务的基本手段，包括以下两个方面。

①以存放货物为主要职能的节点，如储备仓库、营业仓库、中转仓库、货栈等。

②以组织物资在系统中运动为主要职能的节点，如配送中心、流通加工中心等。

1.2.2 物流设备的分类体系

1. 运输设备

运输是创造空间效用的主要功能要素，是物流的主要活动之一，它承担了物品在空间中各个环节的位置移动，解决了供给者和需求者之间场所的分离。由于运输在物流中的独特地位，要求运输设备具有高速化、智能化、通用化、大型化、安全可靠等特点，以提高运输作业效率，降低运输成本，最大程度地发挥运输设备的作用。

运输设备是指用于较长距离运输货物的设备。根据运输方式，运输设备可分为公路运输设备、铁道运输设备、水路运输设备、航空运输设备和管道运输设备等。

2. 储存设备

仓储是指利用仓库等设施及相关设备进行物品的入库、储存、出库的作业过程。储存在物流系统中起着缓冲、调节、集散和平衡的作用，是物流系统的另一个核心环节。储存设备是指在仓储过程中所需要的设备和器具，主要包括货架、起重堆垛机械、装卸搬运机、商品质量检验器具和商品保管维护工具等。

3. 装卸搬运设备

装卸是指在指定地点对物品进行以垂直移动为主的物流作业；搬运是指对物品进行以水平移动为主的物流作业。装卸搬运设备是指用于搬移、升降、装卸和短距离输送物料的设备。它是物流系统中使用频率最高、使用数量最多的一类设备，是物流设备的重要组成部分，主要包括人力、机械化、自动化搬运车辆，连续输送及自动分拣机械，起重机械等。

装卸搬运设备主要应用于港口码头、物流园区、物流中心、配送中心、货运站场、仓库等物流节点内。由于装卸搬运在整个物流过程中占有很大的比重，因此，合理配置装卸搬运设备对提高整个物流系统的效率和降低物流总成本都有很大的影响。

4. 流通加工设备

流通加工作业是为了更有效地满足用户多样化的需要，衔接产销、促进销售的一种高效、辅助性的加工活动。它是指物品在从生产地到使用地的过程中，根据需要施加包装、分割、计量、分拣、贴标签、组装等简单作业的总称。流通加工设备是指进行流通加工活动所需的各类设备。

5. 物流信息技术设备

物流信息技术是指运用于物流各环节中的信息技术。根据物流的功能及特点，物流信息技术包括计算机技术、网络技术、信息分类编码技术、条形码技术、射频识别技术、电子数据交换技术、全球定位系统、地理信息系统等。

在信息技术的应用过程中，都必须配备相应的技术设备。例如，条形码技术的典型设备包括条形码数据采集器、无线车载终端和无线基站等；射频识别技术的典型设备包括电子标签、读写器和读写天线等。

6. 集装单元器具

拓展阅读1-2

集装单元器具是一种便于储运的物料承载单元，是物流机械化、自动化作业的基础。集装单元器具主要有托盘、集装箱、周转箱、集装袋和其他类型的集装单元器具。

货物经集装和组合包装后，大大提高了搬运活性，随时处于准备流动的状态，便于储存、装卸搬运、运输等活动的合理组织，便于实现物流作业的标准化、机械化和自动化。

本章小结

物流设施与设备是组织实施物流活动的重要手段,是物流活动的基础。物流设备主要包括储存设备、装卸搬运设备、运输及配送设备、拣选及分拣设备、流通加工设备、信息采集与处理设备和集装单元化设备七大类。伴随着用户需求的变化,以及自动控制技术和信息技术在物流设备上的应用,在大力吸收国外先进技术和发展我国机械制造业的基础上,我国建立了比较完善的物流设备制造体系,物流设备的技术水平有了较大的提高。现代物流设备正朝着大型化、高速化、信息化、多样化、标准化、系统化、智能化、实用化和绿色化的方向发展。

习题

一、判断题

1. 物流设备是指进行各项物流活动所需的机械设备、器具等,可供长期使用并在使用过程中基本保持原来实物形态的生产资料。（ ）
2. 大型化是实现物流规模效应的基本手段,可以提升物流系统功能,因此运输设备越大越好。（ ）
3. 专用化主要以集装和运输的发展为代表。（ ）
4. 搬运是指在指定地点将物品以人力或机械装入或卸下运输设备的作业活动。（ ）

二、选择题

1. （ ）指物流场站、物流中心、仓库,物流线路,建筑、公路、铁路和港口等。
A. 物流设施　　　B. 物流设备　　　C. 物流工具　　　D. 物流装备
2. 设备（ ）是指设备的容量、规模、能力越来越大。
A. 专用化　　　B. 大型化　　　C. 通用化　　　D. 小型化

三、简答题

1. 什么是物流设施与设备?
2. 简述物流设施与设备的基本构成。
3. 简述物流设施与设备的发展趋势。

第 2 章

物流设施与设备管理

> **学习目标**
> （1）掌握设施与设备选配的基本要求；
> （2）明确物流设备管理的基本内容；
> （3）了解物流设备管理的发展过程；
> （4）掌握基本物流设备管理手段；
> （5）掌握物流设备故障曲线的特点及降低设备故障的方法；
> （6）掌握设备维护、保养与修理的分类；
> （7）掌握设备更新与改造的分类；
> （8）能够根据设备费用选定合理的物流设备。

2.1 物流设施与设备的选配

2.1.1 物流设施与设备选配的基本要求

物流设施与设备的设计，必须结合物流系统的经营目标，合理地选择与配置物流设施与设备，并充分发挥其效能，保证快速、及时、准确、安全、经济地实现物流作业和物流活动。

1. 确定物流设施与设备的自动化程度

根据物流系统的总体目标，合理确定物流设施与设备各系统的自动化程度。根据自动化程度的不同，物流设施与设备系统可分为机械化系统、半自动化系统和自动化系统。

①机械化系统，是指在物流系统的各环节中，广泛采用各种机械设备代替人力的各种操作来完成物流作业的物流设施与设备系统。

②半自动化系统，是指在物流系统的各环节中，主要的物流作业实现了自动化，还有一些辅助作业靠人力来完成的物流设施与设备系统。

③自动化系统，是指在物流系统的各个环节中，由控制系统统一控制，所有的物流作业都由自动化设备按照作业指令自动完成的物流设施与设备系统。

2. 选用适合的物流设施与设备

选用适合的物流设施与设备是指所选用的物流设施与设备既要充分发挥其性能，实现系统目标，又不能造成功能的浪费。在选用时，既要考虑物流设施与设备的技术先进性，又要考虑其购置和使用的经济性，同时还要考虑其环保性，不能对环境造成危害。因此，要根据所确定的设备系统类型，合理地选择各种具体设施与设备的类型、技术性能参数和型号规格。

3. 注重设备间的合理配套

合理配套是指在选择和配置物流设施与设备时，要充分考虑各物流环节之间所用设施与设备的协调配套问题，保证物流系统各环节的作业顺畅有序地进行，实现整体最优的目标。

4. 设施与设备应具有较强的适应性

在物流系统中，所采用的物流机械设备应能适应各种不同物流环境、物流作业和实际应用的需求，使用方便，符合人机工程学等要求。

5. 尽量选用标准化的器具和设备

采用标准化器具和设备有利于实现装卸、搬运、储存等环节的机械化、自动化作业，有利于各环节的有效衔接，降低设备和器具的购置和管理费用。

6. 设备的配置应充分利用和节约空间

设备的选用应有利于现有空间的有效、合理利用，在满足性能要求的前提下，应做到外形尺寸尽量小，占用作业空间尽量小。

2.1.2 物流设施与设备的选配原则

在配置和选择物流设施与设备时，要进行科学决策和规划，正确地配置和选择物流设施与设备，既能满足作业要求，同时又能最大限度地降低采购费用和使用费用，使有限的投资发挥最大的技术经济效益。总的来说，配置和选择物流设施与设备应遵循技术先进性、经济合理性和生产可行性三大原则。

1. 技术先进性原则

技术先进性是指配置与选择的物流设备能反映当前科学技术的先进成果，在主要技术性能、自动化程度、结构优化、环境保护、操作条件和现代新技术的应用等方面具有技术上的先进性，并在时效性方面能满足技术发展的要求。但先进性应以物流作业适用为前提，绝不是片面追求技术上的先进。

2. 经济合理性原则

经济合理性原则是指物流设施与设备在寿命周期内整体成本低，包括降低采购费用和维护使用费用两个方面。在多数情况下，物流设备的技术先进性与低成本间存在效益背反，但在满足使用的前提下应对技术先进与费用投入进行全面考虑和权衡。

3. 生产可行性原则

生产可行性原则包括系统性、适用性、可靠性、安全性等多个方面。

①系统性。系统性就是在物流设备配置选择中用系统论的观点和方法，对物流设备运行所涉及的各个环节进行分析，将各个物流设备与物流系统总目标、物流设备之间、物流设备与操作人员之间、物流设备与作业任务等严密结合，使物流设备发挥最大的效能，并使物流系统整体效益实现最优的能力。

②适用性。适用性是指物流设备满足使用要求的能力，包括适应性和实用性。在配置和选择物流设备时，应充分注意到与物流作业的实际需要和发展规划相适应；应符合货物的特征、货运量的需求；要适应不同的工作条件和多种作业性能要求，操作使用灵活方便。

③可靠性。可靠性是指物流设备在规定的使用时间和条件下，完成规定功能的能力。它是物流设备的一项基本性能指标，从经济角度看，物流设备的可靠性高就可以减少或避免因发生故障而造成的停机损失与维修费用的支出，但可靠性并非越高越好，因为提高物流设备的可靠性需要在物流设备研发制造方面投入更多的资金。因此，应全面权衡提高可靠性所需的费用开支与物流设备不可靠造成的费用损失，从而确定最佳的可靠度。

④安全性。安全性是指物流设备在使用过程中保证人身和货物安全及环境免遭破坏的能力，它主要包括设备的自动控制性能、自动保护性能及对错误操作的防护和警示装置等。在配置与选择物流设备时，应充分考虑物流设备的安全性，避免发生人身事故，保证物流作业顺利进行。

2.2 物流设备管理

2.2.1 物流设备管理概述

1. 物流设备管理的含义

物流设备管理是以物流设备的全生命周期为研究对象，以物流设备寿命周期费用最经济和物流设备综合效率最高为目标，动员全员参加的综合管理。其目的是充分发挥物流设备效能，并寻求物流设备寿命周期费用最低，从而获得最佳投资效果。物流设备管理是应用一系列理论与方法，通过一系列技术、经济组织措施，对物流设备的物质运动和价值运动进行从规划、设计、制造、选型、购置、安装、使用和维护修理直至报废的全过程进行的科学管理。

2. 物流设备管理的特点

物流设备管理是以提高物流设备综合效益和实现物流设备寿命周期费用最低为目标的一种新型设备管理模式。它具有以下特点：

①物流设备管理是一种全过程的系统管理。它强调对设备的全生命周期（设计、制

造、使用、报废）进行管理，认为物流设备的前期管理与后期管理密不可分，二者同等重要。

②物流设备管理是一种全方位的综合管理。它强调物流设备管理工作有技术、经济和组织三个方面的内容，三者有机联系、相互影响。在物流设备管理工作中要充分考虑三者之间的平衡。

③物流设备管理是一种全员参与的群众性管理。它强调物流设备管理不只是物流设备使用和管理部门的事情，企业内部所有与物流设备有关的部门和人员都应参与其中。

3. 物流设备管理的四个关键

根据物流设备管理的概念可以得出四个关键词，即设备全生命周期管理、设备寿命周期费用、设备综合效率、全员生产型保全活动。

（1）设备全生命周期管理

设备全生命周期管理（Life Cycle Equipment Management，LCEM），是从设备的选型采购、运行维护到技改报废的全生命周期，进行设备不同阶段的全过程管理；是对设备全生命周期内的整体费用、运行管理、安全能效等方面进行全面控制，以企业总体效益为出发点，运用先进的管理方法与技术手段，来实现设备全面、系统和科学的管理。

①前期管理。设备的前期管理包括规划决策、计划、调研、购置、安装、调试，直至试运转的全部过程。

其主要流程为：进行总体规划和可行性研究、设备选型决策、采购审批程序设计、合同管理、安装调试验收管理、试运行后的设备初期管理（设备分类编码、建立设备卡和设备台账、设备图纸技术文件管理）。其中，设备的总体规划和可行性研究、选型决策和安装调试验收管理决定了设备的质量和水平，而设备初期管理则为后续的设备管理过程奠定了良好的基础。

②运行维修管理。运行维修管理包括防止设备性能劣化而进行的日常维护保养、检查、检测、诊断及修理、更新等。

设备的运行管理占设备全生命周期的大部分时间，是设备全生命管理过程中的重要环节，正确的使用和维修设备可使设备保持良好的状态，防止和减少突发性故障和非正常停机，使设备发挥最大效能。

③轮换及报废管理。在轮换期，对于部分可修复的设备，应定期进行轮换和离线修复保养，然后继续更换服役。

在正常情况下，设备都应保持长期正常运转，但为进一步提高设备的可用性，应及时发现和消除缺陷，确保设备安全稳定，并对部分设备进行轮换和保养。

设备报废管理是设备在其功能范围内达到使用寿命或使用期限，或是设备发生意外事故导致其使用功能完全丧失被判断为"废弃"后，启动的对台账、资产卡、实物进行报废处理的管理措施。而设备处置则是对报废设备或不再具有使用价值的设备进行拍卖或废弃的管理过程，它是设备管理的最后环节，通过处置使设备的经济利益获得最大化。

（2）设备寿命周期费用

设备寿命周期费用（Life Cycle Cost，LCC）是指设备一生的总费用，包括设备的调研、设计、制造、安装、调试、使用、维修、改造直到报废为止所产生的费用总和。

①设备寿命周期费用包含以下三部分。

a. 购置费：包括调研、设计、制造、安装、调试等费用。
b. 维持费：包括运行费和维修费。
c. 拆除费。

如图 2-1 所示，在前期，设备寿命周期费用较高，因为涉及设计、制造、安装、调试等；在中期，费用相对较低，因为日常的维护比较稳定；到了末期，零部件的更换会导致费用逐渐增加。

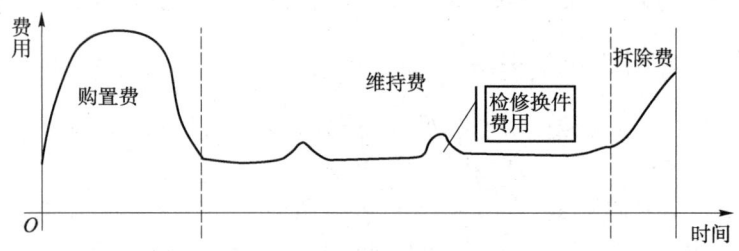

图 2-1 设备寿命周期费用

② LCC 的测算。

$$LCC = 购置费 + 维持费 + 拆除费 - 残值$$

例如，甲设备的购置成本为 6000 万元，乙设备的购置成本为 5600 万元，但乙设备的维持成本高出甲设备 800 万元，所以甲设备的 LCC 与乙设备的 LCC 差仍为负值。因此长远来看，购置甲设备仍是比较有利的选择。

LCC 测算最主要的目的是从这个测算结果中选出最经济的设备投资方案，也就是说，购置设备时，购置成本的高低并不是购买某种设备的唯一考虑因素，而是要把未来的维持成本同样列为考虑的重点因素，才是明智之举。

（3）设备综合效率

设备综合效率（Overall Equipment Effectiveness，OEE）作为衡量生产、设备效率的重要指标，能准确、清楚地反映出设备效率如何，在生产的哪个环节有多少损失，以及可以进行哪些改善工作。使用 OEE 工具，可以找到影响生产效率的瓶颈，并进行改进和跟踪，达到提高生产效率的目的。

$$OEE = 可用率 \times 表现性 \times 质量指数$$
$$OEE = 时间开动率 \times 性能开动率 \times 合格品率$$

表 2-1 OEE 计算要素

三个要素	要素描述	公　　式
可用率	可用率用来考虑停工所带来的损失，包括引起计划生产发生停工的任何事件。例如，设备故障、物料短缺及生产方法的改变等	可用率 = $\dfrac{操作时间}{计划工作时间}$
表现性	表现性用来考虑生产速度上的损失，包括任何导致生产不能以最大速度运行的因素。例如，设备的磨损、材料的不合格及操作人员的失误等	表现性 = $\dfrac{总产量/操作时间}{生产速率}$
质量指数	质量指数用来考虑质量上的损失，反映没有满足质量要求的产品有多少	质量指数 = $\dfrac{合格品}{总产量}$

(4) 全员生产型保全活动

TPM 是（Total Productive Maintenance）的英文缩写，意为"全员生产型保全活动"。1971 年首先由日本人提出，它原来的定义是"全体人员（包括企业领导、生产现场工人及办公室人员）参加的生产、维修、保养体制"。TPM 的目的是达到设备的最高效益，它以小组活动为基础，涉及设备全系统。

①TPM 的具体含义包括以下几个方面：

a. 以追求生产系统效率（综合效率）的极限为目标，实现设备综合效率的持续改进；

b. 从意识改变到使用各种有效的手段，构筑能防止所有灾害、不良、浪费发生的体系，最终构成"零"灾害、"零"不良、"零"浪费的体系；

c. 从生产部门开始实施，逐渐发展到开发、管理等所有部门；

d. 从最高领导到一线作业者，全员参与。

②TPM 强调的五大要素包括：

a. TPM 致力于设备综合效率最大化的目标；

b. TPM 在设备一生建立彻底的预防维修体制；

c. TPM 由各个部门共同推行；

d. TPM 涉及每个雇员，从最高管理者到现场工人；

e. TPM 通过动机管理，即自主的小组活动来推进。

4. 物流设备管理的意义

在生产的主体由人力渐渐向物流设备转移的今天，管理好物流设备对企业的影响和意义是极大的。

①物流设备管理直接影响企业管理的各个方面。在现代化的企业里，企业的计划、交货期和生产监控等各方面的工作无不与物流设备管理密切相关。

②物流设备管理直接关系到企业产品的产量和质量。

③物流设备管理水平的高低直接影响着产品制造成本的高低。

④物流设备管理关系到安全生产和环境保护。

⑤物流设备管理影响着企业生产资金的合理使用。

2.2.2 物流设备故障

1. 物流设备故障的定义

所谓物流设备故障，一般是指物流设备失去或降低其规定功能的事件或现象，表现为物流设备的某些零件失去原有的精度或性能，使物流设备不能正常运行、技术性能降低，致使物流设备中断生产或效率降低而影响生产。

物流设备在使用过程中，由于摩擦、外力、应力及化学反应的作用，零件总会逐渐磨损、腐蚀、断裂，导致因故障而停机。加强物流设备保养维修，及时掌握零件磨损情况，在零件进入剧烈磨损阶段前，进行修理更换，就可防止故障停机所造成的经济损失。

2. 物流设备故障的分类

物流设备故障按技术性原因,可分为磨损性故障、腐蚀性故障、断裂性故障及老化性故障四大类。

(1) 磨损性故障

磨损性故障是指由于运动部件磨损,在某一时刻超过极限值所引起的故障。所谓磨损,是指机械在工作过程中,互相接触的表面在摩擦作用下发生尺寸、形状和表面质量变化的现象。

(2) 腐蚀性故障

腐蚀按机理可分为化学腐蚀、电化学腐蚀和物理腐蚀三类。

(3) 断裂性故障

断裂性故障可分为脆性断裂、疲劳断裂、应力腐蚀断裂和塑性断裂等。

(4) 老化性故障

老化性故障是上述综合因素作用于物流设备,使其性能老化所引起的故障。

3. 物流设备故障的阶段

随着时间的变化,任何物流设备从投入使用到退役,其故障发生的变化过程大致分三个阶段,即早期失效期、偶然失效期和耗损失效期。

图2-2为设备故障曲线,也称浴盆曲线。曲线的形状呈两头高、中间低,具有明显的阶段性。

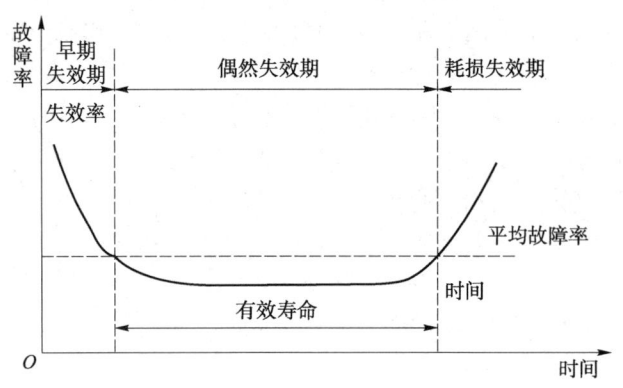

图2-2 浴盆曲线

第一阶段是早期失效期(Infant Mortality):表明产品在开始使用时,失效率很高,但随着产品工作时间的增加,失效率迅速降低,这一阶段失效的原因大多是设计、原材料和制造过程中的缺陷。为了缩短这一阶段的时间,产品应在投入运行前进行试运转,以便及早发现、修正和排除故障,或者通过试验进行筛选,剔除不合格品。

第二阶段是偶然失效期,也称随机失效期(Random Failures):这一阶段的特点是失效率较低,且较稳定,往往可近似看作常数,产品可靠性指标所描述的就是这个时期,这一时期是产品的良好使用阶段,偶然失效的主要原因是质量缺陷、材料弱点、环境不佳和使用不当等因素。

第三阶段是耗损失效期(Wear Out):该阶段的失效率随时间的延长而急速增加,主要由磨损、疲劳、老化和耗损等原因造成。

4. 物流设备故障的征兆

物流设备故障的征兆主要分为功能异常、异常响声和异常振动、跑冒滴漏及有特殊气味四种类型。

①功能异常，指设备的工作状况突然出现不正常现象（如停机），这种故障的征兆比较明显，所以容易察觉。

②异常响声和异常振动，前者指物流设备在运转过程中出现的非正常声响，是物流设备故障的"报警器"；后者指物流设备运转过程中振动剧烈。

③跑冒滴漏，指物流设备的润滑油、齿轮油、动力转向系油液、制动液和循环冷却水等出现渗漏现象，有时出现漏气的声音。

④有特殊气味，如电动机过热、润滑油窜缸燃烧时，会散发出一种特殊的气味；电路短路、搭铁导线等绝缘材料烧毁时会有焦煳味。

以上各种故障征兆为操作人员和维修人员提供了故障信息，帮助他们及早发现事故苗头，以防患于未然。

2.2.3 物流设备的维护、保养与修理

1. 物流设备的维护与保养

正确使用与维护物流设备是物流设备管理工作的重要环节，是由操作工人和专业人员根据物流设备的技术资料及参数要求和保养细则来对设备进行的一系列维护工作。

（1）物流设备的维护

物流设备的维护一般包括预防维护、预知维护和事后维护。

①预防维护。为了降低设备失效或功能退化的概率，按预定的时间间隔或规定的标准进行的维护。其目的在于配合更多的维护成本的投入，确保物流设备系统的绝对可靠运行。其特点是维护成本高、系统可靠性高。

②预知维护。在对物流设备系统状态的准确掌握和预判的基础上，科学确定维护时机，最大限度地节约维护成本。其特点是管理要求高、维护成本低。

③事后维护。最低的管理要求，损坏后维修即可。其特点是维护成本和系统可靠性都是最低的。

（2）物流设备的保养

我国物流企业现行的物流设备维护保养制度分为三级，一般包括日常保养、一级保养和二级保养。

①日常保养。物流设备的日常保养由操作者负责，擦拭设备各处或注油保养，设备经常保持润滑、清洁，并认真做好记录。

②一级保养。以操作工人为主，维修工人辅助按计划对物流设备进行的定期维护，其内容包括对物流设备进行局部拆卸、检查和清洗；疏通油路，更换不合格的毡垫、密封；调整物流设备各部位配合间隙，紧固物流设备各个部位；电气部分由维修电工负责。一级保养频次根据不同物流设备及运行条件定期进行。

③二级保养。以维修工人为主、操作工人参加的定期维修，其内容包括对物流设备进

行部分解体，擦洗设备，调整精度，拆检、更换和修复少量易损件，局部恢复精度，润滑系统清洗、换油，电仪系统检查修理，并进行调整、紧固，刮磨轻微磨损的部件，保持物流设备完好和正常运行。

2. 物流设备的修理

物流设备修理是指修复由于日常的或不正常的原因造成的设备损坏和精度劣化。通过修理或更换磨损、老化和腐蚀的零部件，可以使设备性能得到恢复。物流设备的修理和维护保养是物流设备维修的不同方面，二者由于工作内容与作用的不同是不能相互替代的。

物流设备的修理，可以从多个角度进行分类。根据修理范围、修理间隔期和修理费用三项指标，物流设备修理可分为小修理、中修理和大修理三类。

①小修理。小修理通常只需修复、更换部分磨损较快和使用期限等于或小于修理间隔期的零件。小修理的特点是修理次数多，工作量小，每次修理时间短，修理费用计入生产费用。小修理一般在生产现场由车间专职维修工人执行。

②中修理。中修理是对物流设备进行部分解体、修理或更换部分主要零件与基准件，同时要检查整个机械系统，紧固所有机件，校正设备的基准，以保证物流设备能恢复和达到应有的标准和技术要求。中修理的特点是修理次数较多，工作量不太大，每次修理时间较短，修理费用计入生产费用。中修理的大部分项目由车间的专职维修工人在生产车间现场进行，个别要求高的项目可由机修车间承担。

③大修理。大修理是指通过更换、恢复其主要零部件，恢复物流设备原有精度、性能和生产效率而进行的全面修理。大修理的特点是修理次数少，工作量大，每次修理时间较长，修理费用由大修理基金支付。大修理一般由设备供应厂商进行，有专业技术人员的大型企业也可自行开展。设备大修后，质量管理部门和设备管理部门应组织使用和承修单位有关人员共同检查验收，合格后送修单位与承修单位办理交接手续。

2.2.4 物流设备的更新与改造

1. 物流设备的更新

物流设备更新是指对在技术上或经济上不宜继续使用的物流设备，用新的物流设备更换或用先进的技术对原有物流设备进行局部改造，或者说是以结构先进、技术完善、效率高和耗能少的新设备来代替物质上无法继续使用或经济上不宜继续使用的陈旧设备。

（1）物流设备更新的原因

物流设备更新主要是由磨损引起的。物流设备的磨损有两类：

①有形磨损，指物流设备物理上的磨损，其中主要是使用磨损与自然磨损；

②无形磨损，指因技术进步、劳动生产率提高而引起的价值损耗。

（2）物流设备更新的形式

由于对物流设备更新的要求不同，在实际工作中可以采用不同的设备更新形式。

①物流设备的原型更新，指物流设备已磨损到不能连续使用的程度时，以相同的物流设备进行替换；

②物流设备的技术改造，指采用先进技术改变现有设备的结构或给旧设备装上自动检测和自动控制等装置，改善现有设备的性能，使之达到或局部达到新设备的水平；

③物流设备的技术更新，指以技术上更加先进、经济上更加合理的新设备换下工艺落后、技术陈旧的老设备。

（3）物流设备更新的内容

①物流设备的改造，是对由于新技术出现，在经济上不宜继续使用的物流设备进行局部的更新，即对物流设备无形磨损的局部补偿；

②物流设备更换，是物流设备更新的重要形式，分为原型更新和技术更新。

a. 原型更新即简单更新，是指用结构相同的新设备更换因严重有形磨损而在技术上不宜继续使用的旧设备。这种更换主要解决设备的损坏问题，不具有技术进步的性质。

b. 技术更新，是指用技术上更先进的设备去更换技术陈旧的设备，它不仅能恢复原有设备的性能，而且能使物流设备具有更先进的技术水平，具有技术进步的特点。

2. 物流设备的改造

物流设备改造是指把科学技术新成果应用于物流企业的现有物流设备，通过对物流设备进行局部革新、改造，以改善设备性能，提高生产效率和物流设备的现代化水平。

（1）物流设备改造的内容

①提高物流设备的自动化程度，实现数控化、智能化和系统化；

②提高物流设备的功率、速度和扩大物流设备的工艺性能；

③提高物流设备零部件的可靠性、维修性；

④将通用物流设备改装成高效、专用物流设备；

⑤改进安全、保护装置及环境保护系统；

⑥降低物流设备原材料及能源消耗；

⑦使零部件通用化、系列化和标准化。

（2）物流设备改造的形式

①物流设备的改装，是指为了满足增加产量或加工要求，对物流设备的容量、功率、体积和形状的加大或改变。例如，将物流设备以小拼大、多机串联等。改装能够充分利用现有条件，减少新设备的购置，节省投资。

②物流设备的技术改造（也称现代化改造），是指把科学技术的新成果应用于企业的现有物流设备，改变其落后的技术面貌。例如，在物流设备上增设数据采集器及检测装置等。技术改造可提高产品质量和生产效率，降低消耗，提高经济效益。

③购买新设备。

（3）物流设备改造的原则

企业在进行物流设备改造时，必须充分考虑改造的必要性、技术上的可行性和经济上的合理性，具体应遵循以下几点。

①物流设备改造必须适应生产技术发展的需要，针对物流设备对产品质量、数量、成本、生产安全、能源消耗和环境保护等方面的影响程度，在能够取得实际效益的前提下，有计划、有重点和有步骤地进行。

②必须充分考虑技术上的可能性，即物流设备值得改造和利用，有改善功率、提高效率的可能。改造要经过大量试验，并严格执行企业审批手续。

③必须充分考虑经济上的合理性。改造方案要由专业技术人员进行技术经济分析，并进行可行性研究和论证。物流设备改造工作一般应与大修理结合进行。

④必须坚持自力更生方针,充分发动群众,总结经验,借鉴国外物流企业的先进技术成果,同时也要重视学习国外领先的科学技术。

拓展阅读 2-1

本章小结

物流设施与设备的选配具有重要意义,应遵循技术先进性、经济合理性和生产可行性三大原则,科学合理规划。为了提高设备效能,需要对设备进行管理。设备维保分为设备的维护、保养和修理。当设备不能满足使用需求时,需要对设备开展更新与改造。

习题

一、填空题

1. 合理选用物流设施与设备是指选用的设施与设备要_____,不能造成功能的浪费。
2. 物流设施与设备选配的一般原则是_____、_____、_____。
3. 设备的维护一般包括_____、_____和_____。

二、判断题

1. 技术先进性原则不是指一次购置和建造费用低,而是指物流设施、设备在寿命周期内的整体成本低,特别是长期使用和维护费用低。（ ）
2. 预知维护是为了降低设备失效或功能退化的概率,按预定的时间间隔或规定的标准进行的维护。（ ）
3. 预防维护是最低的管理要求,损坏后维修即可。（ ）
4. 一级保养是以维修工人为主、操作工人参加的定期维修。（ ）
5. 所谓可维修性,是指设备易于（便于）维修的特性。（ ）

三、选择题

1. 设备管理分为前期管理和（　　）。
 A. 不定期管理　　B. 后期管理　　C. 中期管理　　D. 定期管理
2. 设备故障按技术性原因,可分为（　　）。
 A. 两大类　　　　B. 五大类　　　C. 三大类　　　D. 四大类
3. 设备改造的形式有（　　）。
 A. 设备改装　　　B. 设备技术改造　C. 购买新设备　D. 设备磨损

四、简答题

简述物流设备修理的方法。

第 3 章

运输设施与设备

学习目标
(1) 掌握铁路运输设施组成；
(2) 掌握常见铁路运输设备；
(3) 掌握公路运输设施组成；
(4) 掌握常见公路运输设备；
(5) 掌握水路运输设施组成；
(6) 掌握常见水路运输设备；
(7) 掌握航空运输设施组成；
(8) 掌握常见航空运输设备；
(9) 掌握管道运输设施组成和分类；
(10) 能够根据实际业务情况及设备特性，选择合理的运输方式和设备。

3.1 铁路运输设施与设备

3.1.1 铁路运输概述

1. 铁路运输的定义

铁路运输是使用铁路列车运送客货的一种运输方式。铁路运输主要承担长距离、大批量货物的货运，是在干线运输中起主力运输作用的运输方式。

2. 铁路运输的特点

铁路运输作为我国运输业中的主要运输方式，其特点如下：

①运输能力强，运输成本较低。目前，我国铁路的一列货运列车，一般可以运送数千吨货物，重载单元列车可运送 8000 吨左右的货物。从运输成本来看，铁路运输比公路运输和航空运输的成本低得多，因此，铁路运输适合于大批量低值商品的长距离运输。

②速度比较快。作为长途运输的主要方式，其运行速度比水路运输速度快得多。

③安全可靠。铁路运输基本上不受气候条件的影响,可一年四季不分昼夜地进行,并有可靠的安全行车设施和运行制度。

④货损货差率高。由于装卸次数多,货损货差率通常比其他运输方式高。

⑤通常需要依靠其他运输装备的配合,才能实现"门到门"的运输。

⑥对铁路路线的依赖性强。一旦某一路段发生故障,将影响其在全线上的正常运行。

⑦建设周期长,初期投资大。修建铁路时,需要开凿隧道、修建桥梁和大量的土石方工程,需要大量钢材、水泥、木材等材料及施工设备。

3. 铁路货物运输的方式

铁路货物运输的方式分为整车货物运输、零担运输和集装箱货物运输三种。它是根据托运货物的数量、性质、包装、体积、形状和运送条件等确定的。

(1) 整车货物运输

凡托运方一次托运货物在3吨及3吨以上的称为整车运输。整车运输适合于大宗货物运输,如煤炭、粮食、木材、钢材、矿石、建筑材料等,在铁路货物运输中,整车货物运输占很大的比重。一些货物进出量大的工厂,如钢厂、化工厂、电厂及储运仓库和港口等,一般铺设了铁路专用线,延伸到内部的货场,货车沿专用线进入货场,在那里直接装卸货物。铁路专用线的使用可以减少倒载次数,提高装卸效率。

(2) 零担运输

凡托运方一次托运货物不足3吨的称为零担运输。零担运输非常适合商品流通中品种繁杂、量小批多、价高贵重、时间紧迫、到达站点分散等特殊情况下的运输,弥补了整车运输及其他运输方式在运输零星货物方面的不足。

(3) 集装箱货物运输

集装箱货物运输是指先将货物装入集装箱,再将集装箱作为一个单元装卸到货车上进行运输的方式。集装箱的装卸可以借助机械完成,从而大大提高了装卸效率,缩短了运输时间,这种运输方式便于实现公铁、海铁联运,使从送货人到收货人的连贯运输成为可能,同时能够有效防止货物在运输途中的丢失和损毁。

4. 技术经济特征

(1) 适应性强

铁路几乎可在任何需要的地方修建,可全年全天候不停业地运营,受地理和气候条件的限制少,具有较好的连续性,且适合于长短途旅客和各类不同重量与体积货物的双向运输。

(2) 运输能力大

铁路的运输能力一般指一年内某一线路所能通过的最大货运量(万吨/年)。以大秦铁路为例,该线路运行万吨级重载单元列车,平均每14分钟开行一列。运输繁忙时,一天开行90多对,最多达108对列车。每天运送煤炭超过百万吨,高峰时每秒煤炭流量近12吨,年运量3亿吨。

(3) 安全性好

随着先进技术的发展和引入，铁路运输的安全程度越来越高。特别是近20年来，许多国家的铁路广泛采用了电子计算机和自动控制等高新技术，有效地防止了列车冲突事故，减少了行车事故的发生。在各种运输方式中，铁路运输的单位客、货周转量发生的事故率最低。

(4) 能耗低

铁路运输轮轨之间的摩擦阻力小于汽车车辆和地面之间的摩擦阻力，铁路机车车辆单位功率所能牵引的质量约比汽车大10倍。因而，铁路单位运量能耗要比汽车运输低得多，约为公路单位运量能耗的1/10、民航单位运量能耗的1/13。

(5) 环境污染小

考虑社会经济与自然环境之间的平衡，对空气和地表的污染较为明显的是汽车运输，而喷气式飞机、超音速飞机的噪声污染则更为严重。相比之下，铁路运输对环境和生态平衡的影响较小，特别是电气化铁路的影响更小。

(6) 运输成本较低

一般来说，铁路的单位运输成本要比公路运输和航空运输低得多，有的甚至比内河航运还低，而且运距越长，运量越大，其单位成本越低。

(7) 资本密集且固定资产庞大

铁路投资大多属于固定设备的沉没成本，其固定资产比例较其他运输方式高，投资风险也就比较高。

(8) 设备庞大不易维修

铁路的运输过程必须依赖所有设施协同配合，由于整个运输体系十分庞大，不易达到完善的维修。

(9) 土地使用效益高

铁路运输以由客、货车组成的列车为基本运输单元，可占用少量的土地进行大量的运输。在相同运量下，高速铁路的用地只有四车道的高速公路用地的1/6~1/4。

3.1.2 铁路运输设施的组成

铁路运输企业也是一个庞大的物流生产部门，拥有上万亿元的固定资产。铁路运输的基本设施设备有以下几类。

1. 线路

铁路线路是由路基、桥隧建筑物和轨道组成的一个整体的工程结构，它是机车车辆和列车运行的基础。

铁路线路应当经常保持完好状态，使列车能按规定的最高速度安全、平稳和不间断地运行，以保证铁路运输部门能够高质量地完成客货运输任务。

(1) 铁路线路的构成

①路基。路基由路基本体、路基排水设备、路基防护设施和路基加固设施几部分组

成，如图 3-1 所示。

图 3-1　路基

路基是为铺设轨道供列车运行而修建的土工建筑物，它除承受轨道和列车静载荷和动载荷以外，还受各种人为因素和自然因素的侵袭。路基要求坚实而稳固，能承受沉重的压力，并经常保持完好状态，使列车能按规定的最高速度安全、平稳、不间断地运行。

②桥隧建筑物。桥隧建筑物是桥梁、隧道和涵洞等的总称，供铁路线路跨越江河、沟谷或其他交通线等天然和人为障碍。有一定承载力的架空建筑物称为桥梁；建设在路堤内的过水建筑物称为涵洞；供铁路线路克服高度障碍，穿过山岭或江河、海底修筑的建筑物称为隧道。桥隧建筑物与路基连成一体，才能形成线路，因此，它实际是路基本体的重要组成部分。

③轨道。轨道是由道床、钢轨、轨枕、连接零件、道岔和防爬设备等组成的。它承受着机车车辆的压力，这些力由钢轨传给轨枕，由轨枕传给道床，再逐步扩散，直到传给路基。其单位面积的压力越来越小，直至完全适应路基的承载力。因此，轨道的各部分要求有足够的强度，坚固耐用，并具有弹性，在结构尺寸和材质方面要互相配合，满足线路年通过运量和最高行车速度的要求。

a. 道床。道床用于承受轨枕上部的荷载并均匀地传给路基，缓和车轮对钢轨的冲击，排除轨道中的雨水及保持轨道的稳定性，如图 3-2 所示。

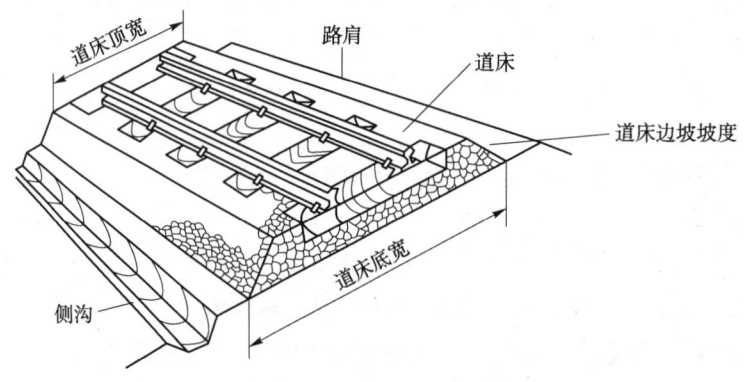

图 3-2　道床

b. 钢轨。采用稳定性良好的"工"字形断面宽底式钢轨，由轨头、轨腰、轨底三部分组成，如图3-3所示。

图3-3 钢轨

c. 轨枕。轨枕是钢轨的座。轨枕按照制作材料分为钢筋混凝土枕和木枕两种，如图3-4所示。

图3-4 轨枕

d. 连接零件又称钢轨配件。连接零件包括接头连接零件和中间连接零件两种，如图3-5所示。

道岔及配件

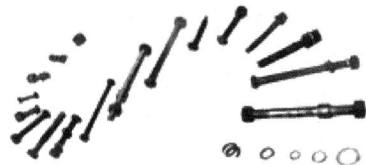

螺栓和道钉

图3-5 连接零件

e. 防爬设备。列车运行时纵向力的作用会使钢轨产生纵向移动，称为爬行。为防爬行，一方面，加强钢轨和轨枕间的扣压力与道床阻力；另一方面，设置防爬器和防爬撑，如图 3-6 所示。

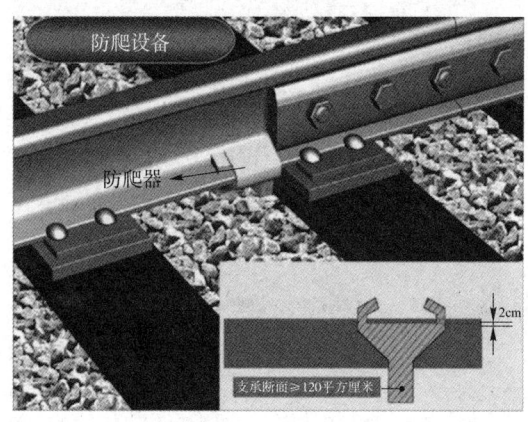

图 3-6　防爬设备

④道岔。道岔是一种使机车车辆从一股道转入另一股道的线路连接设备，通常在车站、编组站大量铺设，如图 3-7 所示。道岔能充分发挥线路的通过能力，即使是单线铁路，通过铺设道岔，修筑一段大于列车长度的叉线，就可以对开列车。

图 3-7　道岔

由于道岔有数量多、构造复杂、使用寿命短、限制列车速度、降低行车安全性、养护维修投入大等特点，因此道岔与曲线、接头并称为轨道的三大薄弱环节。

(2) 铁路线路工程技术

铁路线路涉及的工程技术问题比较复杂，包括铁路轨距、铁路限界和超限货物等多个方面的内容。本书只介绍铁路轨距和铁路限界。

①铁路轨距。铁路轨距指铁路上两股钢轨头部的内侧距离。由于轨距不同，列车在不同轨距交接的地方必须进行换装或更换轮对。根据铁路轨距大小，可分为宽轨、标准轨和窄轨三种。

标准轨的轨距为 1435 毫米；大于标准轨的为宽轨，其轨距大多为 1524 毫米和 1520 毫米；小于标准轨的为窄轨，其轨距多为 1067 毫米和 1000 毫米。我国铁路基本上采用标准轨距，但昆明铁路局的部分轨距为1000毫米。

②铁路限界。为了确保机车车辆在铁路线路上运行的安全，防止机车车辆撞击邻近线路的建筑物和设备，而对机车车辆和接近线路的建筑物、设备所规定的不允许超越的轮廓尺寸线，称为限界。铁路基本限界分为机车车辆限界和建筑接近限界两种。机车车辆限界是机车车辆横断面的最大极限，它规定了机车车辆不同部位的宽度、高度的最大尺寸和底部零件至轨面的最小距离。机车车辆限界和桥梁、隧道等限界相互制约，当机车车辆在满载状态下运行时，也不会因出现摇晃、偏移等现象而与桥梁、隧道及线路上其他设备相接触，从而保证行车安全。

2. 铁路枢纽场站

一般把供列车到发、会让或越行的，并具有配线的分界点，称为场站。场站一般经常办理客、货运输业务，是客、货运输的起始、中转和终到地点。因此，铁路场站是铁路运输的生产基地。为了完成上述作业，铁路场站上设有客、货运输设备及与列车运行有关的各项技术设备。

车站是铁路运输的基本生产单位，按技术作业性质可分为中间站、区段站、编组站。

①中间站。中间站是为提高铁路区段通过能力、保证行车安全和为沿线城乡及工农生产服务而设的车站。其主要任务是办理列车会让、越行和客、货运输业务。中间站应配备的设备主要包括客运设备、货运设备、站内线路和信号及通信设备。

②区段站。区段站多设在中等城市和铁路网上牵引区段的分界线上，其主要任务是办理货物列车的中转作业、进行机车的更换或机车乘务组的换班，以及解体、编组区段列车和摘挂列车。区段站应配备的设备包括客运设备、货运设备、运转设备、机务设备和车辆设备。

③编组站。编组站是铁路网上办理大量货物列车解体和编组作业，并设有比较完善的调车设备的车站，有列车工厂之称。编组站的主要任务是解编各类货物列车、组织和取送本地区车流、供应列车动力、整备检修机车、货车的日常技术保养等。编组站的主要设备包括办理运转作业的调车设备（调车驼峰、牵出线、编组场等）和行车设备（到达场、出发场或到发场），以及机务设备（机务段）、车辆设备（车辆段）。

3. 通信与信号设备

铁路信号设备是信号、联锁、闭塞设备，调度集中、机车信号及自动停车装置和道口自动信号的总称。它是保证铁路行车安全和运输效率所必需的主要技术设备。铁路信号系统的发展水平是铁路现代化的主要内容之一。

3.1.3 常见铁路运输设备

1. 常见铁路车辆

铁路车辆是装运货物、运送旅客的运载工具，它没有动力装置，需要把车辆连挂在一起由机车牵引，才能完成客、货运输任务。在铁路运输设备中，车辆不仅数量多、投资大，而且大部分在全路流通使用，由于客、货运输任务繁重，要求铁路必须经常保有数量充足和技术状态良好的车辆，以保证安全、顺利地完成和超额完成国家的运输生产任务，满足国民经济持续发展的需要。

①敞车。敞车是具有端壁、侧壁而无车厢顶的货车，如图3-8所示，主要用于运送煤炭、矿石、矿建物资、木材、钢材等大宗货物，也可用来运送重量不大的机械设备。

图3-8 敞车

②棚车。棚车是铁路运输中应用的主要的封闭式车型，如图3-9所示，它具有侧壁、端壁、地板和车顶。棚车用于运送怕日晒、雨淋、雪浸的货物，包括各种粮谷、日用工业品及贵重仪器设备等。

图3-9 棚车

③平车。平车是铁路上大量使用的通用车型，如图3-10所示，无车顶和车厢挡板，装卸方便。平车主要用于装运原木、钢材、建筑材料等长型货物和集装箱、机械设备，必要时可以装运超宽、超长的货物。

④罐车。罐车是指车体呈罐形的车辆，用来装运各种液体、液化气体、粉末状货物等，如图3-11所示。罐车可分为油罐车、酸碱类罐车、水泥罐车、压缩气体罐车等多种。

图 3-10 平车

图 3-11 罐车

⑤漏斗车。漏斗车是一种端壁向内侧倾斜或者端面呈大圆弧，车体下部装有漏斗的铁路货车，如图 3-12 所示。漏斗车的货物由上面装入，卸货时用人力或风力开启漏斗底门，货物靠自身重力自动卸出。漏斗车主要用以装运矿石、水泥、煤炭等散粒货物，提高卸货效率。

图 3-12 漏斗车

⑥保温车。保温车又称冷藏车,用于运送易腐货物,如图3-13所示。外形似棚车,周身遍装隔热材料,侧壁上有可密闭的外开式车门。车内有降温装置,可使车内保持需要的低温,有的车还有加温装置,在寒冷季节可使车内保持高于车外的温度。

图3-13 保温车

2. 铁路车辆主要构成

多年来,由于不同的目的、用途及运用条件,车辆形成了多种类型,但其构造基本相同,大体均由以下六个部分构成。

①车体。车体是容纳运输对象的地方,又是安装与连接其他组成部分的基础。

②车底架。车底架是承托车体的长方形构架,是车体的基础。

③走行部。走行部是承受车辆自重和载重并引导车辆沿轨道行驶的部分,走行部大多采用转向架结构形式,以保证车辆运行质量。

④车钩缓冲装置。车钩缓冲装置由车钩及缓冲器等部件组成,装在车底架两端,其作用是将机车车辆连挂到一起,并传递纵向牵引力和冲击力,缓和机车车辆间的动力作用。车钩缓冲装置是保证列车安全运行的最重要部分,使高速运行中的车辆能于规定距离内停车或减速。

⑤制动装置。制动装置一般包括空气制动机、手制动机(脚制动机)和基础制动装置部分。

⑥车辆内部设备。车辆内部设备主要指客车上为旅客旅行所提供的设备,如客车上的座席、卧铺、行李架和给水、取暖、空调、通风、车电等装置。货车由于类型不同,内部设备也因此千差万别,但一般较为简单。

3. 铁路机车

铁路机车是牵引车、货列车和在车站上进行调车作业的基本动力设备。

铁路机车按用途可分为速度较高的客运机车、牵引力较大的货运机车和机动灵活的调车机车。按原动力的不同可分为蒸汽机车(如图3-14所示)、内燃机车(如图3-15所示)和电力机车(如图3-16所示)。

图 3-14 蒸汽机车

图 3-15 内燃机车

图 3-16 电力机车

拓展阅读 3-1

3.2 公路运输设施与设备

3.2.1 公路运输概述

1. 公路运输的定义

公路运输的主要工具是汽车,也可以使用其他的专用车辆在公路上进行运输,它是我国货物运输的主要形式之一。公路运输主要承担近距离、小批量的货运任务,承担水路、铁路运输难以到达地区的长途、大批量货运及铁路、水运难以发挥优势的短途运输。公路运输的灵活性强,一些可以使用铁路、水运的地区,较长距离的大批量运输也可以使用公路进行运输。

2. 公路运输的特点

(1) 机动灵活,适应性强

由于公路运输网一般比铁路、水路网的密度要大十几倍,分布面也广,因此公路运输车辆可以"无处不到、无时不有"。公路运输在时间方面的机动性也比较强,车辆可随时调度、装运,各环节之间的衔接时间较短。尤其是道路运输对客货运量的多少具有很强的适应性,汽车的载重吨位有小(0.25~1 吨)有大(200~300 吨),既可以单个车辆独立运输,也可以由若干车辆组成车队同时运输,这一点对抢险、救灾工作和军事运输具有特别重要的意义。

(2) 可实现"门到门"直达运输

由于汽车体积较小,中途一般也不需要换装,除了可沿分布较广的路网运输,还可离开路网深入到工厂企业、农村田间、城市居民住宅等地,即可以把旅客和货物从始发地门口直接运送到目的地门口,实现"门到门"直达运输。这是其他运输方式无法与公路运输比拟的优势之一。

(3) 在中、短途运输中,运送速度较快

在中、短途运输中,由于公路运输可以实现"门到门"直达运输,中途不需要倒运、转乘就可以直接将客货运达目的地。因此,与其他运输方式相比,客货在途时间较短,运送速度较快。

(4) 原始投资少,资金周转快

公路运输与铁路、水运、航空运输方式相比,所需固定设施简单,车辆购置费用一般也比较低。因此,投资兴办容易,投资回收期短。据有关资料表明,在正常经营情况下,公路运输的投资每年可周转 1~3 次,而铁路运输则需要 3~4 年才能周转一次。

(5)掌握车辆驾驶技术容易

与火车司机或飞机驾驶员的培训要求来比,汽车驾驶技术比较容易掌握,对驾驶员的各方面素质要求相对也比较低。

(6)运量较小,运输成本较高

目前,世界上最大的汽车是唐卡企业生产的矿用自卸车,长20多米,自重450吨,载重600吨左右,但载重量仍比火车、轮船小得多,由于汽车载重量小,行驶阻力比铁路大9~14倍,所消耗的燃料又是价格较高的液体汽油或柴油,因此除了航空运输,就是汽车运输成本最高。

(7)运行持续性较差

据有关统计资料表明,在各种现代运输方式中,道路运输的平均运距是最短的,运行持续性最差。

(8)安全性较低,污染环境较大

随着公路运输的发展,汽车货运数量增加,交通事故也急剧增加。汽车所排出的尾气和产生的噪声也严重地威胁着人类的健康,是大城市环境污染的最大污染源之一。

3. 技术经济特征

(1)技术经营性能指标好

由于工业发达国家不断采用新技术改进汽车结构,汽车技术经济水平有了很大提高,主要表现在动力性能的提高和燃料消耗的降低。为降低运输费用,目前世界各国普遍采用燃料经济性较好的柴油机作为动力,其货运运行能耗约为0.034升/(吨·千米),而汽油消耗则高达0.065升/(吨·千米)。

(2)货损货差小

随着货物结构中高价值生活用品的比重增加,汽车运输能保证质量、及时送达的特性日益凸显。对于高价货物而言,汽车运价虽高,但是具有货损少、供应及时的优点。

(3)送达快

由于公路运输灵活方便,一般不需中途倒装,可实现"门到门"的直达运输,因而其送达快,可加速流动资金的周转。

(4)固定投资少,资金周转快

和其他交通模式相比,汽车购置费低,固定投资回收期短。

(5)单位成本高,污染环境

公路运输,尤其是长途运输,单位运输成本要比铁路运输和水路运输高,相对而言对环境的污染更为严重。

3.2.2 公路运输设施的组成

公路运输设施包括道路、货运站及其附属设施三部分。

1. 公路的构成

公路是指连接城市、乡村和工矿基地,主要供汽车行驶并具备一定技术标准和设施的道路。公路由路基、路面、桥梁、涵洞、隧道及沿线附属设施等构成。

(1) 路基

路基是公路的基本结构,是支撑路面结构的基础,与路面共同承受行车荷载的作用,同时经受气候变化和各种自然灾害的侵蚀和影响,路基结构形式可以分为填方路基、挖方路基和半填半挖路基三种形式。

(2) 路面

路面是铺筑在公路路基上与车轮直接接触的结构层,承受和传递车轮荷载,承受磨耗,经受自然气候和各种自然灾害的侵蚀和影响。对路面的基本要求是具有足够的强度、稳定性、平整度和抗滑性能等。路面结构一般由面层、基层、底基层与垫层组成。

(3) 桥涵

桥涵是指公路跨越水域、沟谷和其他障碍物时修建的构造物。按照《公路工程技术标准》规定,单孔跨径小于5米或多孔跨径之和小于8米称为涵洞,大于这一规定值则称为桥梁。

(4) 隧道

公路隧道通常是指建造在山岭、江河、海峡和城市地面下,供车辆通过的工程构造物。按所处位置可分为山岭隧道、水底隧道和城市隧道。

2. 公路等级的划分

根据使用任务、功能和适应的交通量,公路共划分为五个等级。路面等级及要求如表3-1所示。

表3-1 路面等级及要求

公路等级	路面等级	面层类型	设计使用年限/年
高速公路	高级	沥青、混凝土	15
一级公路	高级	沥青、混凝土	12
二级公路	次高级	热拌沥青碎石混合料,沥青表面处理	10
三级公路	次高级	热拌沥青碎石混合料,沥青灌入式	8
三级公路	中级	水结碎石、混结碎石	8
四级公路	低级	半整齐石块路面、粒料改善土	5

①高速公路。具有特别重要的政治、经济意义,为专门供汽车分向分车道行驶并全部控制出入的干线公路,分为四车道、六车道和八车道高速公路。一般能适应按各种汽车折合成小客车的年平均昼夜交通量为25 000辆以上。

②一级公路。连接重要政治、经济中心,通往重点工矿区、港口和机场,专供汽车分道行驶并部分控制出入的公路。一般能适应按各种汽车折合成小客车的年平均昼夜交通量为15 000~30 000辆。

③二级公路。连接政治、经济中心或大矿区、港口和机场等地的公路。一般能适应按各种车辆折合成中型载重汽车的年平均昼夜交通量为3000~7500辆。

④三级公路。沟通县以上城市的公路。一般能适应按各种车辆折合成中型载重汽车的年平均昼夜交通量为1000~4000辆。

⑤四级公路。沟通县、乡（镇）、村的公路。一般能适应按各种车辆折合成中型载重汽车的年平均昼夜交通量为双车道1500辆以下，单车道200辆以下。

3. 高速公路的设施、装备及特征

高速公路是专供汽车高速行驶的公路，它采取限制出入、分隔行驶、汽车专用，全部立交，以及采用较高的标准和完善的交通设施和服务设施等措施，为汽车的大量、快速、安全、舒适和连续的运行创造了条件。

（1）高速公路设施与装备

高速公路设施与装备包括交通安全设施、服务设施、绿化设施和交通控制及管理系统。

①交通安全设施。交通安全设施主要包括防护栅、防眩设备、防噪声设施、照明设施和交通标志等。

②服务设施。服务设施包括服务区（加油站、餐饮、住宿、休息室、公用电话、小卖部、公厕及停车场等）、休息区（公用电话、休息室、公厕及停车场等）和辅助设施（养路站、园地等）。

③绿化设施。高速公路两侧种植风景林和防护林美化路容。中央分隔带种植高1.2～1.4米的常绿树木，以美化景色并避免对向车灯炫目。

④交通控制及管理系统。高速公路交通控制及管理采用电子计算机控制及信号自动化来监视路段交通情况，迅速测出交通堵塞和交通事故，具有交通信息变化标志和无线电行车信号，其设施设备分设在高速公路外场和机房控制中心。高速公路外场主要配备应急电话、车辆检测器、可变情报站、可变限速板、可变标志牌、交通信息电台、气象监测器、可调摄像机、电动栏杆及供电设施等。机房控制中心主要配备主控台、监视器、大屏幕投影、服务器、计算机终端、光端机、供电设施及系统管理软件等。

（2）高速公路的主要特征

①汽车专用，限速通行。高速公路只供汽车专用，不允许行人、牲畜等其他慢速行驶的车辆通行。同时，一般规定时速低于50千米的车辆不得上路，我国最高时速一般不得超过120千米。

②全封闭、全立交，严格控制出入。高速公路实行的是一种封闭型管理，各种车辆只能在具有互通式立交的匝道进出。

③设有中央分隔带，分道行驶。高速公路一般有四条以上车道，并实行上下车道分离，通过路面交通标线分流不同车速的车辆。

④通行能力大，专为直达交通服务。高速公路的通行能力比一般公路要高出几倍甚至几十倍。而且由于通行能力大，运输能力大大提高，能够保证车辆在高峰时间顺畅通过。

⑤具有完善的现代化交通管理及交通安全设施，为道路上行驶的车辆提供更多的服务信息和手段，保证车辆安全、高速地通过。

⑥经济效益显著。高速公路不受时间限制，缩短了运行时间，减少了装卸费用，能收到很好的经济效益。

⑦占地多、投资大、造价高，受气候影响大。

4. 道路的附属设施

道路沿线附属设施包括交通安全管理设施，服务设施，绿化、照明、道路管理设施等，在这里主要指交通安全管理设施。

齐全的交通标志能有效地保护路桥设施，保障交通秩序，提高运输效率和减少交通事故。它是公路沿线设施必不可少的组成部分，主要有交通标志、道路交通标线、道路交通信号、交通隔离设施和交通监控系统五类。其主要功能是对车辆、驾驶员和行人起限制、警告和引导作用。

（1）交通标志

交通标志是指把交通指示、交通警告、交通禁令和指示道路等交通管理与控制法规用文字、图形或符号形象化地表示出来，设置于路侧或公路上方的交通控制设施。标志牌的方向应与行车方向垂直。设置的位置应提前于标志内容所指的地点，以保证驾驶员有足够的时间识别、看明白并调整驾驶操作。同时，标志牌应突出于周围背景，有别于周围事物，高出道路一定高度。它可划分为如下四种：

①禁令标志。禁令标志指禁止或限制车辆、行人通行的标志，如限速、禁停、不准超车、不准左转等，为强迫执行标志，要求驾驶员必须遵守，如图3-17所示。

图3-17　交通禁令标志样例

②警告标志。警告标志指唤起驾驶员对前方公路或交通条件的注意，如陡坡、急转

弯、行人路口及影响行车安全的地点的标志，此类标志用等边三角形表示，如图 3-18 所示。

图 3-18　交通警告标志样例

③指示标志。指示标志指指示车辆、行人行进或停止的标志，如绕道标志、目的地和停车场等，此类标志用矩形或圆形表示，采用蓝底白字，如图 3-19 所示。

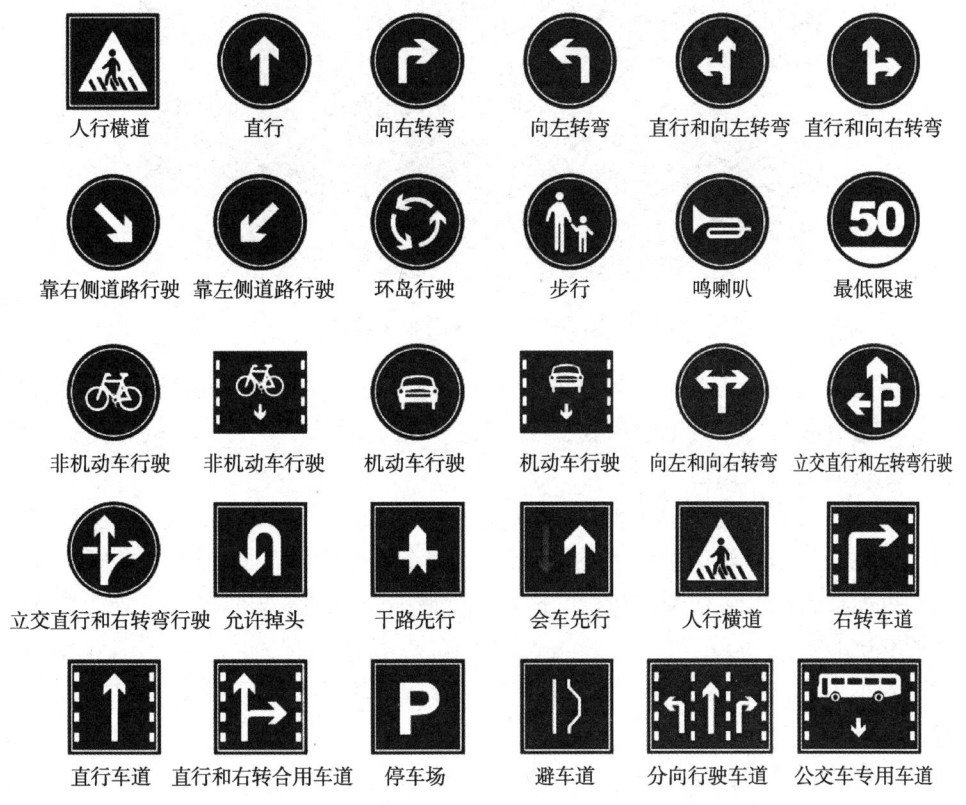

图 3-19　交通指示标志样例

④指路标志。指路标志指出前方的地名或名胜古迹的位置和距离，预告和指示高速公

路或一级公路的中途出入口、沿途的服务设施和必要的导向等。此类标志用矩形表示，一般采用蓝底白字或白色图案，如图3-20所示。

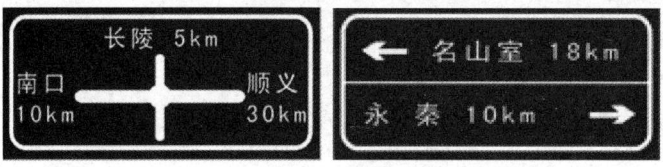

图3-20 交通指路标志样例

（2）道路交通标线

道路交通标线与交通标志具有相同的作用。它将交通的警告、禁令、指示用画线、符号、文字等嵌画在路面、缘石和路边的建筑物上，是由路面上的各种标线、箭头、符号、文字、立面标记、突出路标和路边线轮廓标等所构成的交通安全设施，可以单独使用或与标志配合使用。道路交通标线可以用涂料漆画，也可以由固定栏杆组成，如图3-21所示。

图3-21 道路交通标线

按照《道路交通标志和标线》（GB5768—1986）规定，道路交通标线可以分为车行道中心线、车道分界线，车行道边缘线、停止线、减速让行线、人行横道线等，主要用于引导车辆行驶方向或实施交通管制。

道路交通标线为沿道路中线或车道边线或防撞墙埋设的反光标志物，颜色有白色和黄色两种。白色一般用于车辆准许超越的标线，如人行横道线、车道分界线、停止线等；黄色表示具有交通管制或必须强迫执行的标线，车辆不许超过这些标线，如禁止通行区、不准超车的双中心线等。

箭头表示车辆的行驶方向，主要用于交叉路口的导向车道内或设在车道合并处，颜色为白色。

路面文字标记是用以指示或限制车辆行驶的标记，如最高车速限制标记、大小机动车道标记等。路面文字标记的颜色为黄色。

（3）道路交通信号

交通信号是为控制和引导交通流，保障交通安全畅通而发出的通行、停止或停靠的具有法律效力的信息。根据《中华人民共和国道路交通安全法》的规定,交通信号分为指挥灯信号、车道灯信号、人行横道灯信号、交通指挥棒信号和手势信号五种。信号灯为红、黄、绿三种颜色。

(4) 交通隔离设施

在城市道路的对向车道之间,车行道和人行道之间或机动车道和非机动车道之间,以及高等级公路的对向车道之间,设置隔离设施,以防止车辆或行人越界,保证行车和行人安全。交通隔离设施有临时性和永久性两种。

①临时性交通隔离设施可由便于装卸和搬运的移动式墩座、链条和栏杆组成,设在临时需要分隔开车辆或车辆和行人的地点,如图3-22所示。

图3-22 临时性交通隔离设施

②永久性交通隔离设施采用铁隔栅、钢管护栏、波纹钢板护栏、混凝土墩座和链条等。固定在分隔线位置上,长期使用。有些永久性隔离设施还种植了绿化带,用以美化环境,并可防止夜间行车时对向车辆的灯光直接照射,如图3-23所示。

图3-23 永久性交通隔离设施

(5) 交通监控系统

交通监控系统是一个监视和收集交通和道路状况的信息并进行集中处理的综合系统。通常设置在城市道路交通繁忙、事故多发地段及高速公路的全线或部分路段上。它一般由以下几个子系统组成。

①信息收集和处理子系统。设置车辆检测器收集交通流量、车速及车辆通过时间等信息并将它们传送到交通指挥控制中心,进行分析和处理。

②道路情报子系统。设置可变情报显示板,为驾驶员提供道路情报,如交通情况、交通限制信息等。

③紧急电话子系统。在高速公路沿线每隔 2 千米左右,设置 1 个紧急电话分机,以供驾驶员向公路管理机构报告事故、故障或求援等。

④闭路电视子系统。在道路交通繁忙和易发生交通事故的路段上安装摄像机,所收集的信息直接反映到交通指挥控制中心的电视监视器上,供管理人员分析和指挥使用。

⑤通信子系统。由勤务电话、无线电话、无线对讲机及通信传输设备等部分组成。

⑥控制中心系统。通过传输设备、人机对话设备和中心计算机等,记录、分析各子系统收集到的信息,向各子系统发布指示或指令,控制道路沿线有关设备进行工作。

5. 货运站

货运站是货物运输过程中进行货物集结、暂存、装卸搬运、信息处理和车辆检修等活动的场所。货运站功能包括运输组织功能、中转换装功能、装卸储存功能、多式联运和运输代理功能、通信功能和综合服务功能。

3.2.3 常见公路运输设备

1. 厢式汽车

中华人民共和国国家标准《专用汽车和专用挂车术语代号和编制方法》(GB/T 17350—2009)定义厢式汽车(如图 3-24 所示)为装备了专用设备,具有独立的封闭结构车厢(可与驾驶室连成一体)的专用汽车。

图 3-24 厢式汽车

厢式汽车按其功能可分为普通厢式汽车和特殊用途的厢式车(专用厢式车)。普通厢式汽车如后开门的硬体厢式汽车、翼开式廊式运输车等;特殊用途的厢式车如冷藏车、保温车、邮政车、救护车等厢式专用车。

2. 罐式汽车

《专用汽车和专用挂车术语代号和编制方法》（GB/T 17350—2009）定义罐式汽车（如图3-25所示）为装备了罐状容器，用于运输或完成特定作业任务的专用汽车。

图3-25 罐式汽车

3. 自卸汽车

《专用汽车和专用挂车术语代号和编制方法》（GB/T 17350—2009）定义自卸汽车（如图3-26所示）为装备了液压举升机构，能将车厢（罐体）卸下或使车厢（罐体）倾斜一定角度，使货物依靠自重自行卸下或水平推挤卸料的专用汽车。

图3-26 自卸汽车

在土木工程中，自卸汽车常与挖掘机、装载机、带式输送机等联合作业，构成装、运、卸生产线，进行土方、沙石、松散物料的装卸运输，由于装载车厢能自动倾斜一定角度卸料，可大大节省卸料时间和劳动力，缩短运输周期，提高生产效率，降低运输成本，自卸汽车是常用的运输机械。自卸汽车的分类如下：

①按底盘承载能力可分为轻卡系列自卸汽车、中吨位系列自卸汽车和大吨位系列自卸汽车。

②按驱动形式可分单桥自卸汽车、双桥自卸汽车、前四后八自卸汽车、前四后十自卸汽车等不同系列车型。

③按卸载液压举升机构不同，可分为单顶自卸汽车和双顶自卸汽车。

4. 冷藏车

冷藏车是在有保温层的封闭式车厢上装有强制冷却装置（制冷机）的汽车，如图3-27所示。冷藏车能在长时间运输中使车厢内货物保持一定温度，适用于要求在可控低温条件货物的长途运输。它的特点是：车体隔热，密封性好，车内有冷却装置，温热季节能在车内保持比外界低的温度；寒冷季节还可以用于不加冷保温的运送或加温运送，让车内保持比外界高的温度。

图3-27 冷藏车

5. 汽车列车

汽车列车由牵引车、挂车和连接装置三部分组成。常见的汽车列车有全挂汽车列车、半挂汽车列车、双挂汽车列车、全挂式半挂列车和特种汽车列车。

汽车为汽车列车的驱动车节，称为主车。汽车列车是指一辆汽车与一辆或一辆以上挂车的组合。主车牵引的从动车节称为挂车，具有快速、机动灵活、安全等优势，可实现区段运输、甩挂运输和滚装运输。

（1）牵引车

牵引车是专门用来牵引挂车、半挂车和全挂车的主体，如图3-28所示。牵引车是长距离运输集装箱的专用机械，主要用于港口码头、铁路货场与集装箱堆场之间的运输。

图3-28 牵引车

牵引车按照司机室的形式分类，可分为平头式和长头式。平头式牵引车优点是司机室短，视线好，轴距和车身短，转弯半径小；缺点是发动机位于司机座位下，司机受到机器振动的影响，舒适性较差。长头式牵引车优点是发动机和前轮布置在司机室的前面，舒适感较好，如果发生碰撞司机较为安全，修理方便；缺点是司机室较长，整个车身长，回转半径较大。

（2）挂车

挂车一般可分为全挂牵引车和半挂牵引车，其中半挂车使用频率更高。全挂车的载荷全部由自身承受，如图3-29所示。半挂车的载荷由自身和牵引车共同承受，如图3-30所示。

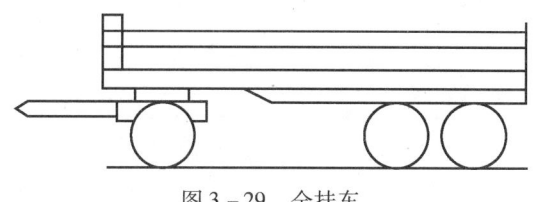

图3-29 全挂车

图3-30 半挂车

半挂车按照其结构不同，可分为平板式、鹅颈式和凹梁式三种。

①平货台直梁型也称为平板式，货台是平直的，且在车轮之上，牵引车和半挂车的搭接部分的上部空间得到充分利用，具有较大的货台面积，如图3-31（a）所示。

②低货台阶梯形也称为鹅颈式或阶梯式，车架呈阶梯形，货台平面在鹅颈之后，货台主平面较低，便于货物的装卸和运输，如图3-31（b）所示。

③凹梁式半挂车货台平面呈凹形，具有最低的承载平面，适于运输大型或超高设备，如图3-31（c）所示。

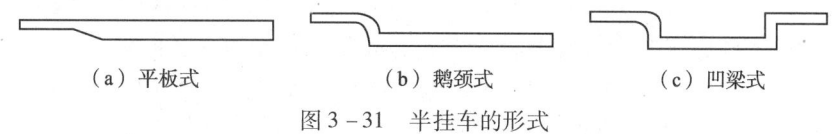

(a) 平板式　　　　(b) 鹅颈式　　　　(c) 凹梁式

图3-31 半挂车的形式

（3）汽车列车

汽车列车按拖带挂车的方式分类，可分为全挂方式、半挂方式和双挂方式等。

①全挂方式［如图3-32（a）所示］是用牵引力杆架与挂车连接，牵引车本身可以作为普通载重货车使用，挂车亦可以用支腿单独支撑。

②半挂方式［如图3-32（b）所示］是用牵引车来拖带半截集装箱的挂车。集装箱的重量由牵引车和挂车的车轴共同承担，故轴的压力较小，由于后车轴承担了部分集装箱的重量，故能得到较大的驱动力。这种挂车全长较短，便于倒车和转向。

③双挂方式［如图3-32（c）所示］是在半拖挂方式后面再加上一个全挂车，实际上是牵引拖带两节底盘车，后一节挂车会摆动前进，这种模式应用较少。

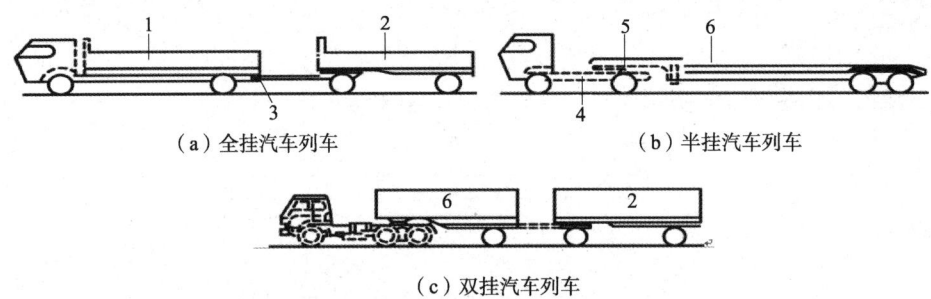

图3-32　汽车列车

1—货车；2—全挂车；3—牵引钩；4—牵引车；5—牵引座，牵引销；6—半挂车

3.3　水路运输设施与设备

3.3.1　水路运输概述

1. 水路运输的定义

水路运输是指利用船舶，在江、河、湖泊、人工水道及海洋上运送旅客和货物的一种运输方式。水路运输按其航行的区域，大体上可分为内河运输和海洋运输两种类型。

内河运输是指利用船舶、排筏和其他浮运工具，在江、河、湖泊、水库及人工水道上从事的运输。

海洋运输又可分为远洋运输、近洋运输和沿海运输。远洋运输是指我国与其他国家或地区之间，经过四大洋中的一个或一个以上的海上运输；近洋运输是指我国与其他国家或地区之间，只经过沿海或太平洋（或印度洋）的部分水域的海上运输；沿海运输是指我国沿海区域各港之间的运输。

2. 水路运输的特点

水路运输的特点包括以下几个方面。

①建设投入小。水路运输所通过的航道均是天然形成的，港口设施一般为政府修建，不像公路或铁路运输那样需大量投资用于修筑公路或铁路。

②运量大。随着造船技术的日益发展，船舶都朝着大型化发展，巨型客轮已超过8万吨，巨型油轮超过60万吨，即便是一般的杂货轮也多在五六万吨以上。

③运价低。船舶运载量大，使用时间长，运输里程远，与其他运输方式相比，水运的单位运输成本较低。

④运输速度慢。货船体积大，水流阻力高，受风力影响大，因此速度较低。

⑤连续性差。水路运输受自然条件和气候的影响较大，运输的连续性较差。

3. 技术经济特性

水路运输的技术经济特性包括以下几个方面。

①运输能力大。在海上运输中，目前世界上最大的超巨型油轮载重量达55万吨，集装箱船箱位已达5000~6000TEU[①]，矿石船载重量达35万吨。海上运输利用天然航道，若条件许可，可随时改造为最有利的航线。在内河运输中，美国最大顶推船队运载能力达到5万~6万吨。我国顶推船队的运载能力已达3万吨，相当于铁路列车的6~10倍。在运输条件良好的航道，通过能力几乎不受限制。例如，长江干流的上游航道，其单向年通过能力为3300万吨，而在宜昌以下的长江中下游，其通过能力则为上游的10倍以上。

②能源消耗低。在相同距离的条件下，运输1吨货物，水运（尤其是海运）所消耗的能源最少。内河机运的能源消耗仅为铁路运输的1/2，公路运输的1/10。

③单位运输成本低。水运的运输成本为铁路运输的1/25~1/20，公路运输的1/100。因此，水运（尤其是海运）是最低廉的运输方式，适用于运输费用负担能力较弱的原材料及大宗物资的运输。

④续航能力大。一般商船出航，所携带的燃料、粮食及淡水，可历时数十日，绝非其他任何运输工具可比。商船还具有独立生活的各种设备，如发电设备、制造淡水设备、储藏大量粮食的粮仓、油槽等。

⑤受气候和商港限制，且可达性低。气候对水路运输的限制较多，如商船航行在海上，遇暴风需及时躲避；遇大雾需按相关海运避碰规则办理，以防损害。另外，由于港湾水深或装卸设备的缺乏，可能限制商船的入港、作业。再者，水路运输的可达性不高，往往需要地面运输系统的配合才能完成客、货运输过程。

⑥劳动生产率高，由于船舶运载量大，配备船员少，因而其劳动生产率较高。一艘20万吨的油轮一般只需配备40名员，平均每人运送货物5000吨。

⑦航速低。由于大型船舶体积大，水流阻力也大，因此航速一般较低。低速行驶所需克服的阻力小，能够节约燃料，而航速增大所需克服的阻力将直线上升。例如，航速从5千米/小时增加到30千米/小时，所受的阻力将增大35倍。因此，一般船舶行驶速度为30千米/小时左右，冷藏船可达40千米/小时，集装箱船可达40~60千米/小时。

3.3.2 水路运输设施的组成

水路运输的基本设施包括港口和航道。本节主要介绍港口的相关内容。

港口位于江、河、湖、海沿岸，具有一定设施和条件，供船舶进行作业及在恶劣气象条件下的靠泊、旅客上下、货物装卸和生活物料供应等作业的地方，它的范围包括水域和陆域两部分。一般设有航道、港池、锚地、码头、仓库货场、后方运输设备、修理设备（包括修理船舶）和必要的管理、服务机构等。

1. 港口的分类

（1）按港口的使用目的可以划分为商港、渔港、工业港、军港、避风港

---

① TEU 是英文 Twenty-feet Equivalent Unit 的缩写，是以长度为20英尺（6.096米）的集装箱为国际计量单位，也称国际标准箱单位。通常用来表示船舶装载集装箱的能力，也是集装箱和港口吞吐量的重要统计、换算单位。

①商港：以一般商船和客、货运输为服务对象的港口，它具有停靠船舶、上下客货、供应燃（物）料和修理船舶等所需要的各种设施和条件，是水陆运输的枢纽。我国的上海港、大连港、天津港、广州港等均属此类；国外的鹿特丹港、神户港等也是商港。

②渔港：渔港是为渔船停泊、鱼货装卸、鱼货保鲜、冷藏加工、修补渔网和渔船生产及生活物资补给的港口，是渔船队的基地，具有天然或人工的防浪设施，有码头作业线、装卸机械、加工和储存鱼产品的工厂（场）、冷藏库和渔船修理厂等。

③工业港：为临近江、河、湖、海的大型工矿企业直接运输原材料及输出制成品而设置的港口，如上海市的吴泾焦化厂煤码头及宝山钢铁总码头。

④军港：供舰艇停泊并取得补给的港口，是海军基地的组成部分，通常有停泊、补给等设备和各种防御设施。

⑤避风港：一种无装卸设备的港口，其唯一目的是在暴风雨时使船只得到掩护。

（2）按港口装卸货物的种类可以划分为综合性港口和专业性港口

①综合性港口是指装卸多种货物的港口。

②专业性港口为装卸某单一货类的港口，如石油港、煤港等。一般说来，由于专业性港口采用专门设备，其装卸效率和能力比综合性港口高。在货物流向稳定、数量多和货物种类不变的情况下，应多考虑建设专业性港口。

（3）按港口的地理条件可以划分为海港、河口港、河港、湖港、水库港

①海港：位于有掩护的或平直的海岸上。由于海港受风浪、潮汐和沿岸输沙等的影响，一般利用海湾、岛屿和岬角等天然屏障，或者建造防波堤等人工建筑物作为防护。港内有广阔的水域和深水航道，可供海船进出停泊，进行各种作业，补给燃料、淡水和其他物品，躲避风浪等，是沿海运输和各种海上活动的基地。优良的海港通常是沟通国内外贸易的枢纽。

②河口港：位于入海河流河口段或河流下游潮区界内，如我国的黄埔港。

③河港：位于河流沿岸，且有河流水文特征的港口，可供内河运输船舶编解队、装卸作业、旅客上下和补给燃料等。我国的南京港、武汉港和重庆港均属于此类。河港直接受河道径流的影响，天然河道的上游港口水位落差较大，装卸作业比较困难；中下游港口水位较深，但是受水流冲刷，容易形成淤积，常需扩岸或疏浚。

④湖港：位于湖泊沿岸或江河入湖口处的港口。一般水位落差不大，水面比较平稳，水域宽闲，水深较大，是内河、湖泊运输和湖上各种活动的基地。

⑤水库港：建于大型水库沿岸的港口。水库港受风浪影响较大，常建于有天然掩护的地区。水位受工农业用水和河道流量调节等的影响，变化较大。

（4）按港口受潮汐影响可以划分为开敞港、闭合港和混合港

①开敞港：港内水位潮汐变化与港外相同的港口。

②闭合港：在港口入口处设闸，将港内水域与外海隔开，使港内水位不随潮汐变化而升降，保证在低潮时港内仍有足够水深的港口，如英国的伦敦港。

③混合港：兼有开敞港池和闭合港池的港口称为混合港，如比利时的安特卫普港。

2. 港口的组成

根据港口运输作业的主要内容，港口系统可以划分为港口水域设施、码头构筑物、港口陆域设施三个组成部分，如图3-33所示。

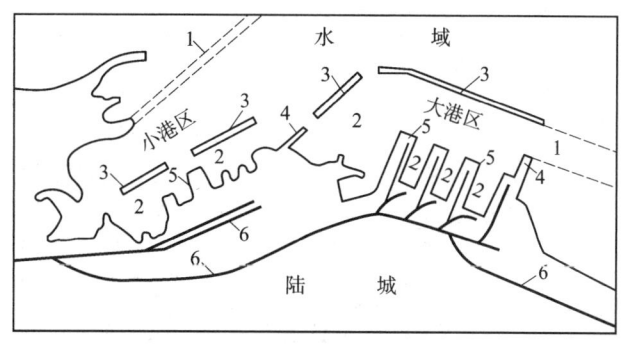

图 3-33 港口总平面图
1—进港巷道；2—港池；3—岛堤；4—突堤；5—码头；6—铁路

(1) 水域设施

水域设施通常包括进港航道、锚地、船舶回转水域、港池、防波堤、护岸和港口导航设施。

①航道是指在内河、湖泊和港湾等水域内供船舶安全航行的通道，如图 3-34 所示，由可通航水域、助航设施和水域条件组成。进港航道要保证船舶安全方便地进出港口，必须有足够的深度和宽度、适当的位置、方向和弯道曲率半径，避免强烈的横风、横流和严重淤积，尽量降低航道的开辟和维护费用。航道分为天然航道和人工航道。

图 3-34 航道

②锚地也称锚泊地，指有天然掩护或人工掩护条件能抵御强风浪的水域，如图 3-35 所示，船舶可在此锚泊、等待靠泊码头或离开港口。内河驳船船队还可在此进行编解队和换拖（轮）作业。

③港池是指直接与港口陆域毗连，供船舶靠离码头、临时停泊和调头的水域，如图 3-36 所示。港池按构造形式分为开放式港池、封闭式港池和挖入式港池。港池布局和码头布局相对应。

(2) 码头构筑物

码头构筑物主要包括码头、主体结构物、系靠设施、码头前沿装卸作业设备等。码头是供船舶靠泊、装卸货物、上下旅客的设施，包括岸壁、护舷木、系船桩等。码头前沿的装卸设备（如图 3-37 所示）有岸壁集装箱装卸桥、门式起重机、轮胎起重机、浮式起重机、驳船、叉车、拖车等。

第 3 章 运输设施与设备

图 3-35 锚地

图 3-36 港池

图 3-37 码头前沿的装卸设备

(3) 陆域

陆域是指港口供货物装卸、堆存、转运和旅客集散之用的陆地,如图 3-38 所示。陆域上有进港陆上通道(如铁路、道路、运输管道等)、码头前方装卸作业区和港口后方区。

图 3-38 陆域

3. 港口的技术经济特征

港口的技术经济特征主要有港口水深、码头泊位数、码头线长度和港口陆域高程等。

(1) 港口水深

港口水深是港口的重要标志之一,表明了港口条件和可供船舶使用的基本界限,增大水深可接纳吃水更深的船舶,但需要增加挖泥量,增加港口水工建筑物的造价和维护费用。在保证船舶行驶和停泊安全的前提下,港口各处水深可根据使用要求分别确定,不必完全一致。对有潮港,当进港航道挖泥量过大时,可考虑船舶乘潮进出港。现代港口供大型干货海轮停靠的码头水深为 10~15 米,大型油轮码头水深为 10~20 米。

(2) 码头泊位数

码头泊位数可根据货物种类分别确定,除供装卸货物和上下旅客所需泊位之外,在港内还要有辅助船舶和修船码头泊位。

(3) 码头线长度

码头线长度根据可能同时停靠码头的船长和船舶间的安全间距确定。

(4) 港口陆域高程

港口陆域高程根据设计高水位加超高值确定,要求在高水位时不淹没港区。为降低工程造价,确定港区陆域高程时,应尽量考虑港区挖填方量的平衡,港区扩建或改建时,码头前沿高程应和原港区后方陆域高程相适应,以利于公路和铁路车辆运行。同一作业区的各个码头通常采用同一高程。

4. 港口水工建筑物

港口水工建筑物一般包括防波堤、码头、修船和造船水工建筑物,进出港船舶的导航设施(航标、灯塔等)和港区护岸也属于港口水工建筑物的范围。港口水工建筑物的设计除应满足一般的强度、刚度、稳定性(包括抗地震的稳定性)和沉陷方面的要求外,还应特别注意波浪、水流、泥沙、冰凌等动力因素对港口水工建筑物的作用及环境水（主要是海水）对建筑物的腐蚀作用，并采取相应的防冲、防淤、防渗、抗磨和防腐等措施。

（1）防波堤

防波堤是位于港口水域外围，用于抵御风浪，保证港内有平稳水面的水工建筑物，如图3-39所示。

图3-39 防波堤

（2）码头

码头是供船舶停靠、装卸货物和上下旅客的水工建筑物，如图3-40所示。其广泛采用的是直立式码头，便于船舶停靠和机械设备直接开到码头前沿，以提高装卸效率。

图3-40 码头

（3）修船和造船水工建筑物（如图3-41所示）

待修船舶通过船台滑道被拉拽到船台上，修好船体水下部分以后，沿相反方向下水，在修船码头进行船体水上部分的修理和安装或更换船机设备，新建船舶在船台滑道上组装并油漆船体水下部分后下水，在舾装码头安装船机设备和油漆船体水上部分。船坞分为干船坞和浮船坞。

图 3-41　修船和造船水工建筑物

5. 航标

航标是引导船舶安全行驶的标志，可分为海上航标和江河航标。

（1）海上航标

在海上的某些岛屿、沿岸及港内重要地点均设有海上航标（如图 3-42 所示），如灯塔、灯船和浮标等，航标在白天以形状和颜色，在夜间以灯光颜色和时间长短次数来区别各自的作用。另外还有音响和无线电助航设备，如雾钟和电雾号等音响设备、无线电指向标、雷达导航站及其他无线电导航设备。

图 3-42　海上航标

(2) 江河航标

江河航标的主要作用是准确标出江河航道的方向、界限、水深和水中障碍物，预告洪汛，指挥狭窄和急转弯水道的水上交通，引导船舶安全航行。江河航标主要有过河标、接岸标、电缆标、水深信号杆和通行信号杆等，如图 3-43 所示。

图 3-43　江河航标

3.3.3　常见水路运输设备

1. 船舶的组成

船舶是各种船只的总称，指依靠人力、风帆和发动机等动力，能在水上移动的交通工具。

现代运输船舶尽管种类繁多，构造不一，但基本上都是由船体及其上层建筑、动力装置、舾装设备和各种系统组成的。

(1) 船体及其上层建筑

船体及其上层建筑是运输船舶的主体，为旅客、船员，以及货物、动力装置和油、水等物料提供装载的空间，船体是指主甲板以下部分，它是一个直接承受静水压力、浮力、波压力、冲击力、货载及本身重量等各种外力的空间结构，上层建筑是指主甲板以上的建筑物，主要供驾驶操纵和船员生活之用。

(2) 动力装置

船舶的动力装置包括为船舶提供推进动力的主机，为全船提供电力和照明的发电机组，以及其他各种辅机和设备。

(3) 舾装设备和各种系统

舾装设备包括：①操纵设备，如舵设备；②系船设备，如锚泊设备和系泊设备等；③关闭设备，如舱口盖、水密门、舷门和出入口盖等；④信号设备，如信号灯、信号旗等；⑤救生设备，如救生艇、救生筏、救生圈和救生衣等；⑥起货设备，如货船上的吊杆装置和甲板起重机，油船上的货油泵，滚装船上的升降机等；⑦其他设备，如客船上的防摇设备，拖船上的拖带设备，顶推船上的顶推装置等。

船上各种系统包括排水系统，压载水系统，消防系统，排污系统，通风、取暖和空气调节系统等。

2. 船舶的主要性能

船舶的主要性能有浮性、稳性、抗沉性、快速性、耐波性、操纵性和经济性等。

①浮性。浮性是指船在各种装载情况下，能浮于水中并保持平衡的能力。船舶的浮性关系到船舶的装载能力和航行的安全。

②稳定性。稳定性是指船受外力作用发生倾斜，当外力消失后，船能恢复到平衡位置的能力，稳定性是与船舶安全密切相关的一项重要性能。

③抗沉性。抗沉性是指船体水下部分发生破损，船舱淹水后仍能浮于水面而不沉和不倾覆的能力。

④快速性。船舶主机功率一定时所能达到的最高航速，或者在一定的航速要求下船舶消耗最小功率的性能。

⑤耐波性，也称为摇摆性。耐波性是指船舶在风浪中遭受由于外力干扰所产生的各种摇荡运动等，仍具有足够的稳性和船体结构强度，并能保持一定的航速安全航行的性能。

⑥操纵性。操纵性是指船舶能按照驾驶者的操纵保持或改变航速、航向或位置的性能，主要包括航向稳定性和回转性两个方面，是保证船舶航行中少操舵、保持最短航程、靠离码头灵活方便和避让及时的重要环节，关系到船舶航行的安全和营运经济性。

3. 常见货船种类

货运船舶简称为货船，是运送货物的船舶的总称。由于装运货物的不同，货船的种类也很多，常见的类型如下。

①散装船又称散货船（如图3-44所示），是用于装载无包装的煤炭、矿砂、谷物、化肥、水泥、钢铁、木材等散货的船舶。散货船的货物种类单一，不怕挤压，便于装卸，根据载重量的不同，散货船通常分为以下几个级别。

图3-44 散货船

a. 好望角型船，一般特指大型散货船，由于尺度限制不可能通过巴拿马运河和苏伊士运河，需绕行好望角海峡，故称好望角型船。其总载重量为100 000 吨以上，船长为 250～300 米。

b. 巴拿马型船，巴拿马运河所容许通的最大船型，通常总载重量为 6000 吨，船长要小于 245 米，船宽不大于 32.2 米，最大的容许吃水为 12.04 米。

c. 轻便型散货船，总载重量为 35 000～40 000 吨，吃水较浅，世界上各港口基本都可以停靠。

d. 小型散货船，总载重量为 20 000～27 000 吨。

②杂货船又称普通货船、通用干货船（如图 3-45 所示），主要用于装载一般包装、袋装、箱装和桶装的件杂货物。由于件杂货物的批量较小，杂货船的吨位也较小，典型的杂货船载重量为 10 000～20 000 吨，一般为双层甲板，配备完善的起货设备。货舱的数量和甲板分层较多，便于分隔货物。新型的杂货船一般为多用途型，既能运载普通件杂货物，也能运载散货、大件货、冷藏货和集装箱等。

图 3-45 杂货船

③集装箱船（如图 3-46 所示）是用于载运集装箱的船舶。集装箱船可分为全集装箱船、部分集装箱船和可变换集装箱船三种类型。

图 3-46 集装箱船

a. 全集装箱船，是指专门用于装运集装箱的船舶。该类船舶舱内设有固定式或活动式的格栅结构，舱盖上和甲板上设置固定集装箱的系紧装置，便于集装箱作业及定位。一般情况下，舱内可堆放 3~9 层集装箱，甲板上可堆放 3~4 层集装箱。

b. 部分集装箱船，这种船舶只是在船的中央部位用于装运集装箱，其他舱位用于装运普通杂货。

c. 可变换集装箱船，其货舱内装载集装箱的结构是可拆装式的，既可装运集装箱，必要时也可装运普通杂货。

④滚装船（如图 3-47 所示）主要用来运送汽车和集装箱，这种船本身无须装卸设备，一般在船侧或船的首、尾处有斜坡连接码头。装卸货物时，汽车或集装箱（装在拖车上）直接开进或开出船舱。滚装船不依赖码头上的装卸设备，装卸速度快，可加速船舶周转。

图 3-47 滚装船

⑤冷藏船（如图 3-48 所示）。冷藏并运输鱼、肉、果、疏等货物的船舶总称为冷藏船，冷藏舱所需的冷源由设置在机舱内的大型制冷机提供。为保证一定的制冷效果，冷藏舱的四壁、舱盖和柱子内部都设有隔热材料，以防止外界热量传入。冷藏船一般为白色。

图 3-48 冷藏船

⑥油船（如图 3-49 所示）。专门用于载运石油产品的液体货运船，简称油船。由于运量巨大，所以油船载重量都很大，载重量可达 50 多万吨。

图 3-49 油船

⑦载驳船（如图 3-50 所示）与驳船（如图 3-51 所示），又称母子船，由一大型机动母船（称为载驳船）运载一批相同规格的驳船（称为子船）进行运输。

图 3-50 载驳船

图 3-51 驳船

驳船是指本身没有自航能力，需要拖船或顶推船带动运行的货船，实际上是货运单元，在其中可装载各种货物。当母船到达港口锚地时，不必靠码头，驳船直接从母船上卸下，再由拖船或推船运往目的地，而母船则可以装载另一批驳船继续航行。其优点是由于货物单元是驳船，装卸可以在港域内外任意地点进行，无须使用码头，不受水深限制，可缩短母船的停泊时间，不受码头拥挤影响，装卸效率高，适宜进行江海联运。

拓展阅读 3-2

3.4 航空运输设施与设备

3.4.1 航空运输概述

1. 航空运输的定义

航空运输指通过空中运行的各种航空器，如热气球、飞艇和飞机等实现客货运输的一种运输方式。航空运输主要适合运载的货物有两类：一类是价值高、运费承担能力很强的货物，如贵重设备的零部件、高档次产品等；另一类是紧急需要的物资，如救灾抢险物资等。

2. 航空运输的特点

航空运输的特点包括以下几个方面。

①运输速度快，节省其他费用。航空运输在各种运输方式中运输速度最快，这也是航空运输的最大优势，其时速为 1000 千米左右，且距离越长，所能节省的时间越多，快速的优势也很显著。因而航空运输适用于中长距离的旅客运输，邮件运输，精密、贵重货物和鲜活易腐物品的运输。

②不受地理条件的限制。飞机在空中运行，受航线条件限制的程度相对较小，可跨越地理障碍将任何两地连接起来。航空运输的这一优点使其成为执行救援、急救等紧急任务中必不可少的手段。

③舒适、安全、可靠。随着科技进步和管理的不断改善，航空运输的安全性比以往大大提高。

④基本建设周期短，投资少。发展航空运输的设备条件是添置飞机和修建机场。这与修建铁路和公路相比，建设周期短、占地少、投资少、收效快。

⑤运输成本费用高。空运是在铁路、公路、管道和航运等运输方式中费用最高的，它只适合运输贵重物品。

⑥运输能力小。不适宜对大件货物或大批量货物的运输。

⑦连续性差。空运安全容易受气候影响，恶劣天气可能造成飞机停飞、延误和偏航，甚至在运输中遇到寒流侵袭，就会有一定危险。

3. 技术经济特征

航空运输的技术经济特征包括以下几个方面。

①高科技性。航空运输系统的每个部门都涉及高科技领域，航空运输的主要工具飞

机,更是先进科学技术的结晶。航空运输的发展反映了一个国家科学技术和国民经济的总体水平。

②高速性。高速性是航空运输最明显的特征。现代喷气式飞机的速度一般为 900 千米/小时左右,比火车快 5~10 倍,比海轮快 20~25 倍。

③高机动灵活性。航空运输不受地形地貌、山川河流的限制,只要有机场并有航路设施保证,即可开辟航线。直升机的机动性更强。

④安全可靠性。随着科学技术的发展,空中飞机不如地面交通安全的错误认识正在被逐渐消除。空难发生率大大下降,货物安全、旅客安全和舒适性都大大提高。

⑤建设周期短。一般来说,修建机场比修建铁路和公路的周期短、投资少,若经营好,投资回收也快。

⑥运输成本高。在各种交通运输方式中,航空的单位货物运输成本最高。

3.4.2 航空运输设施的组成

航空运输技术的设施主要包括航路、航空港和通信导航等。

1. 航路

航路是根据地面导航设施建立的走廊式保护空域,是飞机航线飞行的领域。其划定是以连接各个地面导航设施的直线为中心线,在航路范围内规定上限高度、下限高度和宽度。对在其范围内飞行的飞机,要实施空中交通管制,航路是由国家统一划定的有一定安全度的空中通道,有较完善的通信导航设备,宽度通常为 20 千米。划定航路的目的是维护空中交通秩序,提高空间利用率,保证飞行安全。航路分为两部分:一是航站区空域,供飞机进出机场用;二是航线空域,用于连接各航站区。

2. 航空港

航空港是运输旅客、货物的集散地,包括飞行区、客货运输服务区和机务维修区三个部分,如图 3-52 所示。

图 3-52 航空港布局图

①飞行区。飞行区是为保证飞机安全起降的区域，内有跑道、滑行道、停机坪和无线电通信导航系统、目视助航设施及其他保障飞行安全的设施，在航空港内占地面积最大。飞行区上空划有净空区，是规定的障碍物限制面以上的空域，地面物体不得超越限制面伸入。限制面根据机场起降飞机的性能确定。

②客货运输服务区。客货运输服务区是为旅客、货主提供地面服务的区域。其主体是候机楼，此外还有客机坪、停车场和进出港道路系统等。货运量较大的航空港还专门设有货运站。客机坪附近配有管线加油系统。

③机务维修区。机务维修区是飞机维护修理和航空港正常工作所必需的各种机务设施的区域，区内建有维修厂、维修机库、维修机坪和供水、供电、供热、供冷、下水等设施，以及消防站、急救站、储油库及铁路专用线等，此外航空港还有流动便利设备，如升降平台、客梯车、牵引车和传送带等。

3. 通信导航

通信导航是飞机场所需的各项通信、导航设施的统称。

（1）航空通信

航空通信分为陆空通信和平面通信。陆空通信是指飞机场部门和飞机之间的无线电通信，主要是用无线电话通信，远距离则用无线电报通信。平面通信是指飞机场和飞机场各业务部门之间的通信。

（2）航空导航

航空导航分航路导航和着陆导航。

3.4.3 常见的航空运输设备

1. 飞机的构成

飞机虽然型号很多，但构成还是基本一致的，主要由机身、动力装置、机翼、尾翼、起落装置、操纵系统和机载设备组成。

①机身。机身是飞机的主体，用于连接其他部件并容纳乘客、货物和设备等。

②动力装置。动力装置是飞机起飞和飞行必需的推进系统。它往往包括动力装置本身和动力转换装置。对于螺旋桨式飞机，动力装置是活塞式或涡轮螺旋桨发动机，动力转换装置是螺旋桨。对于喷气式飞机，动力装置是产生高温高压气体的喷气发动机，动力转换装置是喷管，高速喷射气流产生的反作用力推动飞机前进。

③机翼。机翼是飞机产生升力的部分，也是飞机较重要的空气动力部件，机翼设计的成功与否直接决定飞机的总体性能。

④尾翼。尾翼是飞机保持稳定和实现操纵的部件，通常在飞机的尾部。尾翼分水平尾翼和垂直尾翼两部分，由于它们是起稳定作用的，所以又称安定面。

⑤起落装置。起落装置是飞机起飞、降落和停放过程中支撑飞机的装置，一般由承力支柱、减震器、机轮和收放机构组成。陆上起降的飞机大都装有机轮，它又分前三点式和后三点式两种，由于后三点式飞机着陆滑跑稳定性差，机头较高，飞行员不易观察，所以现代先进的飞机多采用前三点式。

⑥操纵系统。操纵系统主要由驾驶杆、舵（脚置）、助力装置、传动装置和各舵面组

成。在飞行中，飞行员操纵杆、舵，通过助力和传动装置使副翼和方向舵变化一定的角度，以改变飞行状态。

⑦机载设备。机载设备是飞机完成特种任务或保障正常飞行的各种设备，机载设备一般包括飞行仪表、通信、导航、环境控制、生命保障和能源供给等设备，这些设备可以根据要求进行选装，飞机还装有与特定任务有关的特种机载设备，如战斗机的雷达、导弹、火炮及火力控制系统，侦察机的各种侦察设备，客机的各种服务装置等。

2. 飞机的分类

①根据飞机发动机的类型，可分为螺旋桨式飞机和喷气式飞机。

②根据飞机的发动机数量，可分为单发（动机）飞机、双发（动机）飞机、三发（动机）飞机、四发（动机）飞机。

③按机翼是否固定，可分为定翼机和旋翼机（直升机）。

④我国民航总局按飞机客座数，可分为大、中、小型。100座以下的为小型飞机，100~200座的为中型飞机，200座以上的为大型飞机。

3. 常用飞机

目前世界上主要的运输机型有：波音系列（B-）；麦道系列（MD-）；安系列（An-）；图系列（Tu-）；伊尔系列；空中客车系列（A-）；我国的运系列（Y-）和新舟60。

世界上主要的直升机有："黑鹰"S-70系列、CH-53系列、CH-7系列、米-26系列。

拓展阅读 3-3

3.5 管道运输设施与设备

3.5.1 管道运输概述

1. 管道运输的定义

管道运输是一种由大型钢管、泵站和加压设备等来完成运输工作的运输方式。世界大部分的石油、绝大部分的天然气都是通过管道运输的，管道还可以用于运送固体物料的浆体，如煤炭和矿石的浆体，如图3-53所示。管道运输是大宗流体货物运输最有效的方式，不动的管道本身就是运货的载体，油泵或压缩机将能量直接作用在流体上。

按管道的铺设方式不同，可将管道分为埋地管道、架空管道和水下管道；按输送介质不同，可以分为原油管道、成品油管道、天然气管道、油气混输管道和固体物料浆体管道；按其在油气生产中的作用，油气管道又可分为矿场集输管道，原油、成品油和天然气长距离输送的干线管道，天然气或成品油的分配管道等。

图 3-53 管道

2. 管道运输的特点

管道运输的特点包括以下几个方面：

①运量大。不同于车、船等其他运输方式，输油管道可以连续运行。一条管径为 720 毫米的管道每年就可以运送易凝高黏原油 2000 多万吨，一条管径 1200 毫米的原油管道年运输量可达 1 亿吨。

②建设投资相对较小，占地面积少，受地理条件限制少。管道建设的投资和施工周期均不到铁路的 1/2。管道通常埋于地下，只有泵站、首末站占用一些土地，占用土地少。管道可以从河流、湖泊、铁路和公路下部穿过，也可以翻越高山，横穿沙漠，一般不受地形与坡度的限制，可以缩短运输里程。

③连续性强。由于埋于地下，管道运输基本不受气候影响，可以长期稳定运行。

④运费低。管道输送流体能源，主要依靠每 60~70 千米设置的增压站提供压力能量，设备运行比较简单，易于就地自动化和进行集中遥控。先进的管道增压站已可以完全做到无人值守。由于节能和高度自动化，用人较少，运输费用大大降低。

⑤环保。管道运输沿线不产生噪声，漏失污染少，有利于环境保护。

⑥灵活性较差。调节运量及改变运输方向的幅度较小。

⑦通用性差。就某一具体管道而言，该运输方式只限于单项货物的运输。

3. 技术经济特征

管道运输的技术经济特征包括以下几个方面：

①运量大；

②占用土地少；

③运营费用低；

④运输费用低，安全可靠。管道运输输送每吨·千米轻质原油的能耗只有铁路的 1/17~1/12，而输送成品油的运费仅为铁路的 1/6~1/3，接近于海运，且无须装卸、

包装，无空车回程问题。易燃的油、气密闭于管道中，既减少了挥发损耗，又较其他运输方式也更安全，其系统机械发生故障的概率更低。

3.5.2 管道运输设施的组成

管道运输设施由管道线路设施、管道站库设施和管道附属设施三个部分组成。

1. 管道线路设施

管道线路设施是管道运输的主体，主要有石油管道和天然气管道。管道线路设施主要包括以下几个部分：
①管道主体，由钢管及管阀件组焊接而成；
②管道防腐保护设施；
③管道的水工防护设施、抗震设施、管堤、管桥及管道专用涵洞和隧道等设施。

2. 管道站库设施

管道站库设施按照管道站库位置的不同，可分为首站、中间站和末站；按照所运输介质的不同，又可分为输油站和输气站。输油站包括增压站、加热站、热泵站、减压站和分输站；输气站包括压气站、调压计量站和分输站等。

3. 管道附属设施

管道附属工程主要包括管道沿线修建的通信线路工程、供电线路工程和道路工程，此外，还有管理机构、维修机构及生活基地等设施。

3.5.3 常见的管道运输设施

1. 输油管道设施

管道运输是原油和成品油最主要的运输方式之一，输油管道也是最常用的管道运输方式之一。以石油管道工程为例，它是由管道线路工程、管道站库工程和管道附属工程三部分组成的。其详细构成见本章3.5.2节，本节不再赘述。

2. 浆体管道输送设施

（1）浆体制备系统

浆体制备系统的功用是制备适宜管道输送的浆体，用于长距离浆体管道输送，包括合格的料度、合格的浓度和合格的浆体酸碱度，对浆体和冲洗水还要进行除氧，甚至在冬季还要对浆体进行加热。

（2）浆体管道输送系统

浆体管道输送系统一般包括三大环节，分别是浆体制备系统（前处理）、浆体输送系统（泵站和管道）和脱水系统（后处理）。根据输送距离的长短和输送工艺的繁简，这三大环节也不相同。

（3）浆体的脱水与贮存

浆体中的水作为输送载体，会随物料一同到达输送终点，到达终点后物料要进行脱水与储存，脱水后物料的含水量要满足用户直接使用要求或储存要求。

本章小结

运输是物流系统的核心功能，包括铁路运输、公路运输、航空运输、水路运输及管道运输五种形式。本章节分别介绍了五种运输设施与设备的组成，并对其核心构成部分进行详细介绍，还介绍了常见运输设备及其特性。

习题

一、判断题

1. 我国铁路的一列货物列车，一般可以运送数千吨货物，重载单元列车可运送8000吨左右的货物。（   ）
2. 有一定承载力的架空建筑物称为桥梁，埋设在路堤内的过水建筑物称为隧道。（   ）
3. 制动装置一般包括空气制动机、手制动机（脚制动机）和基础制动装置部分。（   ）
4. 货运站是货物运输过程中进行货物集结、暂存、装卸搬运、信息处理和车辆检修等活动的场所。（   ）
5. 内河运输指我国沿海区域各港之间的运输。（   ）
6. 航空运输技术的设施与装备主要包括航路、航空港、飞机和通信导航等。（   ）
7. 机尾是飞机产生升力的部分，也是飞机较重要的空气动力部件。（   ）

二、选择题

1. 铁路货物运输的方式分为整车、零担和（   ）三种。
A. 包车　　　　　B. 拼车　　　　　C. 集装箱　　　　D. 托盘
2. 由于大型船舶体积大，（   ），所以航速一般较低。
A. 重量大　　　　B. 重量轻　　　　C. 风力大　　　　D. 水流阻力大
3. 典型的杂货船载重量在（   ），一般为双层甲板，配备完善的起货设备。
A. 1万~2万吨　　 B. 2万~3万吨　　 C. 3万~4万吨　　 D. 4万~5万吨

三、简答题

1. 铁路交通运输设施有哪些？
2. 简述管道运输的主要特点。
3. 水路交通运输设施有哪些？
4. 港口的主要作用是什么？港口又分为哪些类型？

第 4 章

仓储设施与设备

> **学习目标**
> （1）掌握仓库的分类、功能和作用；
> （2）掌握货架的分类、功能、特点和用途；
> （3）掌握自动化立体仓库的基本结构、分类和作业流程；
> （4）了解堆垛机的结构；
> （5）了解其他设备的设计原则和形式；
> （6）能够根据实际应用条件选择合理的仓储设备；
> （7）能够解决仓储设备在使用中出现的简单问题。

4.1 仓储设施与设备概述

4.1.1 仓库的定义与分类

1. 仓库的定义

仓库，一般是指以库房、货场及其他储存设施、装置为劳动手段的，从事对商品、货物、物资进行收进、整理、储存、保管和分发等工作的场所。

2. 仓库的分类

仓库的种类多种多样，形态结构各异，服务范围存在较大差异。以不同的标准对仓库进行分类，研究不同种类仓库的特征，可以为不同货物、不同企业选择合适的仓库提供依据。

根据不同的标准，仓库有多种分类方式。本书主要从结构和货物特性等角度分类，其他分类不再赘述。

（1）按保管货物的特性分类

①原料仓库。原料仓库是用来储存生产所用的原材料的，这类仓库一般比较大。

②产品仓库。产品仓库的作用是存放已经完成的产品，但这些产品还没有进入流通区域，因此这种仓库一般附属于产品生产工厂。

③冷库。冷库一般是指具有各种制冷设备并能人为控制和保持稳定低温的设施。它

的基本组成部分是制冷系统、电控装置、有一定隔热性能的库房和附属性建筑物等，如图4-1所示。制冷系统主要包括各种制冷设备，它是冷库的心脏，通过其制造冷量来保证库房内的冷源供应；电控装置是冷库的大脑，它指挥制冷系统保证冷量供应；具有一定隔热性能的库房，是储藏保鲜物品的场所，它的作用是保持稳定的低温环境。库房良好的隔热保温结构，可以最大限度地减少制冷设备制造的冷量向库外泄漏。这也是冷库与一般房屋的主要不同之处。

图4-1 冷库

我国的冷库种类较多，分类方法有以下几种。

a. 按库房容积大小分类。冷库按库房容积大小可分为大型、中型和小型冷库。在我国一般把库容在1000吨以上的冷库称为大型冷库，1000吨以下100吨以上的冷库称为中型冷库，100吨以下的冷库称为小型冷库。

b. 按使用的制冷剂分类。冷库按制冷剂不同可分为使用氨制冷剂的氨机库和使用氟制冷剂的氟机库。果蔬贮藏库一般是使用氨制冷剂的氨机库，氨机库又可分为压缩式和吸收式两种。

c. 按温度高低分类。冷库按温度高低可分为低温库和高温库。高温库的最低温度一般在-2℃左右，低温库的最低温度一般在-18℃以下。果蔬保鲜库一般是高温库，水产、肉食类保鲜库是低温库。

d. 按冷分配器的形式分类。冷库按冷分配器的形式可分为排管冷库和冷风机冷库。果品蔬菜保鲜一般用冷风机冷库。

e. 按库房的建筑方式分类。冷库按库房的建筑方式可分为土建冷库、装配冷库和土建装配复合式冷库。土建冷库一般是夹层墙保温结构，占地面积较大，施工周期长，早期的冷库就是这种形式。装配式冷库是预制保温板装配式的库房，与传统的土建冷库相比具有保温隔热和防潮防水性能好、阻燃性强、抗压强度高、抗震性能好、建设工期短、库房可拆卸等优点，但投资较大。土建装配复合式冷库是土建冷库和装配冷库的结合，库房的承重和外围结构是土建的形式，保温结构则采用聚氨酯喷涂发泡材料或聚苯乙烯泡沫板装配的形式。

④恒温仓库。恒温仓库和冷藏仓库一样也是用来储存对于储藏温度有要求的产品。

⑤危险品仓库。危险品仓库是用于储存危险品的仓库。由于危险品可能对人体及环境造成危害，因此对此类物品的储存一般会有特定的要求。例如，许多化学用品就是危险品，对它们的储存都有专门的规范，如图4-2所示。

图4-2 危险品仓库

⑥气调仓库。这类仓库用于存放需要控制库内氧气和二氧化碳浓度的物品，如图4-3所示。

图4-3 气调仓库

(2) 按仓库的构造分类

①单层仓库。单层仓库是最常见、使用最广泛的一种仓库建筑类型，它的主要特点包括：单层仓库设计简单，所需投资较少；在仓库内搬运、装卸货物比较方便；各种附属设备（如通风设备、供水和供电等）的安装、使用和维护都比较方便；地面承压能力比较强。

②多层仓库。多层仓库一般占地面积较小（如图4-4所示），一般建在人口稠密、土地使用价格较高的地区，由于是多层结构，所以通常使用垂直输送设备来搬运货物。总结

起来，多层仓库有以下几个特点：

a. 多层仓库可适用于不同的使用要求，如可以将办公室和库房分出两层，在仓库布局方面比较灵活。

b. 分层结构将库房和其他部门自然进行隔离，有利于库房的安全和防火。

c. 多层仓库作业需要的垂直运输重物的技术已经日趋成熟。

d. 多层仓库一般建在靠近市区的地方，因为它的占地面积较小，建筑成本可以控制在预算范围内。但其在建筑和使用中的维护费用较大，商品的存放成本较高。

③立体仓库。立体仓库又称为高架仓库，也是一种单层仓库。与一般的单层仓库的不同之处在于它利用高层货架来储存货物，而不是简单地将货物堆积在

图4-4　多层仓库

库房地面上。在立体仓库中，由于货架一般比较高，所以货物的存取需要采用与之配套的机械化、自动化设备。在存取设备自动化程度较高时也将这种仓库称为自动化立体仓库，如图4-5所示。

图4-5　立体仓库

④筒仓。筒仓是用于存放散装的小颗粒或粉末状货物的封闭式仓库，如图4-6所示，通常用来存储粮食、水泥和化肥等。

⑤露天堆场。露天堆场是用于在露天堆放货物的场所，一般用于堆放大宗原材料或者不怕受潮的货物。

图 4-6 筒仓

（3）按建筑材料分类

根据使用建筑材料的不同，仓库可分为钢筋混凝土仓库、钢质仓库和砖石仓库等。

4.1.2 仓储设施与设备的配置原则和选用步骤

1. 仓储设施与设备的配置原则

仓储设施与设备是仓储工作的重要组成部分，其直接影响仓储作业的整体运作效率。由于仓库的种类繁多，所承担的储存任务不同，储存物资的品种规格繁多、性能各异，因此，合理选择和配置仓储设施与设备对仓储作业的高效便捷起着至关重要的作用。配置仓储设施与设备要遵循以下几个原则：

①适应性强。仓库设备的工作性能应与仓库储存物品、作业量、出入库频率相适应。不同的仓库设备适合储存不同的物品，如托盘货架适用于托盘化物品，并配合叉车存取。仓库设备的总体工作性能应与仓库的日吞吐量相对应，仓库的日吞吐量与仓库设备的额定起重量、水平运行速度、升降速度以及设备的数量密切相关。例如，对于专用性仓库，吞吐量大，收发作业并不频繁，作业量和作业时间均衡，应考虑选用起重荷载相对较大、工作繁忙程度较小的仓库设备。对于综合性仓库，吞吐量不大，但收发作业频繁，作业量和作业时间很不均衡，应考虑选用起重荷载相对较小、工作繁忙程度较高的仓库设备。总之，仓库设备的性能应与仓库出入库频率相适应。

②自动化程度高。选用自动化程度高的存取装置可以提高仓库的作业效率。从集成化的角度来看，选择合适的货架和托盘，可以大大提高出入库的效率。从自动化的角度来考虑，在不超过投资限额和考虑投资回收的情况下，尽量应用自动化程度高的仓库设备，以提高仓储作业的效率。因此，尽量采用仓储高架叉车、巷道堆垛机、出入库自动输送机等。

③协调性强。仓储作业中的计量作业和搬运作业往往是同时进行的，如果计量作业和搬运作业的协调性不好，将会增加装卸搬运的次数，降低生产效率。因此，选仓储设施与设备时应考虑搬运作业和计量作业同时完成，如可在皮带输送机上安装计量感应装置，

在输送过程中同时完成计量作业。

④经济性和技术型号。选择仓储设施与设备时,物流企业应根据自身的条件和经营特点,在坚持技术先进、经济合理、操作方便的原则下,运用系统的思想,对设备进行技术性和经济性综合评价,选择合适的仓储设施与设备。

2. 仓储设施与设备选用的一般步骤

仓储设施与设备选用步骤如图 4-7 所示。首先需要做好仓储系统分析规划,主要分析方法有 EIQ 分析、ABC 分析等;其次是仓储设施与设备形式的选择;然后可做仓储系统的基本设计,并根据主作业区的设计进行通道和出入口等的配置。初步方案完成后,需要对方案进行评估,选择优秀方案进行实施。

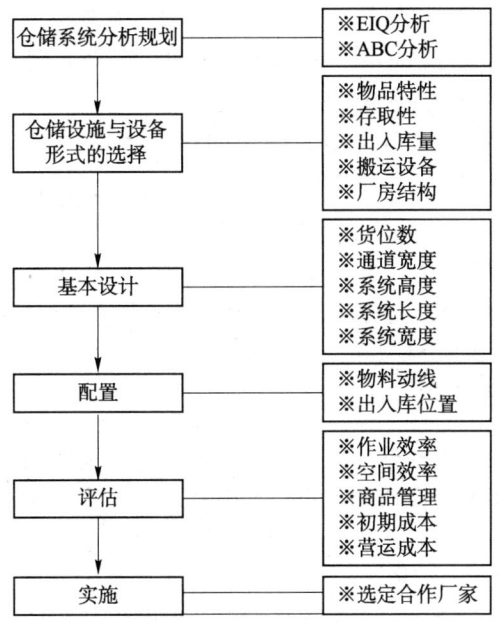

图 4-7 仓储设施与设备选用的一般步骤

下面对仓储设施与设备选用步骤的前两个步骤进行详细介绍。

(1) 仓储系统分析规划

进行仓储系统分析规划时,需要从客户订单的品类、数量与订购次数等方面出发,进行仓库出货特征分析。EIQ 分析就是利用 E（订货件数 Order Entry）、I（货品种类 Item）、Q（数量 Quantity）这三个物流关键因素来研究物流系统的特征,以进行基本的规划。ABC 分析比较简单,这里不再介绍。

(2) 仓储设施与设备形式的选择

选择仓储设施与设备的形式通常考虑以下因素（如表 4-1 所示）。

①物品特性。储存物品的外形、尺寸直接影响货架规格的选择,物品重量关系到选择什么强度的货架,储存单位直接关系到用什么货架来储存,托盘、容器和单件物品所对应的货架类型是不同的。

②存取性。存取性与储存密度是矛盾的,储存密度大必然影响物品的存取性。有的货架形式有较高的储存密度,但储位管理较难,难以实现先进先出原则。自动化立体仓库高

度发展，能够做到存取性和储存密度两者俱佳，但投资成本较高，必须结合实际情况来优化选择。

表 4-1 选择仓储设施与设备形式通常考虑的因素

物品特性	存取性	出入库量	搬运设备	厂房结构
尺寸	储存密度	先进先出	配重式	可用高度
重量	先进先出	存取频率	跨立式	梁柱位置
货位数	货位管理	存取数量	通道宽度	地板条件
储存单位			提升高度	防火设施
			提升重量	
			旋转半径	

③出入库量。出入库量包括物品的存取频率和存取数量，是选择仓储设施与设备的重要依据，另外，还要考虑是否先进先出。

④搬运设备。物流中心的储存作业是通过搬运设备来完成的，只有慎重选择搬运设备，才能实现高效、低成本运行。叉车或堆垛机是常用的搬运设备，在对其选型时必须考虑货架通道宽度。

⑤厂房结构。新建厂房时，根据货架高度决定梁的高度，同时，根据货架实际与安装条件，对地板强度、地面平整度也有要求。此外，还要考虑防火设施和照明设施等一系列问题。

4.1.3　仓储系统的主要参数

仓储系统的主要参数是规划设计仓库的主要依据，也是影响仓储设施与设备选择的主要因素。仓储系统的主要参数包括以下几个方面。

1. 库容量

库容量是仓库的主要参数之一，是规划设计仓库时首先要确定的问题。库容量的大小首先取决于缓冲平衡的需要，同时库容量又直接关系着仓库的建设投资和建成后的经济效益，因此在满足缓冲平衡的前提下，库容量应该是越小越经济。

2. 出入库频率

出入库频率是仓库的另一个重要参数，它决定仓库搬运设备的规格和数量。从理论上说，如果管理得当，使供应和消费的节奏一致，即入库和出库的频率和数量一致，库容量可为极小值，但是组织频繁入库和出库，需要提高搬运设备的能力，也是需要投资的。因此，在规划设计仓库时，应在二者之间做恰当的选择以求得最经济合理的方案。

3. 库容量利用系数

库容量利用系数等于实际库存量与库容量之比。由于这是一个随机变动的量，一般取它的年平均值作为参考指标。

4. 库存周转次数

库存周转次数是年入库总量或年出库总量与平均库存量之比。对于生产性和经营性的仓库，库存周转次数越多说明资金周转越快，经济效益越高。有些经营好的仓库每年的库存周转次数可达 24 次以上，即 10~15 天就可周转一次。

衡量仓库经营效率的最主要的指标是库容量利用系数和库存周转次数。

5. 其他衡量指标

①单位面积的库容量。它是总库容量与仓库占地面积之比。在土地紧缺、土地征用费高的情况下，这是一个很重要的经济指标。

②全员平均劳动率。这是仓库全年出入库容量与仓库总人数之比，通常取决于仓库作业的机械化程度。

③机械设备的利用系数。首先根据全年出入库总量算出机械设备的全年平均小时搬运量，它与机械设备的额定小时搬运量之比即为机械设备的利用系数。这个系数可用来评估机械设备配置的合理性。

拓展阅读 4-1

4.2 货架

4.2.1 货架的定义、功能与分类

1. 货架的定义

广义的货架是指存放货物的架子。在仓库设备中，货架是指专门用来存放成件物品的保管设施。货架一般是由立柱、横梁和斜撑等构件组成。为实现仓库的现代化管理，改善仓库的实用功能，不仅要求货架在数量上有所增多，更重要的在于完善货架的基本功能，并能实现货架的机械化、自动化目标。

2. 货架的功能

货架是自动化仓储系统中主要的储存设备，在现代物流仓储领域中，起着相当重要的作用。货架的结构形式与其实现机械化、自动化存取关系密切。货架的作用及功能如下：

①货架是用钢材或钢筋混凝土制成的框架式结构物，通过增加货架的高度来增加仓库的空间，提高库容量及其利用率，扩大仓库的储存能力。

②存放在货架中的货物，因相互之间不接触、不挤压，所以物资损耗小，可以保证货物本身的完整性，避免了货物的损坏。

③货物采用货架储存，存取便利，便于清点及计量，结合计算机管理容易实现先入先出的现代管理模式。

④采用货架储存货物能够保证存储物资的质量，通过采取防潮、防尘、防盗、防破坏等措施，以提高物资存储质量。

⑤新型货架的结构形式及功能有利于实现仓储系统的机械化及自动化管理。

提高仓库空间利用率的主要途径：一是减少通道，二是减少蜂窝率。减少通道可以提高仓库的面积利用系数，而减少蜂窝率则可以提高仓库高度利用系数。在实际存储业务中，两者相互矛盾。堆垛面积大，通道面积减少，蜂窝率随之增加；反之，堆垛面积小，通道面积增加，蜂窝率却可以降低。对大批量和整进整出的商品，采用大面积堆垛，这一矛盾并不突出，但对小批量和零星进出的商品，就不能采用大面积堆垛，即使采用小面积堆垛，蜂窝率还是很高，空间利用率仍然很低。

利用货架储存技术既能提高仓库面积利用率，又可减少蜂窝率，同时还能满足选拣和方便作业的要求。

3. 货架的分类

货架的种类复杂多样，从不同角度可以划分为不同的类型。

（1）按结构分类

货架按结构分类，可分为整体式货架、分体式货架。

①整体式货架。货架是库房的骨架，它可直接支撑仓库的屋顶和围墙（详见第4章4.2.2节）。

②分体式货架。货架独立地搭建在库房里，货架与仓库是分开的，成为两个独立的体系。

（2）按承载量分类

货架按承载量分类，可分为轻型货架、中型货架、重型货架。

①轻型货架。每层货架的载重量在150千克以下，如超市货架。

②中型货架。每层货架的载重量在150~500千克，如中型工业货架。

③重型货架。每层货架的载重量在500千克以上，如重型工业货架。

（3）按高度分类

货架按高度分类，可分为低层货架、中型仓库、高层货架。

①低层货架。货架高度在5米以下，一般多用于普通仓库。

②中型仓库。货架高度在5~15米，一般用于立体仓库。

③高层货架。货架高度在15米以上，一般用于立体仓库。

（4）按形式分类

货架按形式分类，可分为通道式货架、密集型货架、旋转式货架。

①通道式货架。这种形式的货架间必须留有通道。通道宽度需根据作业的方式及所使用的机械而定。通道式货架一般包括货柜式货架、托盘式货架、悬臂式货架等。

②密集型货架。由于这种形式的货架间的通道数可以减少，这样就大大节省了通道面积，从而有效地提高了库容量，如移动式货架、重力式货架、贯穿式货架等。

③旋转式货架。这种形式的货架一般借助于动力驱动，能够沿轨道运行，因此可以方便地拣选储存在货格里的货物。

（5）按发展形态分类

货架按发展形态分类，可分为传统式货架、新型货架。

①传统式货架。一般层架、抽屉式货架、橱柜式货架、悬臂货架等均为传统式货架。

②新型货架。常用的旋转式货架、移动式货架、驶入式货架、驶出式货架、高层货架、重力式货架等均属于新型货架。

（6）按构造分类

货架按构造分类，可分为组合式货架、固定式货架。

①组合式货架。组合式货架具有轻便、灵活、适用范围广等特点，常用于平面仓库和分离式自动仓库。

②固定式货架。固定式货架具有牢固、承载量大、刚性好的特点，常用于整体式自动仓库。

（7）按适用性分类

货架按适用性可分为通用货架和专用货架。

（8）按制造材料分类

货架按制造材料可分为钢货架、钢筋混凝土货架、木质货架和钢木合制货架。

（9）按可移动性分类

货架按可移动性可分成固定式货架、移动式货架、旋转式货架、组合货架等。

（10）按载货方式分类

货架按载货方式可分成悬臂式货架、橱柜式货架和棚板式货架。

4.2.2 常用货架

1. 托盘货架

（1）结构形式

托盘货架是用来存储装有货物托盘的货架。托盘货架所用的材质一般为钢材，沿着仓库的长度或宽度方向分成若干排，其间留有巷道，用来供堆垛起重机、叉车或其他搬运机械的运行，每排货架纵向可划分为若干列，在垂直方向又划分为若干层，从而形成了大量的货格，便于用托盘存储货物，如图4-8所示。一般来说，托盘货架的尺寸要视托盘尺寸与仓库尺寸而定。

图4-8 托盘货架

（2）特点及用途

首先，托盘货架中每片托盘均可以单独存入或移动，从而节省了工作量；其次，横梁高度可根据需要进行合理调整；再次，托盘货架的配套设备简单、成本低、能快速安装及拆卸，并能最大限度地利用仓库的有效空间。但是，这种货架需要较多通道，导致储存密度较低。

托盘货架一般适用于货物品种数量适中、批量一般的储存。采用托盘式货架可实现装卸作业的机械化、自动化，便于单元化存取，提高库容利用率，继而提高劳动生产率，实现高效率的存取作业。

2. 重力式货架

（1）结构形式

重力式货架又称流动式货架，是一种利用货物的自身重力来实现存储深度方向上货物移动的存储系统，如图4-9所示。使用重力式货架，托盘或货物会按照先进先出的原则，存储货物时托盘或货物从货架高端送入滑道，通过重力作用下滑；取货时从货架的低端取出货物，后面的托盘或货物则逐一向下滑动待取。使用重力式货架时，货物的存储和拣选两个动作完全分开，和一般的货架相比，不仅提高存储密度，还大大缩小了作业面，有效地提高了输出量，更有利于拣选活动。

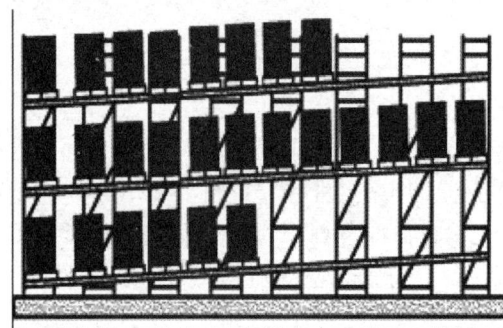

图4-9 重力式货架

（2）特点及用途

①单位库房面积存储量大。重力式货架属于密集型货架的一种，能够大规模、密集存储货物。由于重力式货架是利用自身重力使货物滑出，不需要预留操作通道，减少了运输路线和作业设备，大大提高了仓库面积利用率。实践证明，由普通货架改为重力货架后，仓库面积可节省近50%。

②采用重力式货架存储方式，固定了出入库位置，减少了出入库工具的运行距离。若采用普通货架出、入库时，搬运工具（如叉车、作业车）都需要在通道中穿行，运行线路难以规划，运行距离长。采用了重力货架后，叉车运行距离与原来相比可缩短1/3。

③由于入库作业和出库作业完全分离，两种作业均可向专业化、高效率方向发展，而且在货物出入库时，运行工具不互相交叉、干扰，提高了作业安全性。

④重力式货架的层高是可根据需要调整的，配以各种型号叉车或堆垛机等搬运工具，能实现各种托盘的快捷存取。

⑤该种货架系统中，托盘或货物能够遵循先进先出的原则，所以类别相同的货物和同时出入库的货物的置放应排在货架的同一排或同一层上。

重力式货架主要应用在需大规模储存货物或有拣选作业要求的场合（如用于各大物流企业的配送中心、转运中心、仓库的拣选配货中），也可用于企业、车间生产线的零部件供应线上。

3. 悬臂式货架

（1）结构形式

悬臂式货架（如图 4-10 所示）通常采用金属材料制造，由悬臂和纵梁相连而构成，可分单面和双面两种类型。一般为了防止所储存的材料被碰伤，常常在货架的悬臂上加上木质衬垫或橡胶衬垫。

图 4-10　悬臂式货架

（2）特点及用途

悬臂式货架是敞开式货架的一种，适用于存储长条形材料和形状不规则的货物，如钢管、型钢、木材、塑料等。其前伸的悬臂具有结构轻巧、载重能力强的优点，特别是在存放形状不规则或长度较为特殊的物料时，能大大地提高仓库的空间利用率。如果库房的空间小或高度很低，还可以根据具体需要适当增加货架的隔板，因此，与普通隔板式货架相比，利用率更高。

4. 旋转式货架

（1）结构形式

旋转式货架又称回转式货架，是一种货格可旋转的货架。与固定式货架不同，旋转式货架不用取货者走到货架的某个位置去取货，而是通过对货架的操作，使货架的某个响应货格旋转到取货者旁，供取货者挑选。

旋转式货架装有电力驱动装置，货架可沿两个直线段和两个曲线段组成的环形轨道运行。这种货架的存储密度大，货架间不需设置通道，可节省 30%~50% 的占地面积。

旋转式货架可灵活转动，并且拣货线路简捷，拣货效率高，拣选准确性也高。它是为适应现代社会生产和生活资料的需求，以及由少品种、大批量向多品种、小批量发展的趋势而快速发展起来的一种现代化仓储货架。

按照货架旋转方式的不同，旋转式货架可分为垂直旋转式和水平旋转式，其中水平旋转式又可分为整体水平旋转式和分层水平旋转式。

（2）特点及用途

①垂直旋转式货架（如图 4-11 所示）。垂直旋转式货架类似于垂直提升机，货架的钢结构部分与地基固定，存储部分沿垂直方向做上下循环运动，在提升机的两端悬挂有成

排的货格，货架既可正转，也可反转。垂直旋转式货架的正背两面都可设置拣选台，可以方便货物的出入库作业，工作人员可利用计算机操作控制，将要求的货层、货格经最短的路程送至拣选位。垂直旋转式货架充分利用了货架上部空间，占地空间小，是一种节省空间的仓储设备。垂直旋转式货架通过货格的设置可以储存较多品种的货物，适合拣选型作业。

②整体水平旋转式货架（如图4-12所示）。整体水平旋转式货架一般由多排货架连接，货架做整体水平式旋转运动，每次旋转，便有一排（列）货架到达拣货面，这时可对这一排（列）货架上的各层进行拣货。这种货架旋转时动力消耗大，因而不适用于拣选频率高的作业，所存放的货物主要是各种包装单位的货物。另外，整体水平旋转式货架也可调整货架的长度，以增大货架存储容量，但由于旋转时动力消耗大、拣选等待的时间长，不适用于随机拣选，而适用于成组拣选或按顺序拣选。

图4-11 垂直旋转式货架

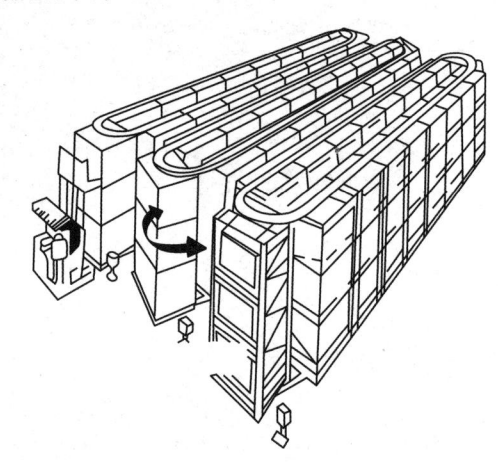

图4-12 整体水平旋转式货架

③分层水平旋转式货架（如图4-13所示）。分层水平旋转式货架又称为多层水平旋转货架。这种货架各层都可以独立旋转，并且每层都有各自的轨道。当工作人员用计算机操作时，该货架可以同时执行几个命令，使各层的货物从近到远，有序地到达拣选地点，因此拣选效率很高。这种货架多用于出入库频率高、拣选品种多的仓库、配送中心等场所。分层水平旋转货架随着货架高度的不断增加，必须装有多套动力驱动，因此，这类货架的成本一般高于其他种类的旋转货架。

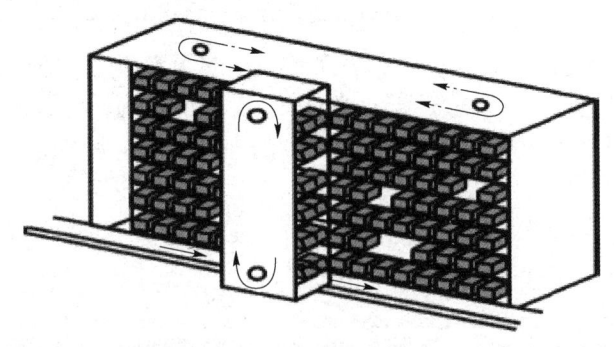

图4-13 分层水平旋转式货架

5. 阁楼式货架

(1) 结构形式

阁楼式货架（如图 4-14 所示）是把仓库空间设计成双层或双层以上形式的货架。阁楼式货架一般采用全组合式结构模式，采用专用轻钢楼板，将原有的储存区做楼层分隔。底层货架不但是存取货物的场所，而且是上层建筑的支柱。

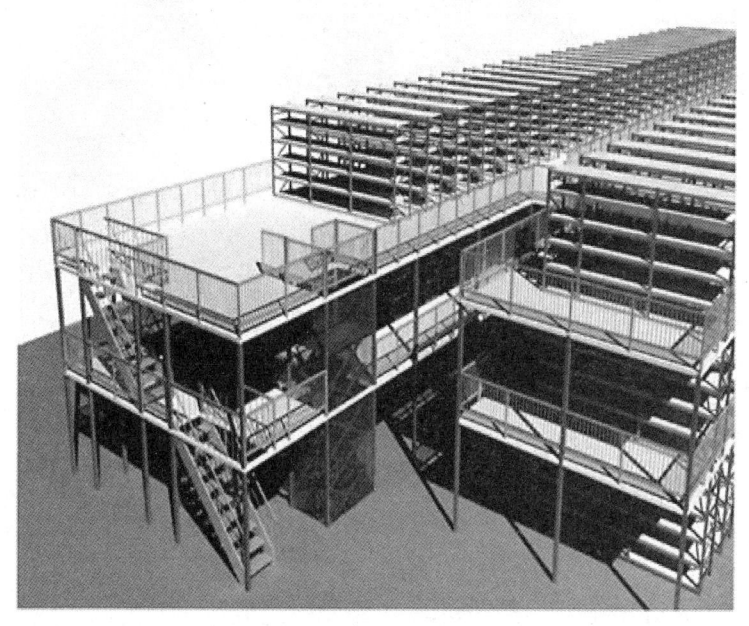

图 4-14 阁楼式货架

阁楼式货架一般采用输送机、提升机、电葫芦等工具来提升货物，也可以采用升降台来进行货物的提升。在阁楼上面可用轻型小车或托盘牵引车对货物进行堆码。

(2) 特点及用途

阁楼式货架有以下特点和用途：

①阁楼式货架主要适用于场地有限，货物的品种多、数量少的情况，其底层货架不但用于保管物料，同时也用于支撑上层建筑中的承重梁，使承重梁的跨距大大减少，建筑费用也大大降低。

②阁楼式货架也适用于现有仓库的技术改造，通过合理的改建，可以大大提高仓库的空间利用率。

③阁楼式货架一般采用全组合式结构模式，采用专用轻钢楼板，造价低且施工快。

6. 移动货架

(1) 结构形式

移动货架又称为动力式货架（如图 4-15 所示），是指在货架的底部装有运行轨道，可在地面沿轨道运行的货架。移动式货架按其驱动方式不同，可分为人力推动式移动货架、摇把驱动式移动货架和电动式移动货架。

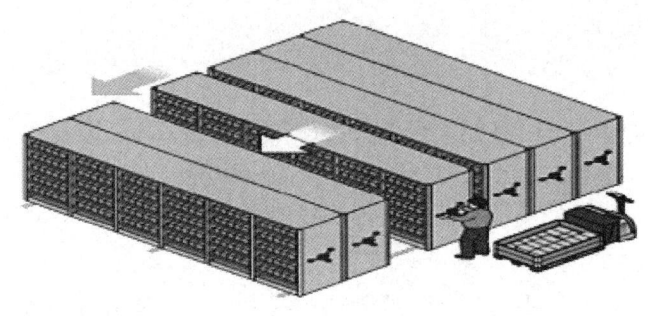

图 4-15 移动式货架

（2）特点及用途

移动式货架进行存储作业时，一般只需要一个作业通道，节约了占地面积，可有效提高仓库面积的利用率，其单位面积的储存量可达到托盘式货架的两倍左右。移动式货架可直接存取每一项货品，不受先进先出的限制，在不进行出入库作业时，各货架之间没有通道相隔，货架紧密排列，全部封闭，并可全部锁住，可确保货物安全，又可防尘、防光。当进行货物存取作业时，通过驱动货架移动使相应的货架开启，成为工作人员或存取设备的作业通道。因此，移动式货架广泛应用于办公室、图书馆的文档存放、档案文献存放和金融部门票据的存放。

由于移动式货架的移动速度慢，一般只适用于出入库不太频繁的仓储作业，或库存品种多、批量大、出入库频率低的仓储作业，或出入库频率较高，但按巷道顺序出入库的仓储作业。

7. 驶入式货架

（1）结构形式

驶入式货架又称为进车式货架（如图 4-16 所示），这种货架一般采用钢质结构，钢柱一定位置上有向外伸出的水平突出构件。当托盘送入时，突出的构件能够将托盘底部的两个边托住，使托盘自身起到架子横梁的作用。当货架上没有放托盘货物时，货架正面即成了无横梁状态，这时就形成了若干条作业通道，可以方便地出入叉车等作业车辆。当需要存储货物时，叉车直接驶进货架的最里面，将托盘货物由里向外逐一存放在水平的突出构件上，直到放满为止；当需要取货时，叉车再从外向里顺序取货。

（2）特点及用途

驶入式货架能起到储存货物和作为叉车等其他存取机械行走通道的双重作用，所以储存密度大，可大大提高库容率及空间利用率。但是，这种形式的货架存取性比较差，很难实现货物先进先出。因此，这种货架只适用于储存品种少、批量大以及不受保管时间限制的货物。

8. 贯通式货架

（1）结构形式

贯通式货架（如图 4-17 所示）取消了两排货架之间的巷道，将所有货架合并在一起,使同一层、同一列的货物互相贯通,托盘或货箱搁置于货架的"牛腿"上,叉车可直接进入货架每列存货通道内作业。

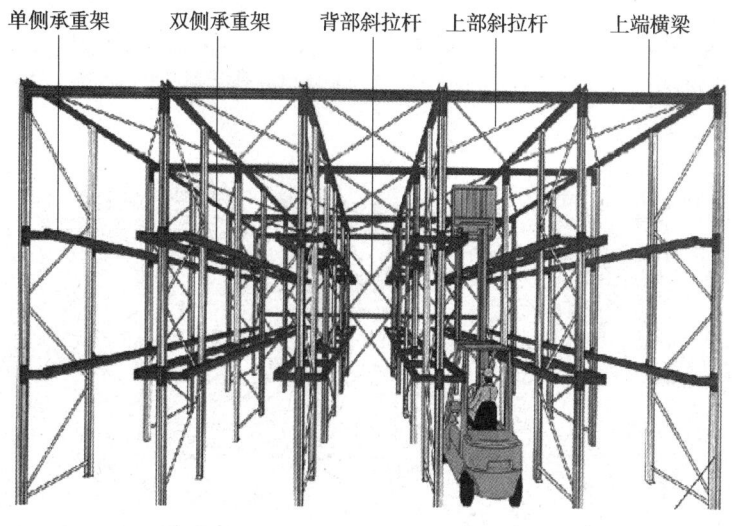

图4-16 驶入式货架

图4-17 贯通式货架

(2) 特点及用途

这种货架比较适用于同类大批货物的储存,由于贯通式货架的巷道较窄,司机的视线较差,叉车进出巷道作业时容易与货架相碰,从而造成事故,故而产生了动力式贯通货架。这种货架用链式输送机取代了传统贯通式货架的"牛腿",货物放在链式输送机上,由输送机将货物从入库端送到货架的出库端,再由叉车在货架的出货端将货物取走。

9. 窄巷道式货架

窄巷道式货架（如图 4-18 所示）由于其通道仅比托盘稍宽，继承了托盘式货架对托盘存储布局无严格要求的特点，又能充分利用仓库面积和高度，具有中等存储密度。窄巷道式货架需用特殊的叉车或起重机进行存取作业，同时还需要其他搬运机械配套，周转时间相比传统的货架要长。

图 4-18　窄巷道式货架

4.2.3　货架的选择

1. 选用货架时应考虑的因素

选用货架时应考虑的因素有以下几点。

①物品特性。物品的尺寸大小、外形包装等将会影响储存单位的选用，物品的重量也影响货架的选择。

②存取性。一般较高的储存密度是以牺牲存取性为代价的，在选用货架形式时，需统筹考虑各种因素。

③出入库量。出入库量高低是选用货架形式时应考虑的重点，如某些形式的货架虽有很好的储存密度，但出入库量不高，适合于低频度的作业。

④搬运设备。货架的存取作业是通过搬运设备来完成的，因此选用货架时应考虑配套搬运设备。

⑤厂房架构。梁下有效高度、梁柱位置会影响货架的配置。地板承受的强度及其平整度也与货架的设计、安装有关，另外，还必须考虑防火设施和照明设施。

2. 各类货架特性比较

货架结构不同，存储规模、储存物品特性、适用的储存设备、入出库频度等均有所差异。表 4-2 从不同维度对货架进行了对比分析，便于科学、合理选择货架。

表 4-2 各类货架特性比较

比较项目	托盘式货架	窄道式	倍深式	驶入式	贯通式	重力式	移动式	自动仓储
货架占用面积	大	中大	中	小	小	中	小	小
储存密度	低	中大	中	高	高	中	高	高
空间利用	普通	佳	佳	很好	很好	佳	非常好	很好
存取性	非常好	很好	普通	差	差	普通	好	非常好
先进先出	可	可	不可	不可	可	不可	可	可
通道数	多	多	中	少	少	少	少	多
单位纵深储位数	1	1	2	最多15	最多10	最多5	1	2
托盘高度/米	6	15	10	10	10	10	10	10~20
入出库	中	中	中小	小	小	小	小	大

4.3 自动化立体仓库

4.3.1 自动化立体仓库的概念与特点

1. 自动化立体仓库的概念

自动化立体仓库又称为自动化仓储系统（AS/RS），它是一种利用高层立体货架，应用电子计算机自动控制和管理堆垛机及其他机械进行存取作业的仓库。因此，自动化立体仓库可以看作是自动化仓库与立体仓库的有机结合。

自动化立体仓库是由高层立体货架、巷道堆垛机、自动控制系统、出入库自动输送系统、计算机仓储管理系统及周边设施与设备组成的，可对集装单元货物实现自动仓储过程的综合系统。自动化立体仓库充分实现了仓储作业的机械化、自动化和智能化，从而大大提高了仓储作业的运行效率，有效地节约了成本。自动化立体仓库技术是现代物流技术的核心，它集高架仓库及规划、管理、机械、电气于一体，是一门综合性的技术。

自动化立体仓库是近年来国际上迅速发展起来的一种新型仓储设施，用自动化功能齐全的立体仓库取代传统的普通房式仓库，已成为世界仓储建设发展潮流。自动化立体仓库不仅具有节省占地面积、减轻劳动强度、提高物流效率、降低储运损耗等功能，而且在沟通物流信息、衔接生产需求、合理利用资源、进行科学存储与生产经营决策等方面起到了特定的作用。

2. 自动化立体仓库的特点

自动化立体仓库技术是现代物流仓储领域的最新技术，它的应用能够产生巨大的社会效益和经济效益，具有以下特点。

①可以提高仓库单位面积的利用率。由于在存储货物时，采用的是高层货架存储，存储区可以大幅度、大范围地向高空发展，有效地提高了仓储空间的利用率。另外，和托盘货架相比，其通道宽度大幅减少，大大提高了仓库面积利用率。

②可以提高劳动生产率，降低劳动强度。自动化立体仓库运用机械化、自动化、智能

化设备对货物进行存储，运行和处理速度显著提高，大大提高了劳动生产率，同时降低了操作人员的劳动强度，还能较好地适应黑暗、低温、污染、有毒和易爆等特殊场合，有效地改善了作业人员的劳动条件。

③可以提高作业的准确性。由于自动化立体仓库通过计算机进行控制管理，并对各种信息进行储存和处理，因此能减少货物及信息处理过程中的差错，提高了仓储工作的准确率。

④可以降低管理成本。自动化立体仓库利用计算机管理能充分利用仓库的储存能力，可以随时掌握库存状况，容易实现先入先出的库存原则，有效地抑制了货物的自然老化、变质、生锈或发霉等情况的发生，从而能够对库存进行有效地控制管理，降低了费用。

⑤可以提高作业质量，保证货品在整个仓储过程中的安全运行。自动化立体仓库通常采用集装单元化存储，对货物进行搬运时，搬运机械不直接与货物接触，因此，有利于防止货物搬运过程中的意外破损，能够保证商品的完整性。

⑥可以为企业的生产指挥和决策提供科学的依据。通过自动化立体仓库的信息系统与企业的生产信息系统的连接，便于企业管理人员随时了解并掌握现有的库存情况，及时根据生产及市场情况对企业规划做出合理调整，科学地制定相应的战略和计划，指挥、监测和调整企业的行动。

⑦通过科学储备，可以提高物料调节水平，加快储备资金周转。自动化立体仓库采用计算机控制，对各种信息进行存储和管理，能减少货物处理过程中的差错，同时还能有效地利用仓库储存能力，便于清点和盘库，能够合理减少库存，加快储备资金周转，节约流动资金，从而提高仓库的管理水平。

4.3.2 自动化立体仓库的分类

自动化立体仓库（如图4-19所示）是一个复杂且综合的自动化系统，其作为一种特定的仓库形式，目前还没有统一的划分标准，常见的分类方法有以下几种。

图4-19 自动化立体仓库

1. 按照建筑形式分类

自动化立体仓库按照建筑形式可分为整体式自动化立体仓库和分离式自动化立体仓库两类。

①整体式自动化立体仓库。整体式自动化立体仓库是指货架除具有储存货物的基本功能外,同时还作为建筑物的支撑结构,成为建筑物的一个构成部分,即货架与建筑物形成了一个整体。这种形式的仓库建筑费用低、抗震能力强,一般适用于15米以上的大型自动化立体仓库,如图4-20所示。

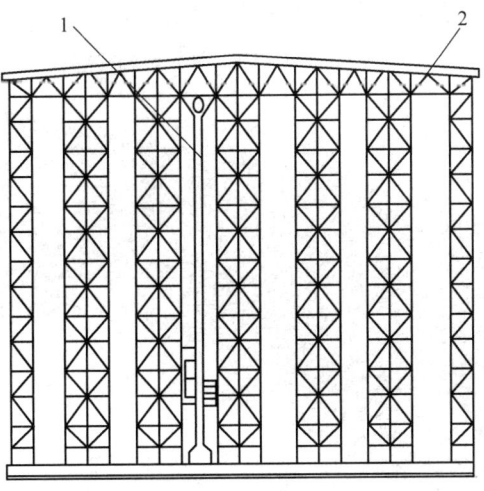

图4-20 整体式
1—堆垛机;2—货架

②分离式自动化立体仓库。分离式自动化立体仓库是指货架与建筑物不成为整体,而是相互独立的。它可以将原有的建筑物改造为自动化立体仓库,也可以将仓库的货架拆除,使建筑物做其他用途,如图4-21所示。

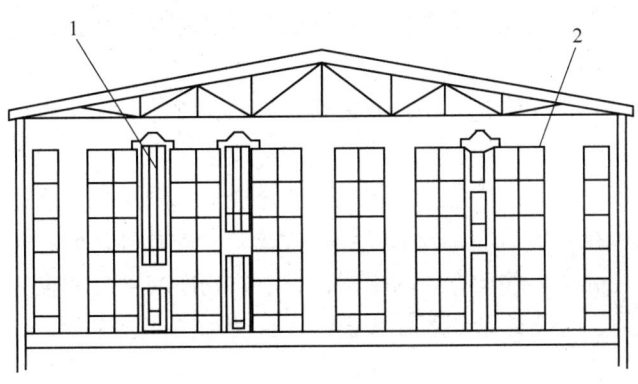

图4-21 分离式
1—堆垛机;2—货架

2. 按货架的结构形式分类

按照立体货架的结构形式的不同,自动化立体仓库又可分为四种类型,即单元货格式自动化立体仓库、贯通货架式自动化立体仓库、旋转货架式自动化立体仓库和移动货架式自动化立体仓库。旋转货架式和移动货架式在本书第4章4.2.2节已经介绍过,本节不再赘述。现将其他两种类型介绍如下。

①单元货格式自动化立体仓库。这种类型的仓库是最常见、应用最广泛，且适用性较强的一种仓库形式。其结构特点是：货架沿着仓库宽度方向分成若干排，每两排货架为一组，各组货架之间预留有堆垛机或其他机械进行存取作业所需的巷道；沿仓库的长度方向分为若干列；沿仓库高度的方向分为若干层。这样，整个货架就形成了能够储存货物的大量货格，通常要求货格的开口面向巷道，每个货架可存放一个货物单元，如图4-22所示。

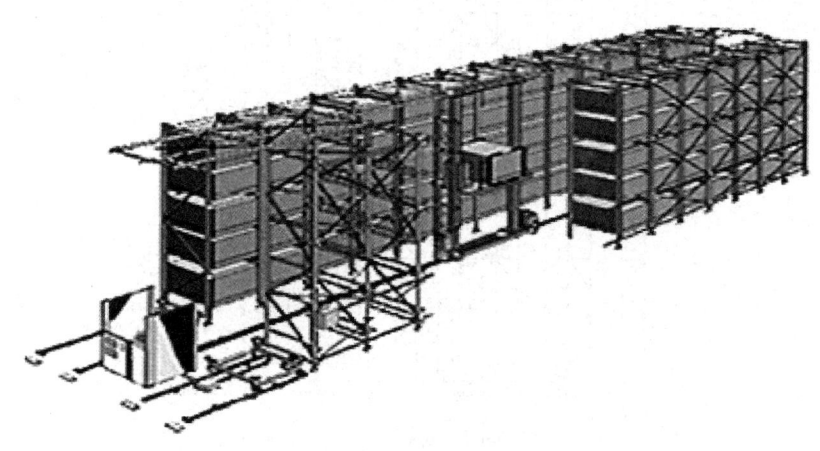

图4-22 单元货格式自动化立体仓库

这类仓库的基本工作过程如下：货物入库时，堆垛机从巷道口的出入库货台上取货，根据控制系统的指令将货物按要求运送到相应的货位当中。出库过程则与入库过程相反，堆垛机按照控制系统的指令，到相应的货位处取货，然后再将货物运送到巷道口的出入库货台。巷道堆垛机一直不间断地接受控制系统的存取货指令，在巷道内来回往复，以实现存取货作业。

②贯通货架式自动化立体仓库。贯通货架式自动化立体仓库是以单元货格式仓库为基础，在其基础上发展而来的一种仓库形式。它将货架合并在一起，使同层、同列的货物互相贯通，形成了能依次存放多货物单元的通道，这样就大大提高了仓库面积的利用率。其基本工作过程如下：在巷道两端，分别设置一台或多台提升机，负责货物的出入库。

按照货物单元在巷道内移动方式的不同，贯通式仓库又可分为重力货架式自动化立体仓库、整体动力式自动化立体仓库和穿梭小车式自动化立体仓库三种，这种货架完全遵循了货物先进先出的原则。

3. 按仓库所提供的储存条件分类

按仓库的储存条件，自动化立体仓库可分为常温自动化立体仓库、低温自动化立体仓库和防爆型自动化立体仓库。

①常温自动化立体仓库温度一般要求控制在5~40℃，相对湿度控制在90%以下。

②低温自动化立体仓库又分为恒温仓库、冷藏仓库和冷冻仓库等几种形式。

a. 恒温仓库是按照货物所要求的存放条件（通常指温度和湿度条件）而设计的。根据货物的特性，可自动调节仓储的环境温度和湿度。

b. 冷藏仓库的温度一般要求控制在0~5℃，它主要适用于蔬菜和水果的储存，要求库内有较高的湿度。

c. 冷冻仓库的温度一般要求控制在 -35~2℃，由于这种仓库温度比较低，在这样的低温条件下，普通的钢材性质会发生变化，从而导致钢材的使用性能下降，因此在系统的总体设计及材料选择时都必须考虑到温度影响。

③防爆型自动化立体仓库主要用来存放易燃、易爆等危险货物，系统设计时必须严格按照防爆的要求进行设计。

4.3.3 自动化立体仓库的构成

自动化立体仓库的构成主要包括货物储存系统、货物存取和传送系统、控制和管理系统三大部分，同时还需有与它配套的供电、消防、称重计量和信息通信等其他系统，如图 4-23 所示。自动化立体仓库是一个机械、电气、计算机以及土建等学科相结合的产品，是一个综合性工程，在整个立体仓库的运行中，需要各个硬件设备配合软件系统来完成任务操作。

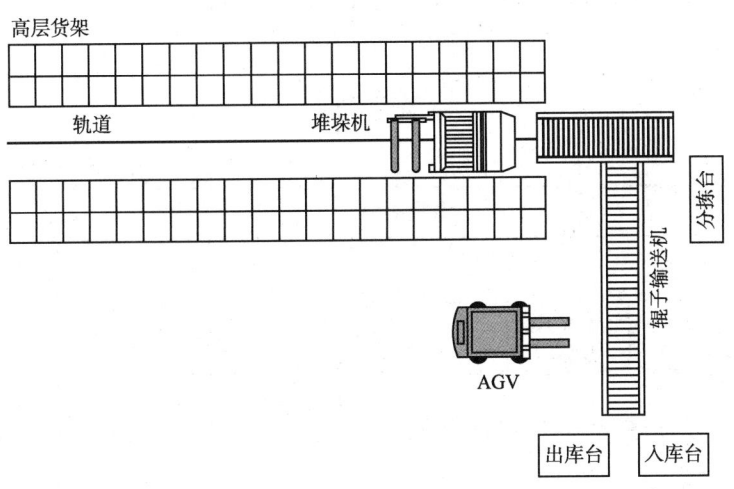

图 4-23 自动化立体仓库的构成示意图

1. 货物储存系统

高层货架是自动化立体仓库最为主要的储存设备。货架存储所用的托盘、货箱、集装容器也属于储存设备。

2. 货物存取和传送系统

货物存取和传送系统的作用主要是用来完成货物存取、出入仓库作业。它一般是由堆垛机、堆垛叉车、AGV、输送机和装卸机械等组成。堆垛机和堆垛叉车是自动化立体仓库中货物存取的主要设备。堆垛机在各个高层货架间的巷道内来回往复移动，它的载重平台沿着堆垛机的支架上下移动，而堆垛机的货叉沿平台的左右方向移动。这样就可方便地将货物存入货架的货位或从货位取出所需货物。输送机的作用在于将入库的货物输送到货架巷道口，以便供堆垛机械存入货格，或者将取出的货物转送到货物要出库的位置,再通过叉车、起重机等装卸机械完成所需入库货物的卸车和出库货物的装车作业。

3. 控制和管理系统

（1）控制和管理系统的架构

控制和管理系统的选用一般是根据自动化立体仓库的不同要求来决定的。有的仓库只对堆垛机、输送机的单台 PLC 采取控制；有的仓库则对各单台机械实行了联网控制；有的仓库采用了先进的三级计算机管理和监控系统。

自动化立体仓库所采用的三级计算机管理和监控系统（如图 4-24 所示）主要由控制系统、监控系统和计算机管理系统构成。其中,控制系统是自动化立体仓库是否能成功运行的关键,通过输入控制器的相关指令,以保证各种机械可以按顺序或并行运行。监控系统是自动化立体仓库的信息枢纽,通过对仓库中各类设备的运行任务、运行路线和运行方向进行监控和统一调度,以保证它们按照指挥系统的指令进行货物的搬运活动。而计算机管理系统是自动化立体仓库的指挥中心,主要用来完成自动化立体仓库的高级管理工作,如账目管理、库存管理、货位管理及信息跟踪的数据管理。

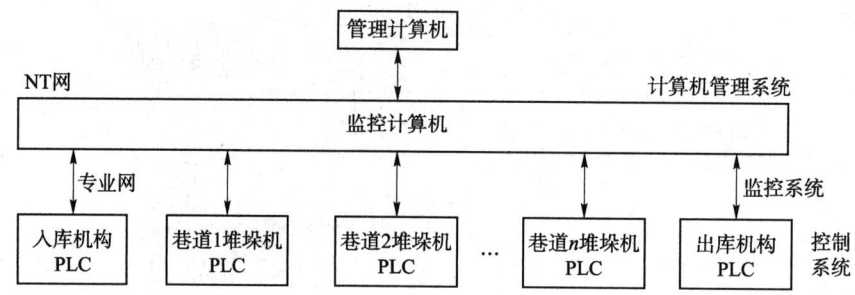

图 4-24　自动化立体仓库中的三级计算机管理和监控系统

（2）控制和管理系统的核心功能模块

存取作业管理模块是控制和管理系统的核心功能模块,主要包括入库作业管理和出库作业管理两个模块。

①入库作业管理模块。

货物单元入库时,由输送系统运输到入库台,货物进入射频识别读卡器可读取范围时,条形码或电子标签携带的信息被读入,传递给中央服务器。控制系统根据中央服务器返回的信息来判断是否入库,当能够确定入库时根据仓储管理系统（Warehouse Management System，WMS）货位分配原则自动分配货位,并发送包含货位坐标的入库指令给执行系统。堆垛机通过自动寻址,将货物存放到指定货位。在完成入库作业后,堆垛机向控制系统返回作业完成信息,并等待接收下一条作业命令,控制系统同时把作业完成信息返回给中央服务器数据库。入库作业流程如图 4-25 所示。

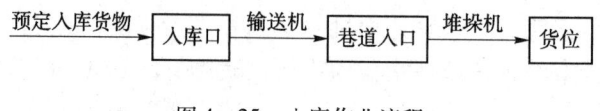

图 4-25　入库作业流程

②出库作业管理模块。

管理员在收到货物出库信息后,根据要求将货物信息输入管理机的出库单,中央服务器将自动进行库存查询,并按照先入先出、均匀出库、就近出库等原则生成出库作业命令,传输到终端控制系统中。控制系统根据当前出库作业及堆垛机状态,安排堆垛机的作业序列,将安排好的作业命令逐条发送给相应的堆垛机。

堆垛机到指定货位将货物取出并放置到巷道出库台,然后向控制系统返回作业完成信息,等待进行下一个作业。监控系统向中央服务器系统返回该货物出库完成信息,管理系统更新库存数据库中的货物信息和货位占用情况,完成出库管理。如果某一货位上的货物已全部出库,则从货位占用表中清除此货物记录,并清除该货位占用标记。出库作业流程如图4-26所示。

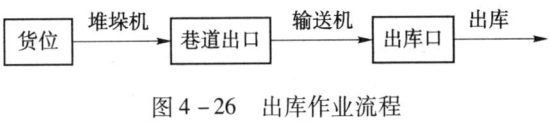

图4-26 出库作业流程

4.3.4 我国自动化立体仓库的应用

自动化立体仓库在我国的应用非常广泛,很多行业中都有自动化立体仓库的运用。

1. 生产领域

①医药生产。医药生产是我国最早应用自动化立体仓库的领域之一,1993年广州羊城制药厂建成了中国最早的医药生产用自动化立体仓库。此后,吉林敖东、东北制药、扬子江制药、石家庄制药、上药集团等数十家企业成功应用自动化立体仓库。自动化立体仓库的使用能够让医药品保持最佳的品质以及分类管理。

②汽车制造。汽车制造也是我国最早应用自动化立体仓库的领域之一,中国二汽是最早应用自动化立体仓库的企业。目前我国主要汽车制造企业几乎无一例外地应用自动化立体仓库。

③机械制造。机械制造领域也在广泛应用自动化立体仓库,三一重工等企业纷纷选择了适合自己的自动化立体仓库,并且应用范围及使用率每年都在增长。

④电子制造。电子制造领域很早加入到了自动化立体仓库使用队伍当中,联想集团在2000年后开始采用自动化立体仓库系统。

⑤烟草制造。烟草制造领域是我国采用自动化立体仓库最普遍的领域,而且大量采用进口设备。

2. 物流领域

①烟草配送。烟草配送领域目前已广泛采用自动化立体仓库系统。

②医药配送。为了响应国家《药品经营质量管理规范》(药品GSP)认证,大量的自动化立体仓库被应用到全国医药流通领域。

③机场货运。机场是较早采用自动化立体仓库的领域,我国各主要机场均采用自动化立体仓库管理行李。

拓展阅读4-2

4.4 堆垛机

4.4.1 堆垛机的分类与功能

堆垛机是现代物流自动化立体仓库中的核心物流设备,是自动化立体仓库中使用最广泛的物料搬运设备。其用途是在自动化立体仓库中的货架巷道间来回穿梭运行,完成货物的存取作业。

堆垛机按有无轨道设施,可分为有轨堆垛机和无轨堆垛机两大类。有轨堆垛机沿着巷道内的轨道运行,而无轨堆垛机也称为高架叉车,其起升高度比普通叉车要高。这两种堆垛机和普通叉车的性能比较如表4-3所示。

表4-3 有轨堆垛机、无轨堆垛机和普通叉车的性能比较

设备名称	巷道宽度	作业高度	作业灵活性	自动化程度
有轨堆垛机	最小	>12米	只能在高架巷道内作业,必须配备出、入库设备	可以进行手动、半自动、自动及远距离集中控制
无轨堆垛机	中	5~12米	可服务于两个以上巷道并完成高架区域的作业	可以进行手动、半自动、自动及远距离集中控制
普通叉车	最大	<5米	任意移动,非常灵活	一般为手动,自动化程度低

1. 有轨堆垛机

有轨堆垛机的整机可沿货架水平方向移动,载货平台可沿堆垛机支架上下垂直移动,载货平台的货叉可以借助伸缩机构向平台的左右方向移动,这样可实现所存取货物的空间各方向移动,如图4-27所示。有轨堆垛机可按以下几种方式分类。

图4-27 有轨堆垛机

(1)按结构分类

有轨堆垛机按结构分类,可分为单立柱堆垛机和双立柱堆垛机。

①单立柱堆垛机。其机架结构由一根立柱、上横梁和下横梁组成一个矩形框架(如图

4-28 所示），结构刚度比双立柱差，适用于货物重量在 2 吨以下、起升高度在 16 米以下的仓库。

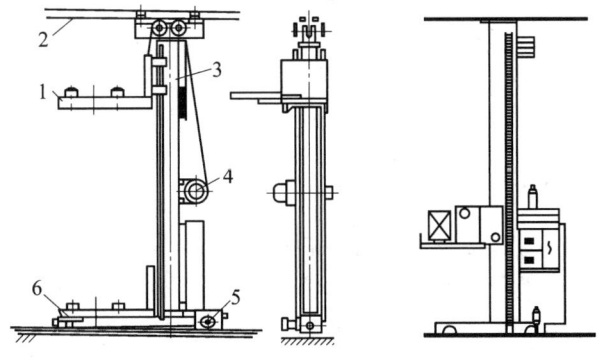

图 4-28 单立柱堆垛机
1—载货台；2—上横梁；3—立柱；4—起升结构；5—运行结构；6—下横梁

②双立柱堆垛机。其机架结构也由两根立柱、上横梁和下横梁组成一个矩形框架（如图 4-29 所示），结构刚度比较好，质量比单立柱大，适用于各种起升高度的仓库，一般起重量可达 5 吨，必要时还可以更大，可以高速运行。

（2）按支承方式分类

有轨堆垛机按支承方式可分为以下类型。

①地面支承型堆垛机支承在地面铺设的轨道上，用下部的车轮支承和驱动，上部导轮用来防止堆垛机倾倒，机械装置安装在下横梁，易保养、维修，适用于各种起升高度及货物起重量较大的仓库。

②悬挂型堆垛机在仓库屋架下弦装设的轨道下缘上运行，在货架下部两侧铺设下部导轨，防止堆垛机摆动，货架具有较大的强度和刚度。

③货架支承型堆垛机支承在货架顶部铺设的轨道上，同样在货架下部两侧铺设下部导轨，防止堆垛机摆动，适用于货物起重量小和起升高度较低的小型立体仓库。

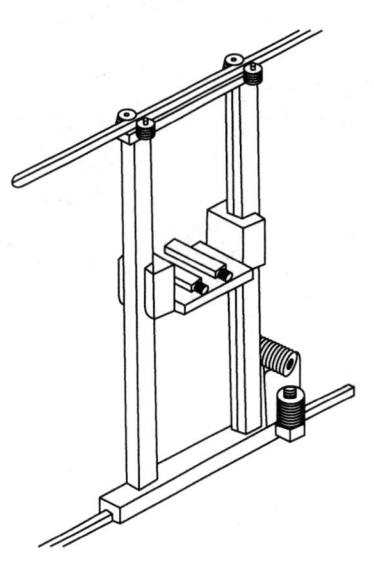

图 4-29 双立柱巷道堆垛机

（3）按用途分类

有轨堆垛机按用途可分为以下类型。

①单元型堆垛机以托盘单元或货箱单元进行出入库作业，自动控制时，堆垛机上可无驾驶员，适用于各种控制方式。

②拣选型堆垛机上设有驾驶室，操作人员可以从货架内的托盘单元或货物单元中取少量货物，进行出库作业，一般为手动或半自动控制，用于"人到货"式拣选作业。

（4）按货叉数量分类

有轨堆垛机按货叉数量可分为单叉堆垛机、双叉堆垛机。

（5）按货叉伸取长度分类

有轨堆垛机按货叉伸取长度可分为单伸位堆垛机、双伸位堆垛机、多伸位堆垛机。

（6）按应用巷道数量分类

有轨堆垛机按应用巷道数量可分为直道型堆垛机、转弯型堆垛机、转轨型堆垛机。

2. 无轨堆垛机

无轨堆垛机又叫高架叉车或三向堆垛叉车（如图4-30所示），即叉车向运行方向两侧进行堆垛作业时，车体无须直角转向，只需使前部的门架或货叉直角转向和侧移即可，这样作业通道就可大大减少，很大程度上提高了面积利用率。无轨堆垛机分为托盘单元型和拣选型两类。

4.4.2 堆垛机的基本结构

本书以单立柱堆垛机为例，来介绍堆垛机的结构。堆垛机的基本结构由六部分组成：起升机构、运行机构、载货台及取货装置、机架（由上横梁、下横梁和立柱组成）、电气设备和安全保护装置，如图4-31所示（此图展示的是单立柱堆垛机的硬件结构，不含电气设备和安全保护装置）。

图4-30 无轨堆垛机

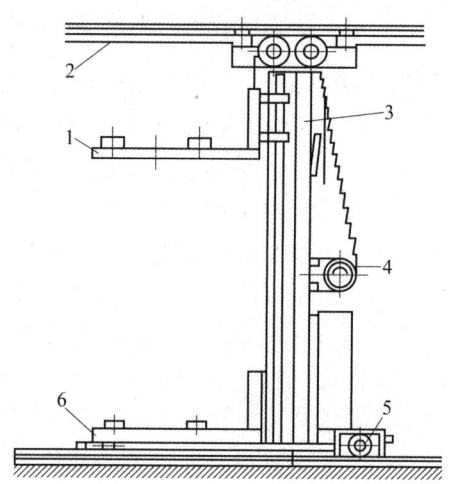

图4-31 单立柱型堆垛机的结构示意图
1—载货台及取货装置；2—上横梁；3—立柱；
4—起升机构；5—运行机构；6—下横梁

1. 起升机构

起升机构由电动机、制动器、减速机、滚筒或链轮以及柔性件组成。常用的柔性件有钢丝绳和起重链两种。

2. 运行机构

运行机构由电机、联轴器、制动器、减速箱和行走轮组成。按运行机构所在位置的不同可以分为地面运行式、上部运行式、中间运行式等，其中地面运行式使用最广泛。这种运行机构一般用两个或四个车轮，沿铺设在地面上的单轨运行，如图4-32所示。

3. 载货台及取货装置

载货台是货物单元承接装置，通过钢丝绳或链条与起升机构连接。载货台可沿立柱导轨上下升降。取货装置安装在载货台上，取货装置一般是货叉伸缩机构，可以横向伸缩，以便向两侧货格送入（取出）货物，如图4-33所示。

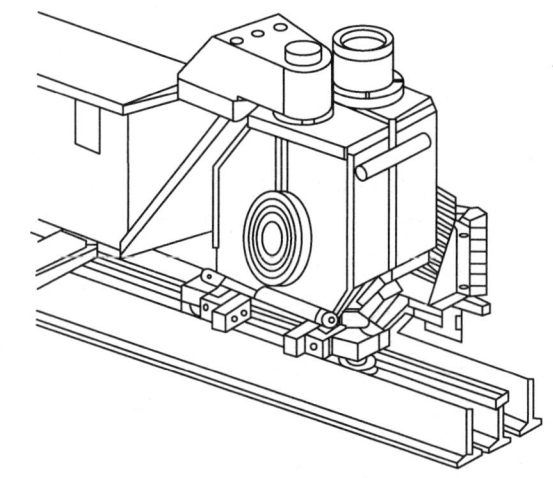

图 4-32 堆垛机的运行机构示意图

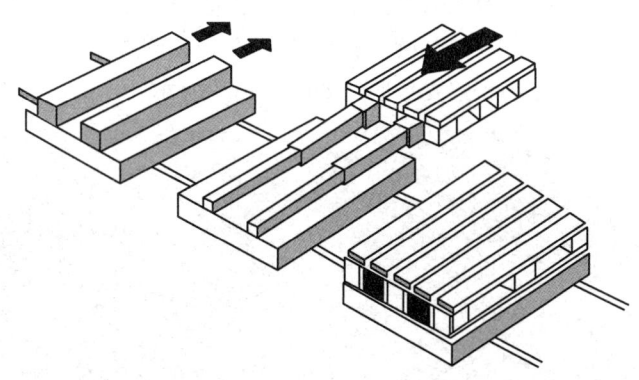

图 4-33 堆垛机的载货台及取货装置示意图

4. 机架

机架由上横梁、下横梁和立柱连接而成，是堆垛机的承载构件。机架有单立柱和双立柱两大类。

5. 电气设备

电器设备包括电力拖动系统、控制系统、检测系统等。电力拖动系统要同时满足快速、平稳和准确三个方面的要求。对堆垛机的控制一般采用可编程控制器、单片机、单板机和计算机等，控制系统的控制方式有手动、半自动和自动三种，其中自动控制方式包括机电控制和远距离控制两种方法。堆垛机检测系统必须具有自动认址、货位虚实检测以及其他检测功能。

6. 安全保护装置

堆垛机的结构设计、刚性、精度均需满足使用要求。此外，堆垛机还应根据实际需要，增设各种安全保护装置，具体内容如下：

①堆垛机上每个电动机均设有过电流继电器，对电动机进行过载保护；
②堆垛机上设置了走行端点限位及升降端点限位传感器；

③为防止空出库、重复入库等现象的发生,堆垛机上设置了对货架上货位、入出库位置上的货物进行检测的传感器,以确认货位或出入库位置上的货物情况;
④为防止货物尺寸与入库货位的尺寸不符,堆垛机上设置了货物尺寸检测传感器;
⑤为防止堆垛机上货物坍塌情况的发生,堆垛机上设置了货物坍塌检测传感器;
⑥堆垛机上设置了各有关动作及装置的电气联锁;
⑦堆垛机控制盘上设置紧急停止按钮,以备在非正常情况下切断堆垛机电源;
⑧堆垛机上还设置有在异常状态下的声光报警装置;
⑨堆垛机的行走和升降动作若存在特殊情况,则被锁定,以确保设备和人身安全。

4.5 其他设备

4.5.1 装卸平台

装卸平台又称站台调整板、登车桥,是目前应用最为普遍的站台装卸接泊设备。装卸平台搭设在车辆与建筑物之间,可以调节自身的高度,以调整车辆底部与地面的高度差,从而实现货车和站台的有效连接。装卸平台如图4-34所示。

图4-34 装卸平台

装卸平台的性能可以通过载重量和调节幅度来进行评价,载重量是指在正常工作条件下的最大承载货物重量,一般是指动载荷。不同的物流作业条件下可以通过调节装卸平台高度来适应运输工具的要求,实现两者之间的无缝对接,最常见的装卸平台调节幅度为低于站台300毫米到高于站台高度300毫米。

1. 装卸平台的类型

装卸平台可从不同角度进行分类。按固定情况,可分为固定式和移动式;按动力,可分为手动机械式和电动液压式;按作业原理,可分为伸缩板式和垂直上翻板式。下文介绍几种主流的装卸平台。

(1)手动机械式装卸平台

手动机械式装卸平台完全不需电力,板台提升依靠人力和弹簧结构助力来实现,舌片依靠联动结构翻起。手动机械式装卸平台操作简便容易,机械式结构耐用持久,适用于使用频率较低的仓库站台,且投资较少,但与电动液压式装卸平台相比,其安全性较差。

（2）电动液压式装卸平台

电动液压式装卸平台为一键式操作，为物流装卸作业提供了安全、耐久、高效率的保障。电动液压式装卸平台操作简便、快捷，电动液压装置的稳定性保证了设备长久的使用寿命，维护工作也较少，如图4-35所示。

图4-35　电动液压式装卸平台

（3）前伸式舌片液压装卸平台

此种装卸平台与普通电动装卸平台的不同之处在于舌片不是翻板式，舌片通过液压可以前后伸缩。翻板式舌片长度为400毫米，而前伸式舌片前伸幅度则达到500~1000毫米，既可以满足从侧边搭接货车的作业需求，也使装卸平台作业长度所需的固定部分和预留坑纵深大为缩小，即站台的纵深可缩小，这对于节省站台区域尺寸和节约土建很有意义。由于采用前伸式舌片，在搭接货车时可以方便地调节舌片长度到合适的位置，可以适应卡车满装等特殊状况。

2. 装卸平台的选择

选择装卸平台，通常需要考虑建筑的设计（包括收发货区的高度和宽度）、车辆型号及装卸设备等因素。当车辆难以靠近装卸平台、车辆与装卸平台间间隙较大时，可采用前伸式舌片液压装卸平台，通过前伸舌片，将平台与车辆连接。电动液压式装卸平台适用于装卸场地上车厢高度各异的车辆及交通相对繁忙的场所。手动机械式装卸平台适用于装卸平台不常用或不能提供电力的场所。

4.5.2　计量设备

1. 计量设备的定义、分类与特点

计量设备是利用机械原理或者电测原理对物品的重量、长度、数量、容积等量值进行度量的器材、仪器的总称。由于仓储作业需要在仓库中使用很多的计量装置，如入库作业需要获得货物重量、数量等参数，因此计量设备在仓储作业中应用非常广泛。

根据计量物理量的不同，计量设备可以分为以下几种：①重量计量设备，包括各种磅秤、地重衡、轨道衡、电子秤；②流体容积计量设备，包括液面液位计、流量计；③长度计量设备，包括检尺器、长度计量仪；④个数计量设备，包括自动计数器、自动计数显示装置。在仓库内接收、分发等作业中，使用最广泛的是重量计量设备。

重量计量设备是统计货物进出量、储存量的基础工具，也是计算仓库损耗量、作业能力与作业效率的基础工具。重量计量设备按结构原理可分为机械秤、电控机械秤及电子秤等多种类型。

2. 主要计量设备的运用

（1）地磅

地磅也被称为汽车衡，是厂矿、商家等用于大宗货物称重的主要设备。电子汽车衡主要由承重传力机构（秤体）、高精度称重传感器、称重显示仪表三大主件组成，也可以根据不同用户的要求，选配打印机、大屏幕显示器、计算机管理系统，以满足更高层次的数据管理及传输的需要。

（2）电子轨道衡

电子轨道衡采用桥式称重传感器作为重量转换元件，可对符合国家铁路运营要求的四轴货车进行连挂或单车动态计量（如图 4-36 所示）。它具有计量准确、自动显示重量、自动记录称重结果等功能，可为散装物料的装车计量提供有效的自动控制与管理。

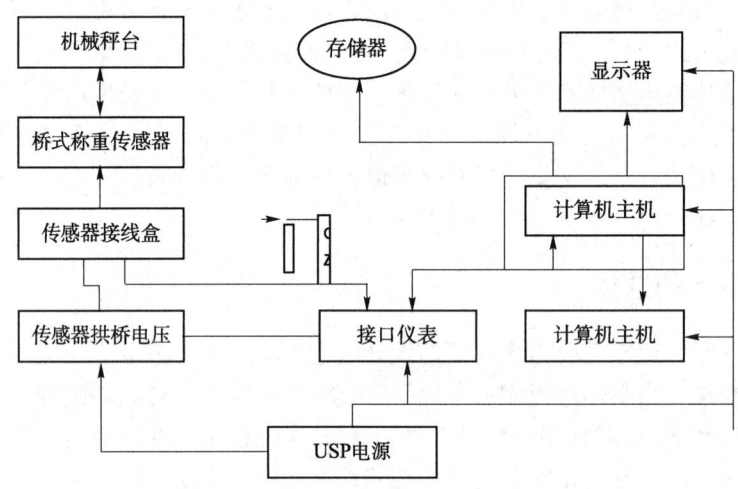

图 4-36 电子轨道衡原理

（3）电子秤

电子秤是集现代传感器技术、电子技术和计算机技术于一体的电子称重装置，由称重传感器、A/D 转换电路、单片机电路、显示电路、键盘电路、通信接口电路、稳压电源电路等电路组成。电子汽车衡是电子秤的一种，主要在厂矿、港口码头等场合使用，用于对大宗货物或载重车辆进行计量称重。它可分为有基坑式、无基坑式和移动式三种，如图 4-37 所示。

（4）自动检重秤

自动检重秤是一种对不连续成件载荷进行自动称重的衡器。自动检重秤能够按照预先设定的区限值对被称物体的重量进行检验。当被称物体重量超过允许的上限值和下限值时，会自动检测出超差的物体，并且能够自动将其从生产流程中剔除或发出声光报警信号，如图 4-38 所示。

有基坑式电子汽车衡　　　　无基坑式电子汽车衡　　　　移动式电子汽车衡

图4-37　电子汽车衡

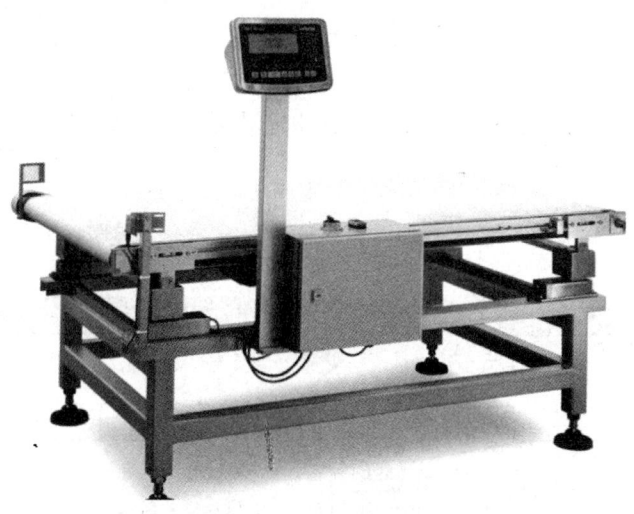

图4-38　自动检重秤

(5) 电子吊秤

电子吊秤是集吊装和称量于一体的计量装置，由吊挂件、高密度传感器、A/D转换器及显示器组成，可与各种起重设备配套使用（如图4-39所示）。电子吊秤是一种悬挂式电子秤，要求使用场合配有电葫芦，一般用于钢铁厂、码头等场合。

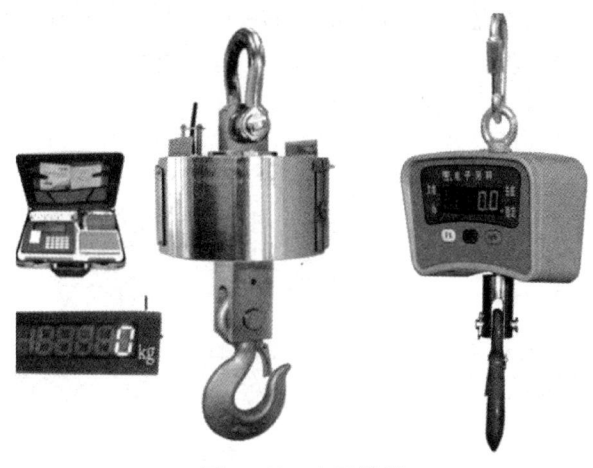

图4-39　电子吊秤

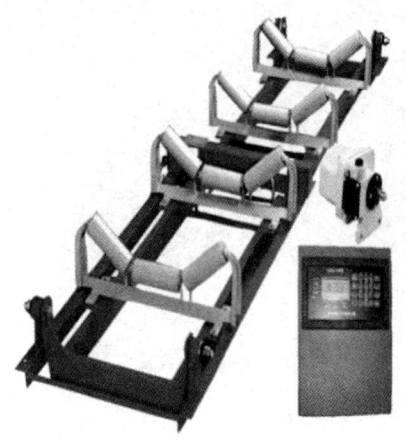

（6）皮带秤

皮带秤是一种比较传统的计量设备，它由于结构简单、对物料输送设备没有任何影响、安装比较方便、日常维护量小且不需要辅助动力，所以在各行各业中得到普遍应用，是用于连续输送各种粉状、颗粒状和小块物料的皮带机的理想计量设备，如图4-40所示。

皮带秤可以适应各种皮带宽度、托辊形式（平型和槽型）和皮带速度，可以在皮带动态运行条件下完成称重，因此称重效率高。电子皮带秤具有体积小、结构简单、惯性小、反应速度快、精度高、工作可靠、使用寿命长等优点，它还能远距离获取重量信息以实现遥控和自动控制。按安装形式不同，电子皮带秤可分为整机式和附属式，其工作原理如图4-41所示。

图4-40 皮带秤

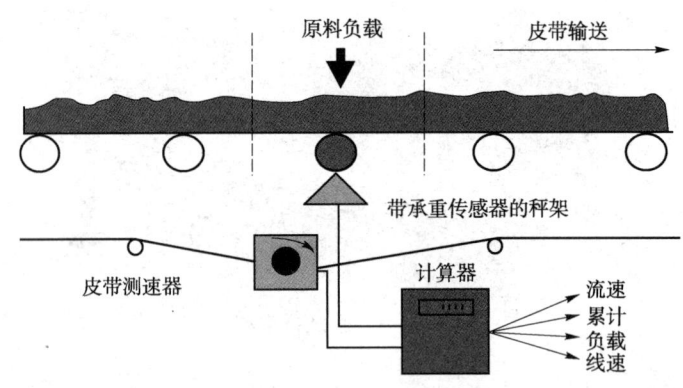

图4-41 电子皮带秤工作原理

（7）液体物资计量装置

液体物资计量装置是测量液体物料所必需的计量器具和辅助器具的组合体，包括液体计量仪器（仪表）、测量转换器、辅助设备和电源等。其中，液体计量仪器（仪表）由传感器、显示仪表、阀门控制器和阀门等部分组成。在不同的场合下，根据需要，还需要有选择地增加些辅助设备，如消气器、整流器、温度计等，如图4-42所示。

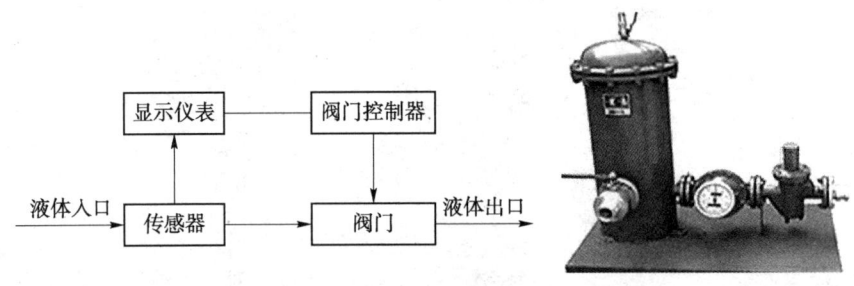

图4-42 液体计量仪器（仪表）

(8) 袋装物资计量装置

袋装商品在进、出库时都要清点件数，为减少差错和减轻工作负担，计数工作可采用袋装物资计量装置（或称电子点包装置）进行。袋装物资计量装置（如图4-43所示）的基本组成包括传感器、计数器和显示器。

图4-43 袋装物资计量装置

4.5.3 仓储保管养护设备

仓库里温度、湿度的变化，对储存商品的安全有着重要影响。采取密封、通风与吸潮相结合的方法，是控制与调节仓库内温度、湿度行之有效的方法。

仓储保管养护设备是指在仓库中完成商品保管养护作业所需要的各种机械设备，根据保管养护商品的种类和性质，仓储保管养护设备可分为温度、湿度测量设备与控制设备。

1. 测湿仪器

在对商品进行保管养护时，只有通过准确的测量求得库房内、外空气湿度的具体量值，才能采取可靠的措施来控制仓库湿度。常见的测湿仪器有以下四种：①干湿球湿度传感器；②自动干湿湿度计；③氯化锂电阻式测湿传感器；④氯化锂露点式相对湿度计。

2. 去湿机

常用的去湿机有以下几种：

①空气去湿机。空气去湿机的工作原理是利用制冷装置，将潮湿空气冷却到露点温度以下，使水汽凝结成水滴被排出，经过冷却干燥的空气被送入仓库。不断循环，排除大量水分后，即可使室内空气的相对湿度下降。

②氯化钙动态除湿器。氯化钙动态除湿器是在通风机的强制作用下，使潮湿空气通过氯化钙吸湿层，以降低空气中水分的一种装置。

③氯化锂转轮除湿机。氯化锂转轮除湿机利用嵌固在石棉纸上的氯化锂晶体做吸湿剂，来降低空气中的水分。

3. 通风机

通风机是将发动机的机械能转换为动能和压力能的机械设备，是对仓库湿度进行控制的设备，如图4-44所示。

图4-44 通风机

4. 除锈机

除锈机是指对储存的金属商品进行除锈作业的机械设备，主要是利用机械力去冲击、摩擦和敲打金属以除去表面的锈层和污物。除锈机的种类很多，主要有板材除锈机、管材内外壁除锈机和槽钢除锈机。

5. 空气幕

空气幕常称为风幕，空气幕利用条缝形空气分布器，喷射出具有一定温度和速度的幕状气流，用于封闭建筑物，以减少或隔绝外部气流的侵入，以维持室内或某一工作区域内一定的气象条件。

4.5.4 仓储安全消防设备

按照科学的方法，加强仓储的安全消防管理，确保设备、人员和商品的安全，对避免损失、保证商品周转和供应工作的顺利进行有着重要的意义。

仓储安全消防设备是用于仓库防盗、防火的各种安全消防器材、工具的总称。按照其用途，仓储安全消防设备通常分为防盗报警系统、火灾自动报警设备、灭火器、自动喷水灭火设备、消防车、消防梯、消防水泵，以及给水、蓄水、泵水设备等。下面介绍常用的三种仓储安全消防设备。

1. 防盗报警系统

防盗窃和防破坏是确保仓库安全的重要工作之一，要做好这项工作需要使用防盗报警系统。防盗报警系统主要由防盗报警传感器和防盗报警控制器构成，前者装在需要保护的现场，用来对被监视目标进行监测；后者放在值班室，主要接受传感器送来的盗情信息，进行声、光报警。

防盗报警系统根据报警信号传输方式不同，可分为单机报警器、有线式防盗报警系统、无线式防盗报警系统、混合式防治报警系统。

常用防盗报警传感器主要有断线传感器、人体感应传感器、光电式传感器、微波传感器、开关传感器、闭路电视和电锁等。

2. 火灾自动报警设备

火灾自动报警设备主要由火灾探测器和火灾报警器组成。火灾探测器装在需要监视的现场，火灾报警器装在有人看守的值班室。两者之间用导线或无线方式进行连接。

火灾探测器主要有以下四种：

①感烟探测器。根据火灾时产生烟雾的特点，利用烟雾检测元件检测发出火警信号，它是世界上应用较普遍、数量较多的探测器，可以探测70%以上的火灾，有离子感烟探测器、光电式感烟探测器和红外激光式感烟探测器等类型。

②感温探测器。根据火灾时温度升高的特点，利用温度检测元件检测并发出火警信号，有定温式感温探测器、差动式感温探测器和定温差动式感温探测器等类型。

③火焰探测器。这是一种能够感应火灾发生而发出电磁辐射的火灾探测器，对快速发生的火灾（如易燃、可燃液体火灾等）能及时响应，是对这类火灾早期通报的理想探测器，如图4-45所示。

④可燃气体探测器。其利用气敏半导体元件，可以检测空气中可燃气体的浓度并发出报警信号，如图4-46所示。

火灾报警器的作用是接收探测器感知的火灾信号，用灯光（或数码）显示火灾发生部位，记录火灾发生时间，并发出声、光报警信号，以通知相关人员尽早采取灭火措施。它可以根据需要设计成10路、20路……，甚至几百路。

3. 灭火器

灭火器是扑救初起火灾的重要消防器材，它轻便、灵活、实用，是仓库消防中较理想的第一线灭火工具，如图4-47所示。

图4-45　火焰探测器

图4-46　可燃气体探测器

图4-47　灭火器

拓展阅读4-3

灭火器就其外形而言基本相似，主要由筒体和器头组成。灭火器筒体为柱状球形头的圆筒，是由钢板卷筒焊接或拉伸成圆筒焊接而成的。二氧化碳灭火器筒体由无缝钢管焖头制成，筒体用以盛装灭火剂。灭火器的器头是操作机构，其性能直接影响灭火器的使用效能，由保险装置、启动装置、安全装置、压力反应装置和密封装置等组成。

本章小结

本章介绍了仓储设施与设备的基本定义和知识，主要包括仓库、货架、自动化立体仓库等。重点讲述了仓库的分类、功能和作用，仓库中常用货架的种类、特点及用途，自动化立体仓库的基本构成、分类。自动化立体仓库是当前物流仓储技术水平较高的形式，利用自动化立体仓库可实现空间利用合理化、存取自动化、操作简便化。堆垛机可以穿行于货架之间的巷道上，完成存、取货的工作。另外，本章还介绍了常见的计量设备、仓储保管养护设备和仓储安全消防设备等。

习题

一、填空题

1. _____ 具有一定的空间，用于储存物品，并根据储存物品的特性配备相应的设备，以保持储存物品的 _____ 。
2. _____ 是指仓库内除去必要的通道和间隙后所能堆放物品的最大数量。
3. _____ 是指用支架、隔板或托架组成的立体储存物品的设施。
4. 目前广泛应用的堆垛机主要是 _____ 堆垛机。
5. 按支承方式分类，堆垛机可以分为 _____ 和 _____ 。

二、单项选择题

1. （　　）的原理是利用货物单元的自重，使货物单元在有一定高度差的通道上，从高处向低处运动，从而完成进货、储存、出库的作业。
   A. 层架　　　　　　B. 单元货格式货架　C. 托盘式货架　　　D. 重力式货架
2. 关于旋转式货架叙述正确的是（　　）。
   A. 适于大物品的存取
   B. 储存密度小
   C. 货架间不设通道，但不易管理且投资较大
   D. 拣货路线短，拣货效率高和便于库存管理
3. （　　）是使用最广泛的货物储存工具。
   A. 托盘式货架　　　B. 驶入式货架　　　C. 驶出式货架　　　D. 移动式货架
4. （　　）是专门用于存放堆码在托盘上的货物的传统货架。
   A. 移动式货架　　　B. 悬臂式货架　　　C. 托盘货架　　　　D. 旋转式货架
5. 自动化立体仓库的功能不包括（　　）。
   A. 收货　　　　　　B. 存货　　　　　　C. 发货　　　　　　D. 拣货

6. 双立柱巷道堆垛机一般起重量可达（　　）吨。
A. 3　　　　　　B. 4　　　　　　C. 5　　　　　　D. 2
7. （　　）是厂矿、商家等用于大宗货物计量的主要称重设备。
A. 地磅　　　　B. 轨道衡　　　C. 电子秤　　　D. 自动秤
8. 火灾自动报警设备主要由火灾探测器和火灾（　　）组成。
A. 灭火器　　　B. 报警器　　　C. 火焰探测器　D. 感烟探测器

三、多项选择题

1. 在配置仓储设备时要遵循的原则有（　　）。
A. 适应性强
B. 实用性好
C. 自动化程度高
D. 协调性好
E. 经济性和技术性好

2. 货架按移动性可分为（　　）。
A. 固定式货架
B. 移动式货架
C. 旋转式货架
D. 组合货架
E. 敞开式货架

3. 自动化立体仓库的特点包括（　　）。
A. 结构复杂、配套设备多
B. 需要大量投资
C. 对仓库和技术人员要求高
D. 对建仓库前的工艺设计和使用中作业工艺要求高
E. 不利于清点盘库

4. 自动分拣系统的特点包括（　　）。
A. 劳动强度大
B. 能连续、大批量地分拣货物
C. 分拣误差率极低
D. 分拣作业基本实现无人化
E. 分拣速度快

四、简答题

1. 什么是仓储设施与设备？仓储系统的主要参数有哪些？
2. 简述五种典型货架的功能及特点。
3. 旋转式货架分为哪几类？各具有怎样的特点和用途？
4. 分析堆垛机的特点及有轨堆垛机的结构。
5. 简述自动化立体仓库的构成和各部分的作用。
6. 仓储保管养护设备有哪些？各具有怎样的特点和用途？

第 5 章

物流标准化及集装化设备

> **学习目标**
> (1) 掌握集装单元化的含义、形式和原则;
> (2) 掌握托盘的规格、标准和分类;
> (3) 掌握周转箱的功能、分类,了解其循环共用模式;
> (4) 掌握集装箱的概念、特点、规格标准和各种类型集装箱的性能及适用性;
> (5) 掌握集装箱专用装卸搬运设备的种类、性能及配置方案。

5.1 物流标准化及集装单元化

5.1.1 物流标准化的含义与作用

1. 物流标准化的含义

国家标准 GB3935.1—1983《标准化基本术语》第一部分为"标准化"做出如下定义:"在经济、技术、科学及管理等社会实践中,对重复性事物或概念,通过制定、发布和实施标准,达到统一,以获得最佳秩序和社会效益。"根据上述定义,物流标准化应以整个系统为出发点,将运输、储存、包装、装卸搬运、流通加工、信息处理等各个子系统都实现标准化。也可以理解为,物流标准化是以整个物流系统中每一项具体的、重复性的事物或概念为对象(包括技术、管理、工作方面),通过制定标准,组织实施标准和对标准的实施进行监督,达到整个系统的协调统一,从而获得最佳秩序和经济效益。

我国物流标准化的特点如下:

①物流标准化涉及面广,对象繁多,需要制定大量的标准,再加上物流标准化工作起步较晚,因此,物流标准化任务相当重。

②目标明确。我国物流标准化需要围绕物流这个综合系统,制定内容齐全、全面成套的标准体系。由于物流各个子系统在没有归入物流大系统之前,已经具有自己的标准,因此,我国的物流标准化需要从运输工具、包装、装卸搬运工具到流通加工等方面与国际物流标准相一致。积极采用国际标准,完善国内物流标准体系,促进大流通,降低物流成本,提高物流效率,是我国物流标准化的目标。

2. 物流标准化的作用

随着生产的发展,科学技术的进步,物流标准化不断得到提高和发展,由技术标准发展到管理标准、工作标准,由个别少数标准发展到标准化系统。当今的物流标准已成为现代化物流管理科学中的一个重要组成部分,它对物流技术的发展同样也起着重要的作用。

①物流标准化是实现物流管理现代化的重要手段和必要条件。整个物流系统是一个统一的有机整体,从技术和管理的角度上来看,物流标准化起着纽带作用,只有制定了各种物流标准并严格执行,才能实现整个物流大系统的高度协调统一,使各项工作有条不紊地进行。例如,经国务院批准的国家标准CB7635—1987《全国工农业产品(商品、物质)分类与代码》,使全国物品名称及其标志代码的统一有了依据,有利于建立和健全国民经济核算体系,促进了物流系统经济信息使用和现代化管理。

②物流标准化能保证整个物流系统功能的发挥。生产企业为实现自身的管理目标,必须对每一环节制定标准、建立统一性的生产技术,以保证企业整个管理系统功能的发挥。开展管理业务标准化,把物流和其他业务活动内容相互衔接起来,把工作程序等用标准的形式确定下来,这样使物流操作、管理实现规范化、程序化、科学化,使企业成为一个有机的整体,提高企业管理效能,降低生产成本,提高服务质量。

③物流标准化是物资在流通中的质量保证。物流工作中的重要任务是把工厂生产的合格产品保质保量地送到用户手中。物流标准化对运输、包装、装卸搬运、仓储、配送等各个子系统都制定了各种标准,这些标准是物流质量的保证,只要严格执行这些标准,就能保证将物资安全地送到用户手中。

④物流标准化可消除贸易壁垒,促进国际贸易的发展。在国际贸易中,一种很重要的障碍,就是技术壁垒。为了消除技术上的障碍,物流的关键问题就是需要在运输工具、包装、装卸搬运、仓储、信息等方面采用国际标准,实现国际统一化。如果集装箱的尺寸规格与国际上标准不一致,就会产生与国外各环节的物流设施、设备、机具不配合等问题,使运输、装卸搬运、仓储都产生困难,以致影响物资进出口。

⑤物流标准化可以降低物流成本,提高经济效益。整个物流系统标准化后,可以实现一贯到户的物流,可以加快运输、装卸搬运的速度,降低储存费用,减少中间损失,提高工作效率,因而可提升经济效益。如果我国铁路与公路运输的集装箱未实现统一标准,双方在运输衔接时要增加一道卸箱、装箱工作,会相应增加不少费用。

5.1.2 集装单元化的概念

在储运过程中,为便于货物装卸、存放、搬运以及机械操作,用集装器具或采用捆扎方法将货物组成标准规格的单元货件,称为集装;而集结成便于存放、搬运和运输的这个货件,就是集装单元。集装单元化就是以集装单元为基础组成的装卸、搬运、存储和运输等物流活动一体化运作的方式。用于集装货物的工具称为集装单元器具,目前集装单元器具主要有三大类,即托盘、集装箱和其他集装器具。集装单元器具必须具备以下两个条件:

①能把货物装成一个完整、统一的重量或体积单元;

②具有便于机械装卸搬运器具的结构,如托盘有叉孔,集装箱有角件、吊孔等。

集装单元的实质就是要形成集装单元化系统。集装单元化系统是由货物单元、集装器具、装卸搬运设备和输送设备等组成的,能高效、快速地进行物流业服务的人工系统。集装单元化技术是随着物流管理技术的发展而发展起来的,是物流管理硬技术(物流设备、器具及附属器具等)与软技术(方法、程序和制度等)的有机结合。采用集装单元化技术后,物流费用大幅度降低,同时,也使传统的包装方法和装卸搬运工具发生了根本变革。

5.1.3 集装单元化的形式和优点

1. 集装单元化的形式

集装单元化的形式主要是以集装单元器具的名称来确定的,即托盘形式、集装箱形式、其他集装器具形式和集装捆扎形式的集装单元化。

2. 集装单元化的优点

集装单元化具有以下优点:
①便于装卸搬运;
②减少单件货物的重复搬运次数;
③便于堆码;
④便于清点货件;
⑤节省包装材料和包装费用;
⑥减轻或避免污秽货物对运输工具的污染。

5.1.4 集装单元化的基本原则

为了充分发挥集装单元化的优越性,降低物流费用,提高社会的经济效益,集装单元化还要遵循标准化、通用化、系统化、配套化、集散化、直达化、装满化、效益化的原则。下面介绍三个最基本的原则。

1. 标准化

标准化是实现集装单元器具通用化所必需的。标准化是指从集装工具、配套的设备,到装卸搬运的操作规范和管理办法等都必须标准化,以便进行全社会和国际间的流通和交换。目前物流标准化有国际标准(ISO)、我国的国家标准(GB),企业也可以有企业标准。企业标准应该和国家标准基本一致,我国国家标准正在向国际标准靠拢,以利于国际流通。标准化是通用化的前提,也是集装单元化的关键。不同形式的集装化之间,其标准应该互相适应、互相配合。

2. 通用化

通用化是指集装化要与物流全过程的设备和工艺相适应,不同形式的集装化方法之间、同一种集装化方法的不同规格之间相协调,以便在物流全过程中畅通无阻。因此,集装单元化的原则应贯彻于物流的全过程，集装单元器具要流通到物流的各个部门，如大型集装箱，从规格到结构部件，都要适用于水路、公路和铁路运输，只有这样才能实现"多式联运"。

3. 系统化

集装单元化技术的内容很广，除了集装工具，还包括含集装工具在内的成套物流设施、设备、工艺和管理，是一个大系统。因此，集装单元化技术中的每一个问题都必须置于系统中考虑。例如，为了实现"门到门"的集装箱运输，不仅需要配套的起重设备、运输工具，还需要考虑桥梁的通行能力。

近年来，货物的集装单元化已经受到各国的重视，我国也开始制定各种标准。我国政府采取了各种措施来提高整个社会物流的集装单元化的程度，但是目前我国集装单元化水平还很低，仓储系统内托盘使用不普遍，集装化进展缓慢，物流费用较高。因此，发展货物的集装单元化，逐步实现物流现代化，已是当务之急。

5.2 周转箱

周转箱，也称为物流箱，是广泛应用于物流运输、配送、储存、流通加工等环节的单元化设备。周转箱可与多种物流设备相配合，适用于仓库、生产现场等多种场合。随着物流管理越来越被重视，周转箱能够帮助企业进行物流容器的通用化、一体化管理，是生产及流通企业进行现代化物流管理的必要设备之一。

5.2.1 周转箱的分类

周转箱可从不同角度进行分类，按照结构的不同，可分为可堆叠式、可斜插式和可折叠式三种。

1. 可堆叠式周转箱

可堆叠式周转箱［如图5-1（a）所示］的承重比较大，可以很整齐地堆放，规格比较整齐划一，结构设计合理，箱体四面均有新型一体化无障碍把手，符合人体工程学原理，便于操作人员更有效、更安全地抓取箱体。可堆叠式周转箱占用空间较大，被广泛应用于汽车、医药、烟草、家电等行业物流中的运输、储存、流通加工等闭环回路配送系统。

2. 可斜插式周转箱

可斜插式周转箱［如图5-1（b）所示］一般采用改良PP材质，防潮、耐用、易清洗，空箱可互相插入堆放，节省空间，能有效减少运输成本，满载时可堆垛四层，可机械化搬运，实现了流通合理化，提高了工作效率，便于管理。该种周转箱常用于物流配送过程，特别适合烟草、图书等行业使用。

3. 可折叠式周转箱

可折叠式周转箱［如图5-1（c）所示］折叠后的体积只有组立时体积的1/4，具有占地少，组合方便等优点；能耐酸耐碱、耐油污，无毒无味，可用于盛放食品等；清洁方便，周转便捷，空箱可折叠，堆放整齐，便于管理，节省空间。该种结构的周转箱广泛用于机械、汽车、家电、轻工、电子等行业。

 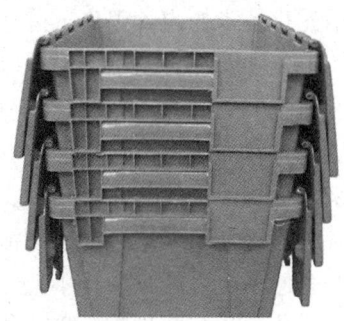

（a）可堆叠式周转箱　　　　　　　（b）可斜插式周转箱

（c）可折叠式周转箱

图5-1　周转箱

5.2.2　周转箱的优势及功能

1. 周转箱的优势

周转箱具有以下优势：

①重量轻。重量轻，便于人工搬运，并降低运输成本。

②抗压性好。周转箱在使用、流转过程中，经常会受到各种外力的作用，包括正常使用情况下承受的负荷和受到意外的撞击、破坏。为使箱体不受损坏或产生较大的变形，箱体应有良好的拉伸强度、压缩强度、冲击强度、蠕变强度、弯曲刚性及表面硬度等。

③对内装物的适应性好，既能对商品起到足够的保护作用，又不影响周转箱的使用性能。盛装食品一类商品的周转箱，产品的卫生性能应符合有关的卫生法规。

④受污染后容易清洗，不妨碍周转箱的重复使用。

⑤便于堆垛，有良好的堆垛稳定性。

2. 周转箱的功能

在生鲜产品物流中，周转箱使用频率较高，主要具有以下功能：

①提高生鲜产品的流通率；
②降低生鲜产品的损耗；
③降低生鲜产品包装和物流成本；
④提高产品卫生水平，减少资源消耗和环境污染。

表5-1为周转箱与传统纸箱在生鲜产品流转中的费用对比，从表中可以看出，采用周转箱后包装及装卸费用降低了50%以上。

表5-1 周转箱与传统纸箱在生鲜产品流转中的费用对比

作业方式	载具数量	载具费用	人工费	合计成本
周转箱	承重20千克的周转箱1200个，托盘50张	周转箱租赁费1260元，托盘租赁费350元	叉车作业，人工费100元	约1710元
传统纸箱	承重20千克的纸箱1200个	纸箱每个2.8元，合计3360元	装卸人工费400元	约3760元

5.2.3 周转箱的循环共用模式

循环共用是为了实现物流高效和资源有效循环，在区域或全国范围保障托盘、周转箱等运输包装物循环共用的网络及运营模式，是单元化物流载具合理的应用模式。以生鲜农产品为例，在周转箱循环共用模式下，从为农户提供生鲜周转箱开始，生鲜周转箱循环共用服务商将这些装满生鲜产品的周转箱从田间地头直接运送到零售终端。待终端使用完毕，服务商会对这些回收的周转箱进行清洗、维修、检查，以便下次循环共用。

据统计，从田间地头到消费者的餐桌这个过程中辗转环节过多，我国果蔬产品损耗率约25%，周转箱的使用可以降低果蔬在流通过程中的损耗，同时也响应了绿色发展的理念。

目前周转箱的循环共用模式主要有三种：租赁模式、交换模式和押金（借用）模式。

1. 租赁模式

租赁模式是周转箱循环共用的主流模式，其循环共用流程如图5-2所示。在该模式下，周转箱可贯穿于供应链全流程，大大降低了物流装卸成本，减少了包装费用，同时降低了货损。

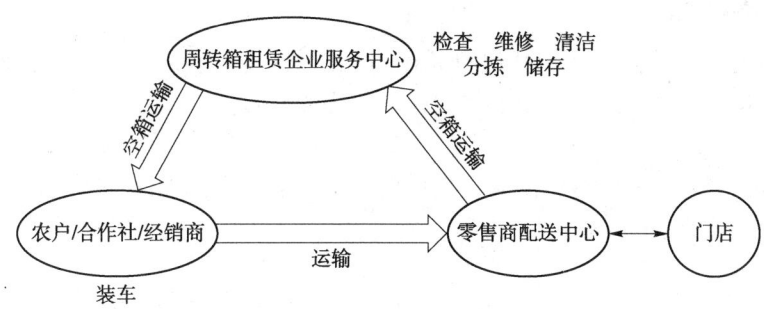

图5-2 周转箱的循环共用流程

2. 交换模式

该模式主要运用于"农超对接"的流通渠道中，对上下游企业协同要求高。农业专业合作社或蔬果经销商与超市共同购买同一个公司生产的同种规格的周转箱，农业专业合作社或蔬果经销商用该周转箱盛装蔬果后送到超市配送中心，然后交换回同样数量的空箱。

3. 押金（借用）模式

该模式主要用于蔬果批发市场中，蔬果流通渠道中某个主体（超市/农业专业合作社/蔬果经销商）购买一批周转箱，当向上游采购或向下游销售蔬果时，通过收取押金或办理借用手续的方式，将一定数量的周转箱空箱或满箱转移到上下游使用，当周转箱归还时，再归还押金或办理退还手续。

拓展阅读 5-1

5.3 托盘

托盘的发展是与叉车同步的，叉车与托盘共同使用所形成的有效装卸系统大大促进了装卸活动的发展，使装卸机械化水平大幅度提高，使长期以来在运输过程中的装卸瓶颈得到改善或解决。可以说，托盘的出现有效地促进了物流作业水平的提高，也促进了集装箱和其他集装方式的形成和发展。现在，托盘与集装箱形成了集装系统的两大支柱。

5.3.1 托盘的概念和特点

1. 托盘的概念

为了使物品能有效地装卸、运输、保管，将其按一定数量组合放置于固定形状的台面上，这种台面有供叉车从下部插入，并将台板托起的插入口。以这种结构为基本结构的平板和在这种基本结构基础上形成的各种形式的集装器具都可统称为托盘。

2. 托盘的特点

托盘的出现促进了集装箱和其他单元器具的发展，使集装技术的多样化优势得到发挥。同集装箱相比，托盘的优势主要体现在以下几个方面。

（1）自重小

因为托盘大多采用轻质材料制成，其自重远小于集装箱，所以用托盘进行装卸搬运或运输所花费的无效劳动较少。

（2）返空容易

由于托盘造价不高，很容易实现相互替代，而集装箱由于价值较大，拥有者一般不会轻易交换其所有权。所以，托盘无须像集装箱那样频繁地返空，即使出现返空，由于托盘可折叠，浪费的运输能力也低于集装箱。

（3）装卸简单

集装箱在进行装卸作业时，操作人员或机械必须进入箱内，作业难度较大，而托盘的装卸不受空间限制，装盘之后再通过捆扎、紧固等技术作业同样可以达到要求。

(4) 装载量适中

托盘的装载量虽然不及集装箱，但也比一般的包装组合要大得多，而且它对装卸搬运机械的要求不高，具有更强的适应性。

托盘的主要缺点是保护性比集装箱差，不宜露天存放，需要有仓库设施与之配套。

5.3.2 托盘的规格标准

托盘标准化是实现托盘联运的前提，也是实现物流机械和设施标准化的基础及产品包装标准化的依据。各国的托盘规格在制定时都会考虑以下因素，包括与桥梁、隧道、运输道路和货车站台设施相适应，以及与货车、卡车等车辆宽度相配合。托盘的规格决定了仓库支柱的间距、货架尺寸等，所以改变托盘规格会涉及一系列的复杂课题，因此各国要想完全统一托盘规格确实很难。既然国际标准组织无法统一，就只能接受既成事实，做到相对统一。

ISO 标准（ISO6780）原来制定了以下 4 种托盘规格：

- 1200 毫米 × 800 毫米，欧洲规格；
- 1200 毫米 × 1000 毫米，欧洲、加拿大、墨西哥规格；
- 1219 毫米 × 1016 毫米，美国规格；
- 1140 毫米 × 1140 毫米，亚洲规格。

2003 年，国际标准组织又通过了新方案，增加了 1100 毫米 × 1100 毫米和 1067 毫米 × 1067 毫米两种规格，变成 6 种标准规格，但 ISO 标准（ISO6780）规格并不是真正的国际标准规格，因为每个地区仍然推行自己的规格。

《中国联运通用平托盘的主要尺寸及公差》国家标准（GB/T2934—1996），目前套用原 ISO 规定的 4 种并列的标准，即 1200 毫米 × 800 毫米、1200 毫米 × 1000 毫米、1219 毫米 × 1016 毫米、1140 毫米 × 1140 毫米。《联运通用平托盘主要尺寸及公差》（GB/T2934—2007）作为新的国家标准，最终确定了 1200 毫米 × 1000 毫米和 1100 毫米 × 1100 毫米两种托盘规格（平面尺寸的制造公差应为 −6 ~ 3 毫米），而且特别注明 1200 毫米 × 1000 毫米为优先推荐规格。2007 年 10 月 11 日由国家标准化管理委员会发布，并于 2008 年 3 月 1 日正式实施的联运托盘标准的出台，结束了我国托盘行业混乱的局面，对促进托盘联运、循环，以及托盘租赁市场的健康发展起到积极的推动作用。

5.3.3 托盘的种类

托盘的种类繁多，结构各异。现今国内外常见的托盘主要有以下几种。

1. 平托盘

通常人们所说的托盘主要是指平托盘，可以说是一种通用托盘，是托盘中使用量最大的一种。平托盘又可以按以下方式分类。

(1) 按台面分类

平托盘按台面可分为单面使用型［如图 5-3 (a) 所示］、双面使用型［如图 5-3 (b) 所示］、翼型等。

（a）单面使用型　　　　　　　　　　　（b）双面使用型

图 5-3　平托盘

（2）按叉车插入方式分类

按叉车插入方式可分为单向插入型、双向插入型、四向插入型三种。单向插入型只能从一个方向插入，因而在叉车操作时较为困难；四向插入型，如图 5-4 所示，叉车可以从四个方向进叉，因而叉车操作较为灵活。

（3）按材料分类

按制造材料可分为纸制托盘、木制托盘、塑料制托盘、木塑复合托盘、钢制托盘、胶版制托盘。

①纸制托盘。纸制托盘由高强度蜂窝纸、高强度瓦楞纸、纤维板以及其他非木质材料制成（如图 5-5 所示）。纸制托盘具有重量轻、成本低、出口免检、环保可回收等优点，多为一次性托盘，但其承重量相对于其他托盘较小，防水防潮性能较差。

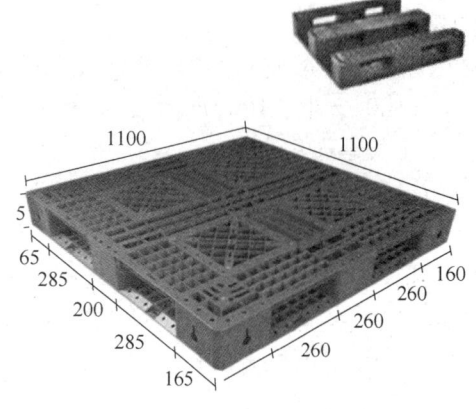 

图 5-4　四向插入型平托盘　　　　　　　图 5-5　纸质托盘

②木制托盘。木制托盘是托盘中最传统和最普及的类型，如图 5-6 所示。由于木材具有价格低廉、易于加工、成品适应性强、便于维修、本体较轻等特点，因而为绝大多数用户采用。木制托盘的问题主要在于卫生和生产稳定性等方面，木材易受潮、发霉、虫蛀，而又无法清洗。

③塑料制托盘。与木制托盘相比，它整体性好，并且洁净卫生，在使用中又具有质量轻、无钉刺、耐酸碱、无质变、易清洗等特点，如图 5-7 所示。由于使用寿命为木制托盘的 3~8 倍，加之废托盘材料可以回收，所以单次使用成本低于木制托盘。在我国，虽然塑料制托盘的生产及使用均滞后于西方发达国家，但发展迅速，正被越来越多的用户所

认可。塑料制托盘一般是双面使用型、双向插入型或四向插入型三种形式，由于塑料强度有限，很少有翼型的平托盘。

图 5-6 木制托盘

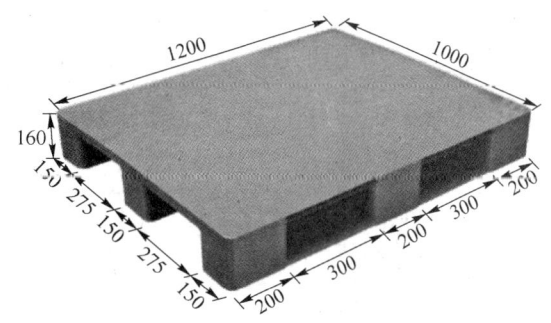

图 5-7 塑料制托盘

④木塑复合托盘。木塑复合托盘是一种最新的复合材料托盘，如图 5-8 所示。它主要采用挤出机挤出的木塑复合型材组装而成。它综合了木制托盘、塑料托盘和钢制托盘的优点。机械化的生产，高密度、高强度、耐腐蚀、不吸水的型材，解决了木制托盘洁净度差、生产质量无法规范化和寿命短的问题，又具有塑料托盘的优点，解决了塑料托盘在结构适应性及维修维护方面的问题，同时其承载性相比塑料托盘也大为提高，在重量及成本上又远远低于钢制托盘。其缺点在于自重较大，约为木制、塑料托盘重量的 2 倍，人工搬运略有不便，由此造成的成本优势不大。

⑤钢制托盘。钢制托盘是用角钢等异型钢材焊接制成的托盘，和木制托盘一样，也有插入型和单面使用型、双面使用型等各种形式，如图 5-9 所示。钢制托盘比木制托盘重，人力搬运较为困难。最近采用轻钢结构，可制成最低重量为 35 千克的 1100 毫米 × 1100 毫米钢制托盘，可使用人力搬移。

钢制托盘的最大特点是强度高，不易损坏和变形，维修工作量较小。钢制托盘制成翼形平托盘有优势，这种托盘不但可使用叉车装卸，也可利用两翼套吊器具进行吊装作业。

图 5-8 木塑复合托盘

图 5-9 钢制托盘

2. 柱式托盘

柱式托盘的四个角有用于固定或可卸式的柱子，如果从对角的柱子上端用横梁连接，那么可使柱子成为门框架，如图 5-10 所示。柱式托盘可以防止托盘上所放置的物品在运输、装卸等过程中发生塌垛而损坏，同时利用柱子支撑承重，可以将托盘堆高叠放，而不会压坏下面托盘上的货物。

3. 箱式托盘

箱式托盘是指托盘上面带有箱式容器的托盘，即在托盘四个边上有板式、栅式、网式等各种栏板，从而组成一个箱体，如图 5-11 所示。箱板有固定式、折叠式和可卸式三种。

图 5-10　柱式托盘样例

图 5-11　箱式托盘

由于四周栏板不同，箱式托盘又有不同叫法，如四周栏板为栅栏式的也称笼式托盘或集装笼。箱式托盘的防护能力强，可有效防止塌垛，防止货损，同时，由于四周有护板护栏，这种托盘装运范围较大，不但能装运可码垛的整齐形状的包装货物，也可装运各种形状不规则的散件。

4. 轮式托盘

轮式托盘的基本结构是在柱式托盘、箱式托盘下部装上小型轮子，如图 5-12 所示。这种托盘具有柱式托盘、箱式托盘的优点，多用于一般杂货的运送。轮式托盘可利用轮子做滚上滚下的装卸，也有利于装放车内、舱内后移动其位置，所以轮式托盘有很强的搬运性，不需搬运机械实现搬运。此外，轮式托盘在生产物流系统中，还可以兼做作业车辆，利用轮子做短距离运动。

图 5-12　轮式托盘

5. 滑片托盘

滑片托盘是一种新型托盘，它是由瓦楞纸、板纸或塑料简单折曲而成的板状托盘，也叫薄板托盘，它在操作方向上有突出的折翼，以便进行推拉操作。按照折翼的个数不同可分为单折翼型滑片、双折翼型滑片、三折翼型滑片和四折翼型滑片。滑片托盘和木制托盘相比较，有重量轻、保管空间利用充分、价格低等优点。

6. 特种专用托盘

由于托盘制作简单、造价低，所以对于某些运输数量较大的货物，可按其特殊要求制造出装载效率高、装运方便的特种专用托盘。

（1）航空托盘

航空托盘是航空货运或行李托运用的托盘，一般采用铝合金制造，为适应各种飞机货舱及舱门的限制，一般制成平托盘，托盘上所载物品用网罩来固定。

（2）油桶专用托盘

油桶专用托盘是专门用来装运标准油桶的异型平托盘，如图5-13所示。托盘为双面型，两个面有稳固油桶的波形表面或侧挡板。油桶竖放于托盘上面，由于波形槽或挡板的作用，不会发生滚动位移，还可几层堆垛，解决了桶形物难堆高码放的困难，也方便了储存。

（3）轮胎专用托盘

轮胎本身有一定的耐水、耐蚀性，因而在物流过程中无须密闭，且轮胎本身很轻，装放于集装箱中不能充分发挥集装箱的载重能力，采用轮胎专用托盘是一种很好的选择。

（4）货架式托盘

货架式托盘是一种框架式托盘，框架正面尺寸比平托盘稍宽，以保证托盘能放入架内，架的深度比托盘宽度窄，以保证托盘能搭放在架上。架子下部有四个支脚，形成叉车进叉的空间。将这种货架式托盘叠高组合，便成了托盘货架。这种货架式托盘也是托盘货架的一种，是货架与托盘的结合物。

图5-13　油桶专用托盘

（5）长尺寸物托盘

长尺寸物托盘是专门用于装放长尺寸材料的托盘，这种托盘堆高码放后便形成了组装式长尺寸货架。

5.3.4　托盘的集装方法

1. 托盘货物的码垛方式

在托盘上装放各种形状的包装货物，必须采用各种不同的组合码垛方式，这对于保证作业的安全性、稳定性有着至关重要的作用。在托盘上码放货物的方式非常多，其中主要的有以下几种：

（1）重叠式码垛

托盘上货物各层以相同的方式码放，上下完全相对，各层之间不会出现交错的现象。

使用这种码垛方式的优点是作业方式简单，便于人工操作，作业速度快，而且包装货物的四个角和边垂直相重叠，承载能力大，如图5-14所示。这种码垛方式在货体底面积较大的情况下，能承受较大荷重，可以保证足够的稳定性，但这种方式也有一些缺点，由于各层面之间只是简单的排放，缺少交合，在货体底面积不大的情况下，稳定性不够，容易发生塌垛。因此，使用这一方式时，一般再配以各种紧固方式，这样不仅能保持稳固，还能保留装卸操作省力的优点。

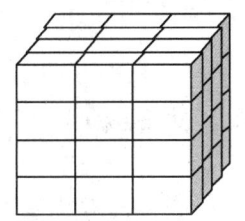

图5-14　重叠式码垛

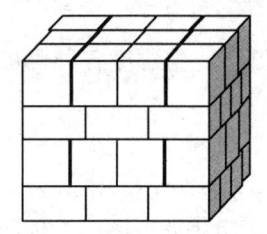

图 5-15　纵横交错式码垛

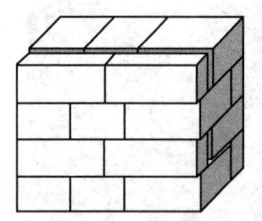

图 5-16　正反交错式码垛

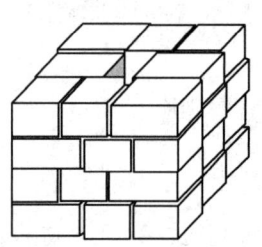

图 5-17　旋转交错式码垛

（2）纵横交错式码垛

这种码垛方式是将摆放好的相邻的两层货物旋转90°，一层横向放置，另一层纵向放置，层间纵横交错堆码，如图 5-15 所示。这种码垛方式，层间有一定的咬合效果，但咬合强度不高。

纵横交错式较适合自动装盘操作，如果配以托盘转向器，装完一层货物后，利用转向器旋转90°，那么只要用同一装盘方式就可以实现纵横交错装盘，其劳动强度和重叠式相同。

（3）正反交错式码垛

这种码垛方式是指同一层中，不同列的货物都以90°垂直码放，相邻两层货物码放形式是另一层旋转180°的形式，如图 5-16 所示。这种方式不同层间咬合强度较高，相邻层之间不重缝，因而码放后稳定性很高，但操作较为麻烦，而且包装体之间不是垂直，无法避免互相承受荷载，所以下部货物容易被压坏。

（4）旋转交错式码垛

这种码垛方式是指第一层相邻的两个包装体都互成90°，两层间的码放又相差180°，如图 5-17 所示。这样相邻两层之间咬合交叉，托盘货体稳定性较高，不容易塌坏。但这样码放的缺点是码放的难度比较大，而且中间形成中空，会降低托盘装载能力。

2. 防止托盘货物散垛的方式

防止货物在装卸、搬运和运输过程中的散垛、损坏是使用托盘作业时需要考虑的重要问题，所以必须采用有效的防塌措施。防止托盘货物散垛、损坏主要采用货物紧固方法，托盘货物紧固方法主要有以下几种：

拓展阅读 5-2

① 用绳带捆扎；
② 用网罩包裹；
③ 加抗滑夹层；
④ 用框架紧固；
⑤ 楔入加固法；
⑥ 黏合加固法；
⑦ 使用塑料薄膜紧固。

5.4　集装箱

集装箱的诞生引发了全球运输组织的改变，使运输体系更完善，运输规模更大，运输服务的品质更高，推进了全球经济一体化的快速发展。集装箱形式是集装单元化的最直接、最具体的表现。

5.4.1 集装箱的构造和特点

1. 集装箱的概念

集装箱也称"货箱"或"货柜",是集装工具的最主要形式。根据国际标准化组织对集装箱所下的定义与技术要求,集装箱作为一种运输设备,应满足以下要求:

①具有足够的强度,能长期反复使用;
②适用于一种或多种运输方式运送货物,途中无须倒装;
③设有供快速装卸的装置,便于从一种运输方式转到另一种运输方式;
④便于箱内货物装满和卸空;
⑤内容积等于或大于1米^3。

我国国家标准《物流术语》对集装箱的定义比较简单,认为"具有足够的强度,可长期反复使用的适于多种运输工具,而且容积在1米^{3}以上(含1米^3)的集装单元器具"就是集装箱。集装箱应用广泛,在铁路、公路和水路运输中,集装箱能一次装入若干包散件或散装货物,运输途中更换车、船时,无须将货物从箱内取出换装,可以有效地减少装卸搬运的次数,节约装卸搬运的时间和成本,减少货损,提高效益和安全性。

2. 集装箱的构造

集装箱的构造如图 5-18 (a) 和图 5-18 (b) 所示。下面对主要部件进行介绍。

角件:用于支撑、堆码、装卸和栓固集装箱。
角柱:指连接顶角件与底角件的立柱,是主要承重部件。
角结构:指由顶角件和底角件的总称,是承受集装箱堆码载荷的强力构件。
端梁:指箱体端部与左、右角件连接的横向构件。按其所在的位置分为上端横梁和下端横梁。

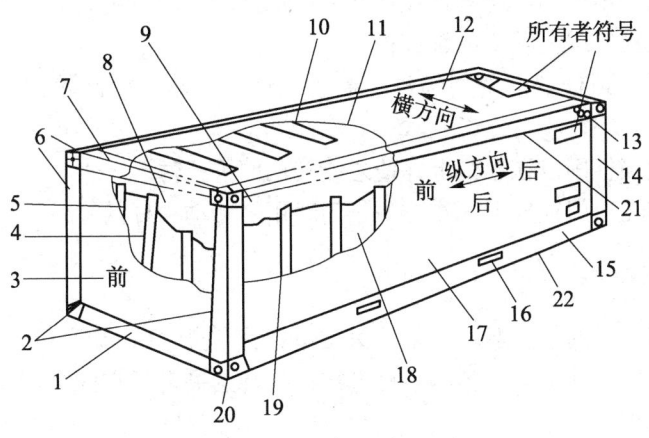

(a) 侧俯图

图 5-18 集装箱的构造

1—下端横梁;2—角柱;3—端壁;4—端柱;5—端壁柱;6—端框架;7—上端横梁;8—端壁内衬板;
9—侧壁内衬饭;10—顶梁;11—顶板;12—箱顶;13—上桁材;14—角柱;15—下桁材;
16—叉槽;17—侧壁;18—侧壁板;19—侧壁柱;20—角件;21—上侧梁;22—下侧梁

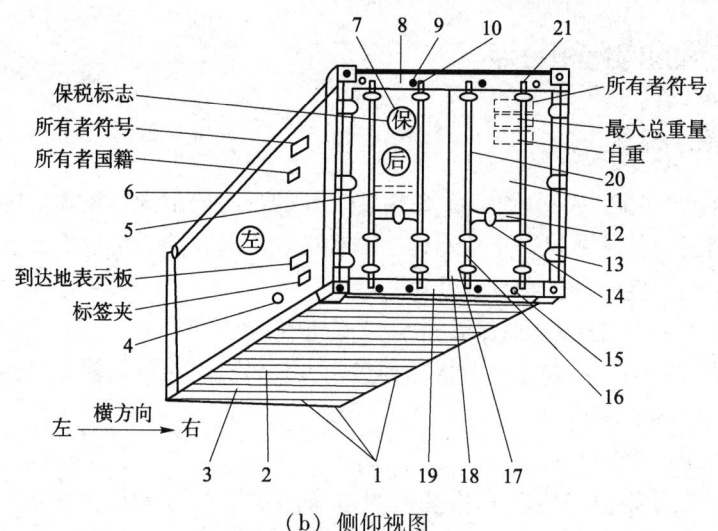

(b) 侧仰视图

图 5-18 集装箱的构造（续）

1—箱底结构；2—底横梁；3—底板；4—门钩扣槽；5—箱门横构件；6—侧框架；7—门板；
8—门楣；9—门锁凸轮；10—凸轮座；11—端门；12—门锁把手；13—门铰链；14—把手锁；
15—门槛；16—门锁杆；17—锁杆托架；18—门钩；19—门底缘材；20—箱门锁杆；21—锁杆凸轮

侧梁：指侧壁与前、后顶角件连接的纵向构件。按其所在的位置分为上侧梁和下侧梁。

顶板/底板：指箱体顶部或底部的板。

端壁：在端框架平面内与端框架相连接形成封闭空间的板壁。

侧壁：与上侧梁、下侧梁和角结构相连接形成封闭空间的板壁。

叉槽：横向贯穿箱底结构、供叉车的叉齿插入的槽。一般不能通过叉槽存取实箱，只能存取空箱。

端门：设在箱端的门，一般通用集装箱前端设端壁，后端设箱门。

门铰链：靠短插销使箱门与角柱连接起来，保证箱门能自由转动的零件。

箱门锁杆：设在箱门上垂直的轴或杆。

锁杆凸轮：设于锁杆端部的门锁件，通过锁件的转动，把凸轮嵌入凸轮座内，将门锁住。

锁杆托架：把锁杆固定在箱门上并使之能转动的承托件。

门锁把手：装在箱门锁杆上，在开关箱门时用来转动锁杆的零件。

3. 集装箱的特点

作为现今应用广泛的集装运输设备，集装箱有着自身特殊的优点。

①强度高、保护性强。集装箱由于自身结构的特点决定了它的强度比较高，保护防护能力强，因而货损较小。

②功能多。集装箱自身有着小型储存仓库的作用，方便了运输保管，使用集装箱可以不再配置仓库、库房。

③有利于充分利用空间。集装箱便于垛放，节省占地面积，有利于充分利用空间。

④集装数量大。与其他集装设备相比，集装箱的集装数量较大，在散杂货的集装方式中，优势尤为明显。

⑤标准化程度高。集装箱的标准化使之具备一系列的优点,便于对货物和承运设备做出规划,同时,采用通用设备也能简化工艺,提高装卸效率。

⑥适用于组织多式联运。由于集装箱运输在不同运输方式之间可以直接换装,这就提高了作业效率,非常适合不同运输形式之间的联合运输。

在具备诸多优点的同时,集装箱也有着一些不可避免的缺点。

①自重大。集装箱的自重大,无效运输和装卸的比重就比较大,降低了物流效率。

②造价高。集装箱的自身造价高,限制了其更为广泛的应用,同时也增加了物流成本。

③返空难。集装箱的空箱返回运输浪费了人力、物力,在每次物流运作中分摊成本较高。

5.4.2 集装箱的规格标准

为了有效地开展集装箱多式联运,必须加强集装箱的标准化,应进一步做好集装箱的标准化工作。集装箱标准化指的是通过对集装箱标准的制定、推广和实施,使集装箱的有关方面达到标准状态。

集装箱的标准不仅与集装箱本身有关,也与各运输设备、各装卸机具及相关的配套设施有关。目前,集装箱的标准按使用范围分为国际标准、国家标准、地区标准和公司标准四种。

1. 国际标准集装箱

国际标准集装箱是指根据国际标准化组织 ISO/TC104 技术委员会制定的国际标准建造和使用的国际通用的标准集装箱。国际标准化组织 ISO/TC104 技术委员会自 1961 年成立以来,对集装箱国际标准做过多次补充、增减和修改。现行的国际标准为第 1 系列共 13 种,具体规格标准如下:

- 宽度均为 2438 毫米。
- 长度分别为 12 192 毫米、9125 毫米、6058 毫米、2991 毫米四种。
- 高度分别为 2896 毫米、2591 毫米、2438 毫米、小于 2438 毫米四种。

2. 国家标准集装箱

国家标准集装箱是指各国政府参照国际标准并考虑本国的具体情况制定的本国集装箱标准。中国、美国、日本、德国、英国、法国等都有自己的国家标准。我国现行的国家标准《系列 1 集装箱分类、尺寸和额定质量》(GB/T1413—2008)中,对集装箱各种型号的外部尺寸、极限偏差和额定质量做了明确的规定。

3. 地区标准集装箱

地区标准集装箱是由地区组织,根据各地区的特殊情况制定的集装箱标准,根据此类标准制造的集装箱一般只适用于该地区。例如,根据欧洲国际铁路联盟制定的集装箱标准制造的集装箱只在欧洲地区使用,属于地区标准化的集装箱。

4. 公司标准集装箱

公司标准集装箱是一些大型的集装箱公司,根据公司的具体情况和条件而制定的公司标准集装箱,这类集装箱主要在该公司运输范围内使用。

5.4.3 集装箱的分类

随着集装技术的不断进步，集装箱的使用范围更加广泛。为了适应不同货类的物流要求和不同的物流环境，人们研制和开发了各种不同类型的集装箱。这些集装箱在外观、结构、强度、尺寸和造价上各有不同特点。

1. 按用途进行分类

（1）通用集装箱

通用集装箱又称为杂货集装箱或者干货集装箱，是最常见的一种集装箱，占集装箱总数的 70%~80%，如图 5-19 所示。这类集装箱可用来装载除液体货物和需调温货物外的一般杂货，适宜于装载对运输条件无特殊要求的各种不同规格的干杂货，也可以进行成件的集装运输。

这种集装箱的使用极为广泛，其结构常采用封闭防水式，开门形式有多种。其规格尺寸、自重与载重、容积一般均采用国际标准或国家标准。通用集装箱内部不装有其他特殊设备，但为了防止装载杂货时箱内货物移动和倒塌，在箱底和侧壁上设有系环，以便能系紧货物。

（2）保温集装箱

对于一些需要冷藏和保温的货物，为了运输和暂时保存的需要，集装箱内部装有温度控制设备，箱体也采用隔热保温材料或隔热保温结构。

①冷藏集装箱。冷藏集装箱是专为运输途中要求保持一定温度的冷冻货或低温货（如鱼、肉、新鲜水果、蔬菜等食品）设计的特殊集装箱，如图 5-20 所示。目前国际上采用的冷藏集装箱基本上分两种：一种是集装箱内带有冷冻机的称为机械式冷藏集装箱，它能使经预冷装箱后的冷冻货或低温货通过冷冻机的供冷保持在一定的温度上进行运输；另一种是箱内没有冷冻机而只有隔热结构，即在集装箱端壁上设有进气孔、箱子装在舱内，由船舶的冷冻装置供应冷气的集装箱，称为离合式冷藏集装箱。两种冷藏集装箱各有优缺点，当集装箱的运输时间长时，采用机械式较为合适；反之，则采用离合式较好。

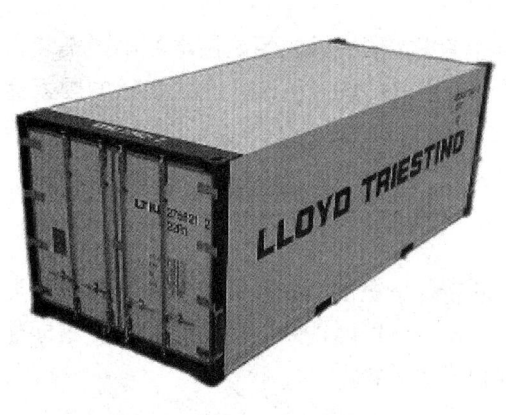

图 5-19 通用集装箱样例

图 5-20 冷藏集装箱

②低温恒温集装箱。这种集装箱也称为隔热集装箱，能保持一定低温，保证箱内物品能在低温下保质、保鲜而不使其冻结，一般在箱壁采用隔热材料，用于防止温度上升过

快，以保持货物的鲜度。

(3) 通风集装箱

通风集装箱具有专门的通风窗口，适用于装载初加工皮货、带根的植物或蔬菜、食品及其他需要一定程度通风和防潮的一般杂货。为能有效地保证新鲜货物在运输途中不损坏和腐烂变质，在侧壁或端壁设有 4~6 个通风窗口。为防止渗出物对箱体污染和便于洗涤，在箱的内壁涂一层玻璃纤维加强塑料。为了排除集装箱内部渗水，箱底必须设有放水旋塞。

(4) 散货集装箱

散货集装箱是一种密闭式的，适用于装载豆类、谷物、硼砂、树脂等各种散堆颗粒状、粉末状物料的集装箱，可节约包装且提高装卸效率。为便于清扫和洗刷，集装箱的内底板采用玻璃钢制成，侧壁的内衬板一般用刨平的木板，这样的结构也能提高卸载的溜滑效果。箱顶一般开有 2~3 个装货口，通常为圆形或方形，端壁门下部开有两个卸货口，散货集装箱顶部的装货口应设置水密性良好的盖，以防雨水浸入箱内，如图 5-21 所示。

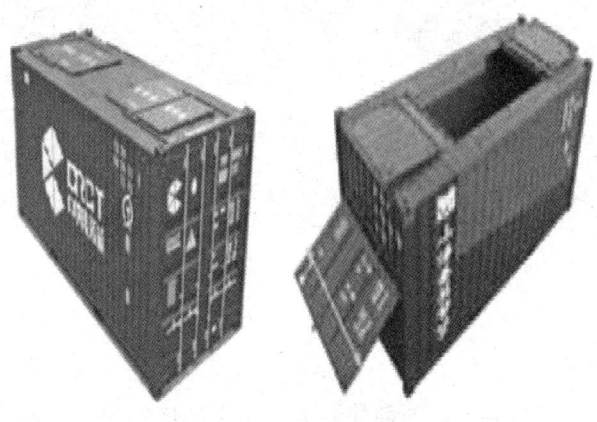

图 5-21 散货集装箱

(5) 罐式集装箱

罐式集装箱适用于装运食品、酒品、药品、化工品等流体货物，如图 5-22 所示。它主要由罐体和箱体框架两部分组成。箱体框架一般用高强度钢制成，其强度和尺寸应符合国际标准，角柱上装有国际标准角配件。罐体材料有钢和不锈钢两种，罐体外采用保温材料形成双层结构，使罐内液体与外界充分隔热。

图 5-22 罐式集装箱

对于随外界温度下降而增加黏度的货物，装卸时需加热，故在罐体的下部设有加热器，罐上设有测试罐内温度变化的温度计。罐上还设有水密性良好的装货口，货物由液罐顶部的装货口进入，卸货时，货物由排出口靠重力作用自行流出，或者由顶部装货口吸出。

（6）汽车集装箱

汽车集装箱是一种专门为装运小型轿车而设计制造的集装箱，如图 5-23 所示。其特点是在集装箱的框架内安装有简易箱底，无侧壁，其高度与轿车一致，可载运一层或两层小型轿车。

图 5-23　汽车集装箱

2. 按构成材料进行分类

由于集装箱在运输途中经常受各种外力的作用和环境的影响，因此集装箱的制造材料要有足够的刚度和强度，应该尽量采用质量轻、强度高、耐用、维修保养费用低的材料，并且材料既要价格低廉，又要便于获取。目前，世界上广泛使用的集装箱按构成材料可以分为以下几种。

（1）铝合金集装箱

铝合金集装箱的表面部件是用铝合金铆接而成的，具有重量轻、箱体尺寸小、美观，并能在空气中形成氧化膜，耐腐蚀的优点，但造价相对较高。这类集装箱主要适用于航空等运价较高，但对无效运载要求严的运输方式。

（2）钢质集装箱

这类集装箱是用钢材制成的，其特点是强度大，结构牢固，密封性能好，价格低，但重量大，防腐蚀性较差。钢质集装箱是目前采用最多的，尤其通用大型集装箱绝大部分都是采用这类材料的集装箱。

（3）玻璃钢集装箱

玻璃钢集装箱是由玻璃纤维和树脂混合，加适当的强塑剂后，胶附于胶合板两面而制成的集装箱。它具有强度高、刚性好、耐腐蚀和防止箱内结露等优点，缺点是易老化。

（4）不锈钢集装箱

这类集装箱主要由不锈钢制成。与钢质集装箱相比，它具有重量轻、防腐蚀性能高的优点。

3. 按集装箱的箱体构造分类

①根据侧柱和端柱的位置不同可以分为内柱式集装箱和外柱式集装箱。内柱式集装箱的侧柱和端柱设在箱壁内部，而外柱式集装箱恰恰相反。相对来说，内柱式集装箱外表平滑，受斜向外力不易损伤，涂刷标志方便，加内衬板后隔热效果更好，而外柱式集装箱外板不易损坏，可以省去内衬板。

②根据箱体构件的可组合性可以分为折叠式集装箱和固定式集装箱。折叠式集装箱的主要部件能简单地折叠或分解，反复使用时可再次组合起来。目前该种模式使用较少，主要使用的是固定式集装箱。

③根据集装箱的连接方式可分为预制骨架式集装箱和薄壳式集装箱。预制骨架式集装箱的外板用铆接或焊接方法与预制骨架连成一体，而薄壳式集装箱类似于飞机结构，把所有构件连成一个刚体，这样构造的优点是重量轻，共同承受扭力而不会产生永久变形。目前主要使用的是后一种集装箱。

④根据集装箱内部构件的不同可分为抽屉式集装箱和隔板式集装箱。抽屉式集装箱的箱内由一定尺寸的抽屉组成，打开箱门后便可抽出抽屉装取货物，一般是小型集装箱，主要用于装运仪器、仪表、武器、弹药等。隔板式集装箱的箱内由若干隔板分隔开，隔板可以随意组合拆卸拼装，用来装运需要分隔的物品。

4. 其他类型集装箱

（1）开顶集装箱

开顶集装箱也称敞顶集装箱，如图 5-24 所示，是一种顶部可开启的集装箱。开顶集装箱特点是吊机可从箱子上面进行货物装卸，既不易损坏货物，又便于在箱内将货物固定。

图 5-24 开顶集装箱

（2）台架集装箱和平台集装箱

台架集装箱是没有箱顶和侧壁，甚至连端壁也去掉，而只有底板和四个角柱的集装箱，如图 5-25 所示。此类集装箱的特点是箱底较厚，箱底的强度比普通集装箱大，但其内部高度则比一般集装箱低，在下侧梁和角柱上设有系环，可把装载的货物系紧。台架集装箱没有水密性，不能装运怕湿的货物，适合装载形状不一的货物。

平台集装箱是在台架集装箱的基础上再简化而成的，只保留底板的一种特殊结构的集装箱，如图 5-26 所示。

第 5 章　物流标准化及集装化设备

图 5-25 台架集装箱

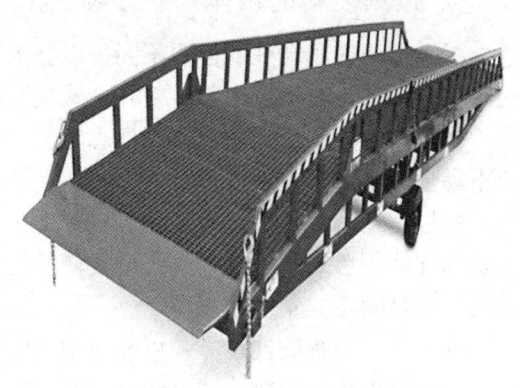
图 5-26 平台集装箱

(3) 框架集装箱

框架集装箱没有顶和左右侧壁,箱端(包括门端和盲端)也可拆卸,货物可从箱子侧面进行装卸,适用于装载"长大笨重"货物,如钢材、重型机械等。这种集装箱的主要特点是密封性差,自重大。普通集装箱因采用整体结构,箱子所受应力可通过箱板扩散,而框架集装箱则以箱底承受货物的重量,其强度要求很高,故集装箱底部较厚,可供使用的高度较小。

5.4.4 集装箱吊具

集装箱吊具是一种装卸集装箱的专用吊具,它通过其端部横梁四角的旋锁与集装箱的角件连接,由司机操作控制旋锁的开闭,进行集装箱装卸作业。集装箱吊具是按照ISO标准设计和制造的。按照集装箱吊具的结构特点,集装箱吊具可分为以下五种形式。

1. 固定式吊具

(1) 直接吊装式吊具

直接吊装式吊具(如图5-27所示)将起吊20英尺(6.096米)或者40英尺(12.192米)集装箱的专用吊具直接悬挂在起升钢丝绳上,液压装置则装设在吊具上,通过旋锁机构转动旋锁,与集装箱的角配件连接或者松脱。这种吊具结构简单,重量最轻,但只适用于起吊一定尺寸的集装箱,更换吊具需要花费较长的时间,使用起来不够方便。

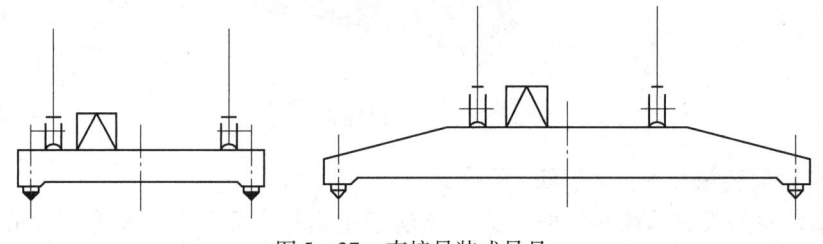
图 5-27 直接吊装式吊具

(2) 吊梁式吊具

吊梁式吊具(如图5-28所示)将专门制作的吊梁悬挂在起升钢丝绳上,起吊不同规格的集装箱,则与不同规格的集装箱专用吊具相连,液压装置分别装设在专用吊具上。这种吊具更换起来比直接吊装式吊具较为容易,但重量较重。

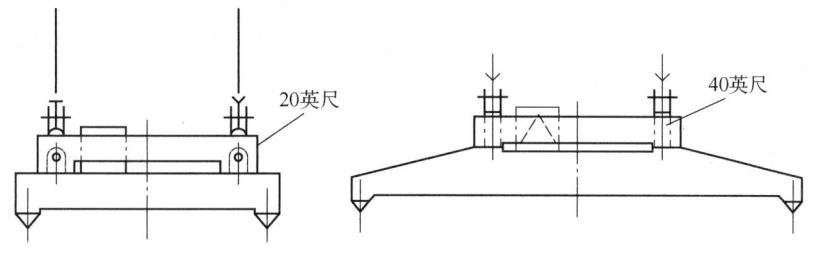

图 5-28 吊梁式吊具

2. 主从式吊具

主从式吊具（如图 5-29 所示）的基本吊具为 20 英尺集装箱专用吊具，可起吊 20 英尺集装箱，液压装置装设在基本吊具上，通过旋锁机构转动旋锁。当需要起吊 40 英尺集装箱时，则将 40 英尺集装箱专用吊具的角配件（与集装箱角配件相同）与 20 英尺集装箱专用吊具的旋锁连接。40 英尺专用吊具的旋锁机构由装设在 20 英尺专用吊具上的液压装置驱动。主从式吊具更换吊具比直接吊装式吊具更为方便，但重量仍然较重，达 8~9 吨。

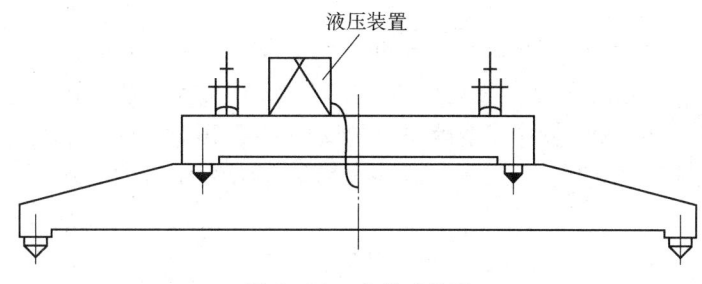

图 5-29 主从式吊具

3. 子母式吊具

子母式吊具（如图 5-30 所示）将专门制作的吊梁悬挂在起升钢丝绳上，吊梁上装有液压装置，用以驱动吊具上的旋锁机构。当需要起吊 20 英尺集装箱时，则将 20 英尺专用吊具与吊梁连接；当需要起吊 40 英尺集装箱时，则将 40 英尺专用吊具与吊梁连接。连接方式不是采用旋锁机构转动旋锁与角配件连接，因而这种吊具比主从式吊具轻，为 8 吨左右。

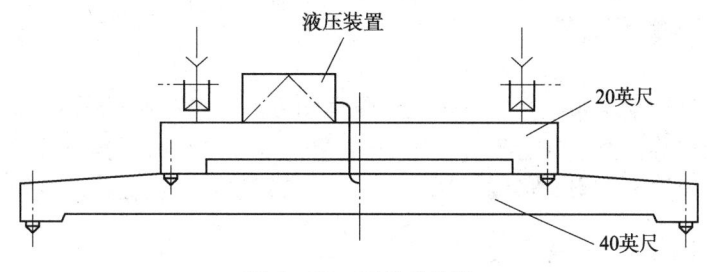

图 5-30 子母式吊具

4. 双吊式吊具

双吊式吊具（如图 5-31 所示）由悬挂在起升钢丝绳上的直接吊装式吊具组成，相互之间采用自动联结装置连接，可同时起吊两个 20 英尺集装箱，因而大大提高了集装箱起重机的装卸效率，但集装箱必须放置在一定的位置，且只能起吊 20 英尺集装箱，作业条件受到局限，所以只适用于特定的作业条件。

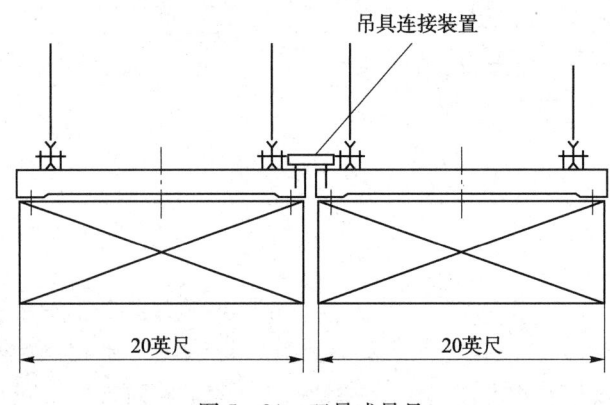

图 5-31　双吊式吊具

5. 伸缩式吊具

伸缩式吊具（如图 5-32 所示）是在近年来出现的一种新型吊具，它具有伸缩吊架，当收缩到最小尺寸时可起吊 20 英尺集装箱，而当伸开到最大尺寸时则可起吊 40 英尺集装箱。吊具的伸缩在司机室内操作，变换吊具的时间只要 20 秒左右，但重量仍然较重，为 10~11 吨。伸缩式吊具是目前集装箱起重机采用最为广泛的一种吊具。

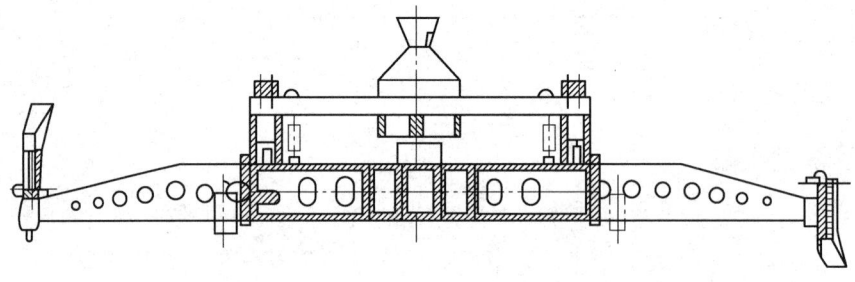

图 5-32　伸缩式吊具

5.4.5　集装箱搬运工艺

集装箱运输是用集装箱载运的一种现代化运输方法。在运输过程中使用装卸机械进行起吊、搬运、堆存等作业。随着集装箱运输的逐步发展、成熟，与之相适应的管理方法和工作机构也相应地发展起来，形成了一套适应集装箱运输特点的运输体系。

1. 集装箱码头装卸搬运设备

（1）现代集装箱物流装卸搬运系统

集装箱船通过码头前沿的装卸机械（如岸边集装箱起重机）将集装箱吊进吊出进行装船和卸船作业，水平运输机械完成码头前沿、堆场和装拆箱库之间的水平运输任务，堆场机械则用来完成集装箱的堆码和拆垛。通常，船到车或车到船的集装箱物流都是通过堆场进行中转,若条件允许,也可以直接船到车或车到船。为了满足客户对集装箱物流服务的多种需求,有时需要将集装箱送入拆装箱库进行拆箱、分箱重组,如图5-33所示。

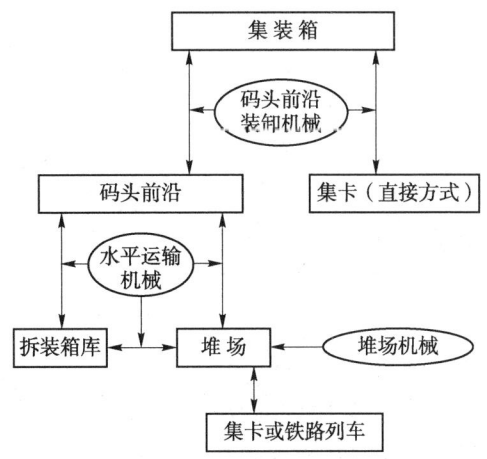

图5-33 集装箱物流装卸搬运

(2) 集装箱装卸搬运设备的主要类型

①集装箱前沿码头机械。集装箱前沿码头机械主要有以下四种:

a. 岸边集装箱起重机。岸边集装箱起重机又称集装箱装卸桥,简称岸桥,如图5-34所示。它是承担集装箱装卸作业的专用起重机,装卸效率高,适用于吞吐量较大的集装箱码头。岸桥沿着与码头岸线平行的轨道行走。目前我国港口设置的岸桥多为普通型(第一代)岸桥,每小时平均生产率为25 TEU,也有外伸距达65米、起重量可达65吨的特大型岸桥,其生产率可达每小时50~60 TEU。

图5-34 岸边集装箱起重机

b. 多用途桥式起重机。多用途桥式起重机又称多用途装卸桥,配备专业的吊具和属具。它既可以装卸集装箱,又可以装卸重件、成组物品及其他货物,适用于中小港口的多用途码头。

c. 多用途门座起重机。多用途门座起重机适用于在多用途码头进行集装箱和件杂货的装卸作业,对于年箱量在 5 万 TEU 以下的中小港口多用途码头更为适用。

d. 高架轮胎式起重机。该机型类似于普通的轮胎起重机,机动性较好,可任意行走,配备专用的吊具和属具,适用于集装箱、件杂货装卸作业较多的多用途码头。

②集装箱水平运输机械。集装箱水平运输机械主要有以下几种机型:

a. 集装箱跨运车。集装箱跨运车(如图 5-35 所示)是一种专用于集装箱短途水平搬运和堆码的机械。跨运车作业时,以门形车架跨在集装箱上,并由装有集装箱吊具的液压升降系统对集装箱进行搬运和堆码。该机械的特点是机动性好,可一机多用,既可用于水平运输作业,也可用于堆场堆码、搬运和装卸作业。但集装箱跨运车造价高,使用维护费用高,驾驶视野有待改善,目前在我国港口使用不多。

b. 集装箱牵引车。集装箱牵引车又称拖头(如图 5-36 所示),是专门用于牵引集装箱挂车的运输车辆。其本身不能装载集装箱,通过连接器和挂车相连,牵引其运行,达到水平搬运作业的目的,是一种广泛使用的集装箱水平运输设备。

c. 自动导引运输车。自动导引运输车(AGV)是一种以电池为动力,装有非触导向装置、独立寻址系统的无人驾驶自动运输车(详见第 6 章 6.5 节)。

图 5-35 集装箱跨运车

图 5-36 集装箱牵引车

③集装箱堆场作业机械。集装箱堆场作业机械主要有以下几种机型。

a. 轨道式集装箱门式起重机(RMG),又称轨道式集装箱龙门起重机,如图 5-37 所示。它是集装箱码头堆场进行装卸、搬运和堆码的专用机械。其在固定的钢轨上行走,可跨多列集装箱及跨一个车道,因而堆存能力强,堆场面积利用率高。由于其需在固定轨道上行驶,适用于吞吐量大、前沿港域不足,而后方堆场较大的码头。

b. 轮胎式集装箱门式起重机(RTG),又称轮胎式集装箱龙门起重机,如图 5-38 所示。它是应用广泛的集装箱堆场作业机械。由于采用轮胎式运行机构,没有专用的固定轨道,具有机动灵活的特点,可以从一个堆场转移到另外一个堆场,可以堆高 3~4 层或更多层的集装箱,提高了堆场面积的利用率,适用于吞吐量较大的集装箱码头。

图 5-37 轨道式集装箱门式起重机

图 5-38 轮胎式集装箱门式起重机

c. 集装箱叉车。在堆场按用途分类,通常将用于重箱作业的叉车称为重载叉车,将用于空箱作业的叉车称为堆高叉车,如图 5-39 所示。

图 5-39 集装箱叉车

d. 集装箱正面吊运起重机（如图5-40所示）。其特点是有可伸缩的臂架和左右可旋转120°的吊具，便于在堆场做吊装和搬运作业，臂架不可做俯仰运动，可加装吊钩来吊装重件。该机机动性强，可以一机多用，既可吊装作业，又可短距离搬运，其起升高度一般可达四层箱高，且稳定性好，是一种适应性强的堆场装卸搬运机械，适用于集装箱吞吐量不大的集装箱码头。

图5-40 集装箱正面吊运起重机

2. 集装箱装卸作业方式

在集装箱码头上，由岸桥和跨运车、轮胎式集装箱门式起重机、轨道式集装箱门式起重机、底盘车和叉车等搬运机械可组成不同的装卸工艺方案。集装箱装卸作业方式可分为"吊上吊下"和"滚上滚下"两类。

（1）"吊上吊下"作业方式

"吊上吊下"作业方式是指采用码头上的起重机或船上的起重设备来进行集装箱装卸作业的方式。"吊上吊下"作业方式也称为垂直作业方式，是当前应用最为广泛的一种方式。

"吊上吊下"作业方式包括以下几种工艺方案。

①底盘车装卸工艺方案。卸船时，集装箱装卸桥将从船上卸下的集装箱直接装在挂车上，然后由牵引车拉至堆场按顺序存放，存放期间，集装箱与挂车不脱离；装船的过程相反，用牵车将堆场上装有集装箱的挂车拖至码头前沿，再由集装箱装卸桥将集装箱装到集装箱船上，如图5-41所示。

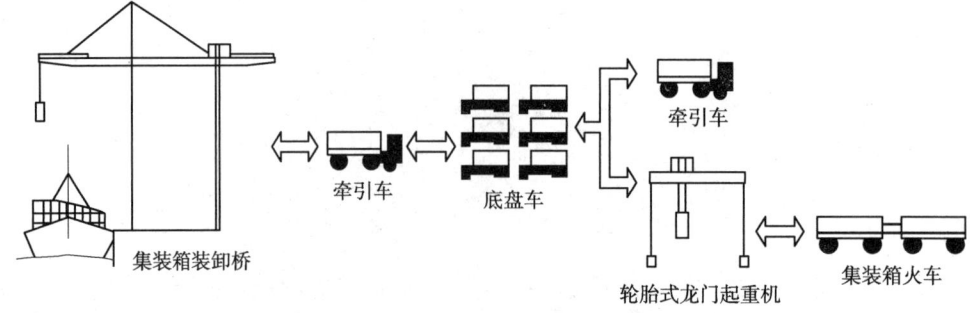

图5-41 底盘车装卸工艺方案

在堆场，这种方式不需要其他辅助装卸机械，把水平搬运与堆场堆码作业合二为一，最适合"门到门"运输。但这种方式要求有较大的堆场，所需拖挂车数量多，投资大。在运量高峰期间，由于集装箱不能直接堆码，很可能会出现拖挂车不足的情况，从而造成作业间断。由于不能重叠堆放，其场地面积利用率很低。目前，面对越来越大的堆场空间压力，该工艺已基本不再使用。

②跨运车工艺方案。跨运车是一种具有搬运、堆垛、换装等功能的集装箱专用机械。跨运车在集装箱码头的主要任务如下：a. 集装箱装卸桥与前方堆场之间的装卸与搬运；b. 前方堆场与后方堆场之间的装卸和搬运；c. 对底盘车进行换装；d. 后方堆场与货运站之间的装卸和搬运。

该工艺流程如下：卸船时，用码头上的集装箱装卸桥将船上集装箱卸至码头前沿的场地上，然后由跨运车运至堆场进行堆垛或给拖挂车装车；装船时，用跨运车拆垛并将集装箱运至码头前沿，再由码头前沿的集装箱装卸桥完成装船。

跨运车工艺方案的主要优点是跨运车可以完成多项作业，减少机械配备，利于现场生产组织管理；跨运车机动灵活，作业中箱角对位快，可充分发挥岸桥的效率；既可搬运又可堆码，减少了作业环节，作业效率高；相对底盘车系统，由于跨运车可堆码 2~3 个箱高，堆场利用较好。

该方案的主要缺点是机械结构复杂，液压部件多，且易损坏漏油，维护工作量大且技术要求高；视野差，故障率比较高，一般高达 34%~40%；不能用于装卸铁路车辆；初始投资大，堆场建造费用高。

③集装箱叉车工艺方案。该方案主要用于对吞吐量不大的综合性码头进行集装箱的装卸、堆码、短距离搬运和车辆的装卸作业。一般码头前沿利用船机或门机进行装卸，码头前沿和堆场上的作业都用叉车。叉车除了进行场地堆垛作业和短距离的搬运作业外，还可用来进行装卸车辆作业。叉车作业要求具备比较宽敞的通道和场地，因此场地面积利用率比较低。该方案主要适用于年吞吐量 3 万标准箱以下的小型码头。在较大的集装箱码头，叉车只作为货运站摆重箱、回空箱作业的装卸车。

④轮胎式龙门起重机工艺方案。该工艺流程如下：卸船时，集装箱装卸桥将船上卸下的集装箱装在拖挂车上，运至堆场，再用轮胎式龙门起重机进行卸车和码垛作业；装船时，在堆场由轮胎式龙门起重机将集装箱装上拖挂车，运往码头前沿，等待装卸桥装船。

该方案的特点是集装箱拖挂车只做水平运输，轮胎式集装箱龙门起重机担任堆拆垛作业，从而将集装箱拖挂车运输快速和轮胎式龙门起重机堆码层数较多的特点结合起来，达到了提高集装箱码头装卸效率的目的。

⑤轨道式龙门起重机工艺方案。该工艺流程包括两种类型：一种是卸船时用集装箱装卸桥将集装箱从船上卸到码头前沿的集装箱拖挂车上，然后拖到堆场，采用轨道式龙门起重机进行堆码；装船时相反，在堆场上用轨道式龙门起重机将集装箱装到集装箱拖挂车上，然后拖到码头前沿，用装卸桥把集装箱装船。另一种则是在船与堆场之间不使用水平搬运机械，而是由集装箱装卸桥与轨道式龙门起重机直接转运，轨道式龙门起重机将悬臂伸至集装箱装卸桥的内伸距的下方，接力式地将集装箱转送至堆场或进行铁路装卸。

在大型或较大型专用集装箱码头，码头前沿机械多采用岸边集装箱起重机，水平运输机械采用集卡（底盘车或拖挂车）或全自动的自动导引运输车。集装箱通过水平运输转送到堆场后，用轮胎式龙门起重机或轨道式龙门起重机进行装卸和堆码（拆垛），也可以采用跨运车进行水平运输和堆垛，集装箱叉车则用来对空箱进行堆码和拆垛。

在一些中小港口或非专用集装箱码头，前沿装卸机械多采用多用途门式起重机，以适应码头的多货种装卸，堆场机械则采用集装箱叉车或正面吊运机。

集装箱堆场各种作业方式比较如表5-2所示。

表5-2 集装箱堆场各种作业方式比较

设备	优点	缺点
底盘车	机动性强，进出场效率高，无须装卸，适用于滚装船作业	单层堆放，堆场利用率降低
跨运车	适用于水平搬运和堆存作业，灵活性强，翻箱率低，单机造价低，工艺系统简单	故障率高，维修量大，堆层少，使堆场利用率降低，对司机操作要求高
叉车	适用于短距离水平搬运和堆存作业，灵活性强，翻箱率低，单机造价低	一般只适用于小型箱的搬运，堆层少，并需留有较宽的通道，使堆场利用率降低
轮胎龙门吊	可堆3~4层，堆场利用率较高。可靠性较强，使用灵活，是目前的主流设备	翻箱率较高，只限于堆场使用，堆场建设投资大，作业效率比跨运车低
轨道龙门吊	可堆4~5层，堆场利用率高，可靠性强，堆存容量大，可同时进行铁路线装卸	翻箱率较高，只限于轨道运行，堆场建设投资大
正面吊	堆存高度高，堆场箱位利用率高，使用灵活，单机造价低，可进行水平搬运	需留有较宽通道，使堆场用于堆箱的面积减少

（2）"滚上滚下"作业方式

"滚上滚下"作业方式也称为水平作业方式，是采用滚装船运输集装箱的码头装卸作业方式。该作业方式是采用牵引车拖带挂车（底盘车）或叉车等流动搬运机械，往滚装船里装入或卸出集装箱。

对于近距离航线，采用滚装运输可以大大缩短船舶在港口装卸货物的时间，从而减少船舶在港停泊时间，提高船舶运输效率。对于单航程在一个星期以内的航线，采用滚装运输最为合理。

拓展阅读5-3

采用"滚上滚下"作业方式，其装卸速度比"吊上吊下"作业方式要快，减少了集装箱在港口的装卸环节；无须在港口装备价格昂贵的大型专用机械设备，装卸费用低。但滚装集装箱船的造价比吊上吊下集装箱船约高14%；其载重利用系数仅为吊上吊下集装箱船的50%；单位运费相对较高；所需要的货场面积比一般吊上吊下集装箱码头要大。因此，该方式采用范围有限。

本章小结

本章重点介绍了周转箱、托盘和集装箱等集装单元化形式，以及与之配套的装卸搬运设备和运输设备。对周转箱、托盘和集装箱的构成、特点、标准和类型等做了详细阐述。集装单元化是物流现代化的标志，随着物流管理技术的不断发展，集装单元化技术会不断发展和完善。

习题

一、判断题

1. 集装箱规格较多，但是不同规格集装箱的宽度都相同，便于码垛。（ ）
2. 周转箱的循环共用必须使用 600 毫米×400 毫米尺寸的周转箱。（ ）
3. 由于纸具有软、薄的特点，不能用来制作托盘。（ ）
4. 滚轮箱式托盘大多用于一般杂货的运送。（ ）
5. 龙门起重机主要用于室外，进行单件或重组的长大笨重物品的吊运、装卸、安装作业。（ ）

二、单项选择题

1. 以下不属于集装单元化的制约因素的是（   ）。
   A. 有效装载率降低　　　　　　　B. 使用人工成本较高
   C. 管理相对烦琐　　　　　　　　D. 宽阔的道路和良好的路面
2. 集装箱拼装货装箱地点一般是在（   ）。
   A. 集装箱码头堆场　　　　　　　B. 集装箱码头作业区
   C. 发货人的仓库　　　　　　　　D. 货运站
3. 超高货是指货物的高度超过集装箱的箱门高度的货物，超高货可选用（   ）。
   A. 杂货集装箱　　B. 开顶式集装箱　　C. 罐式集装箱　　D. 散货集装箱
4. 最适合于装载不规则货物的托盘是（   ）。
   A. 轮式托盘　　　B. 柱式托盘　　　　C. 箱式托盘　　　D. 平托盘
5. 门式起重机属于（   ）。
   A. 轻小型起重设备　B. 臂架类起重机　　C. 桥式类起重机　D. 堆垛起重机
6. 托盘的特点不包括（   ）。
   A. 提高运输效率，减小劳动强度　　B. 减少货损货差事故
   C. 投资比较小，收益比较快　　　　D. 承重力强

三、简答题

1. 集装单元化的概念、优点和原则是什么？
2. 详述托盘的种类。
3. 简述托盘的集装方法。
4. 集装箱的含义和特点是什么？
5. 国际标准集装箱的规格是什么？
6. 按用途怎样给集装箱进行分类？

第 6 章

装卸搬运设备

学习目标

（1）掌握装卸搬运作业的概念和分类；
（2）掌握装卸搬运设备的选型原则；
（3）了解起重设备的工作特点，掌握起重设备的组成和分类；
（4）掌握起重设备的关键技术参数；
（5）掌握常用的起重设备的特性、工作原理和适用场景；
（6）了解输送设备的工作特点，掌握输送设备的组成和分类；
（7）掌握输送设备的关键技术参数；
（8）掌握常用的输送设备的特性、工作原理和适用场景；
（9）了解叉车和AGV工作特点，掌握其组成和分类；
（10）掌握叉车的关键技术参数；
（11）掌握常用的叉车及其属具的适用场景；
（12）理解AGV的工作过程和导航原理；
（13）能够根据作业环境设计出合理的搬运设备配置方案。

6.1 装卸搬运设备概述

6.1.1 装卸搬运设备的含义与作用

装卸搬运是以改变物品的存放状态和位置为主要内容的物流活动，是衔接仓储、运输、包装、流通加工、配送等物流活动的中间环节。在整个物流活动中，"装卸"一词强调存放状态的改变，是以垂直运动为主；"搬运"一词强调空间位置改变，是以水平运动为主的。

装卸搬运设备是指在物流过程中实现装卸搬运作业所需设备的总称，是实现装卸作业省力化、机械化、自动化的重要手段。装卸搬运设备具有适应性强、工作能力强和机动性较差的特点。

装卸搬运作业的特点主要表现在以下五个方面：
①装卸搬运是一种伴生性、衔接性的活动；

②装卸搬运作业量巨大；
③装卸搬运方式复杂；
④装卸搬运作业具有不均衡性；
⑤装卸搬运对作业安全性要求高。

因此，装卸搬运设备的作用主要体现在以下四个方面：
①提高装卸搬运效率，减轻装卸工人的劳动强度，改善劳动条件；
②缩短作业时间，加速车辆货位周转，减少货物堆码的场地面积；
③提高装卸质量，减少货物破损；
④节约劳动力，降低装卸搬运作业成本。

6.1.2 装卸搬运设备的分类

装卸搬运作业涉及的货物种类繁多，外形和特点均不相同，为了适应各类货物的装卸搬运要求，各种装卸搬运设备应运而生。装卸搬运设备可从多个角度进行分类。

1. 按主要用途分类

装卸搬运设备按主要用途可分为起重设备、输送设备、叉车、装卸搬运车辆和专用装卸搬运设备。其中，专用装卸搬运设备是指带有专用取物装置的装卸搬运设备，如托盘专用装卸搬运设备、集装箱专用装卸搬运设备等。

2. 按作业性质分类

装卸搬运设备按作业性质可分为装卸设备、搬运设备及装卸搬运设备三大类。有些装卸搬运设备功能比较单一，只能满足装卸或搬运单一功能，如固定式起重机、输送机等；有些设备将两种作业合二为一，如叉车、跨运车等。

3. 按装卸搬运货物包装形态分类

装卸搬运设备按货物的包装形态可分为散装货物的装卸搬运设备、成件包装货物的装卸搬运设备、集装箱货物的装卸搬运设备及长大笨重货物的装卸搬运设备。散装货物的装卸搬运设备包括抓斗起重机、装卸机、链斗装车机和输送机等；成件包装货物的装卸搬运设备包括叉车、牵引车、带式输送机等；集装箱货物的装卸搬运设备包括集装箱跨运车、牵引车和搬运车等；长大笨重货物的装卸搬运设备包括门式起重机、桥式起重机、汽车起重机、轮胎起重机和履带起重机等。

4. 按动力类型分类

装卸搬运设备按动力类型可分为电动式和内燃动力式装卸搬运设备两类。电动式装卸搬运设备一般在室内采用，内燃动力式装卸搬运设备适合室外作业。

6.1.3 装卸搬运设备的选型

1. 影响设备选型的因素

应根据不同类货物的装卸搬运特征和要求,以及作业性质和作业场合来合理选择具有相应技术特性的装卸搬运设备。

①装卸搬运作业运动形式不同,需配备不同的装卸搬运设备。水平运动可配备选用卡车、牵引车、小推车等装卸搬运设备;垂直运动可配备选用提升机、起重机等装卸搬运设备;倾斜运动可配备选用连续运输机、提升机等装卸搬运设备;多平面式运动可配备选用旋转起重机等装卸搬运设备。

②装卸搬运作业量大小关系到设备应具有的作业能力,从而影响到所需配备的设备类型和数量。作业量大时,应配备作业能力较高的大型专用设备;作业量小时,最好采用构造简单、造价低廉而又能保持相当生产能力的中小型通用设备。长距离搬运一般选用牵引车和挂车等装卸搬运设备;较短距离搬运可选用叉车、跨运车等装卸搬运设备;短距离搬运可选用手推车等装卸搬运设备。

③为了提高设备的利用率,应当结合设备种类和特点,使行车、货运、装卸、搬运等工作密切配合。成套地配备装卸搬运设备,使前后作业相互衔接、相互协调,是保证装卸搬运工作持续进行的重要条件。因此,需要对装卸搬运设备的生产作业区、数量吨位、作业时间、场地条件和周边辅助设备做适当协调。

2. 设备选择的依据

设备选择的依据有以下几点。
①以满足现场作业为前提。
②以现场作业量、物资特性为依据。
③在能完成同样作业效能的前提下,应选择性能好、节省能源、便于维修、有利于环境保护、利于配套、成本较低的装卸搬运设备。
④制订设备选择计划时要考虑长远发展的需要。
⑤牢记系统化的观念,所选用的设备不仅仅局限于仓库作业的某一个环节,而要使其在整个系统的总目标下发挥作用。
⑥遵循简单化原则,选择合适的规格型号。
⑦尽可能采用标准设备,而不采用价格昂贵的非标准化设备。为完成某种轻量级工作而购买价格昂贵的重量级设备,或者选用使用寿命不长的设备都是极不恰当的。
⑧要进行多方案的比较。不能只依靠一家设备商去选择完成某项搬运工作的设备和搬运方法,而是要对多家进行比较研究,选择最佳设备和搬运方法。

3. 设备选择的指标体系

设备选择的指标体系包括以下内容。
①技术指标,是指设备的性能满足使用要求的能力,包括速度、载重、动力等。
②经济指标,是指装卸搬运设备在购置和使用过程中所涉及的成本效益问题,主要包

括设备投资费用、设备运作费用、装卸搬运的作业成本。

③组织性指标，是指装卸搬运设备作业和供货的及时性和可靠性。

④适用性指标，是指满足使用要求的能力，包括适应性和实用性。

⑤人机关系指标，是指关注人机的协调，注重提高人的工作效率、舒适性和安全性。

6.2 起重设备

6.2.1 起重设备概述

1. 起重设备的概念及特点

起重设备也被称为起重机械，是一种周期性循环、间歇运动的机械，用来垂直升降和水平移动货物，以满足货物的装卸、转载等作业的要求。

起重设备在搬运物料时，通常经历着上料、运送、卸料及回到原处的过程，各工作机构相对应地做往复周期性的运动。起重设备的工作循环如图6-1所示。

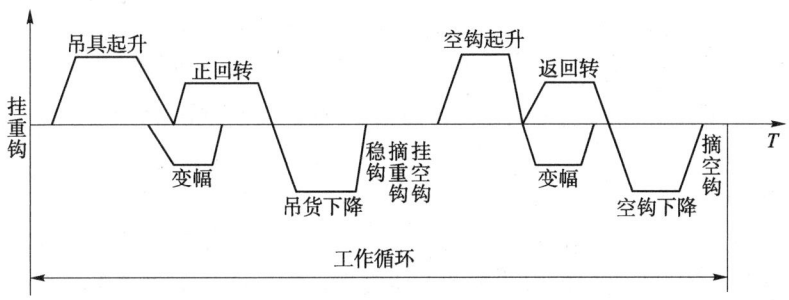

图6-1 起重设备的工作循环

2. 起重设备的组成

起重设备主要由驱动装置、工作机构、金属结构、控制系统与安全保护装置组成。

（1）驱动装置

起重设备的驱动装置是用来驱动各工作机构动作的动力设备。它是起重设备的重要组成部分，在很大程度上决定着起重设备的工作性能和构造特征。

（2）工作机构

起重设备的工作机构有起升、运行、变幅和回转四大机构。起升机构是用来升降货物的机构，是起重设备最基本的机构；运行机构是用来实现起重设备、起重小车沿固定轨道或路面行走的机构；变幅机构是依靠臂架俯仰或小车运行的方式，使吊具移动而改变幅度的机构；回转机构是使起重设备回转部分在水平面内绕回转中心转动的机构。任何一种起重设备，无论其形式如何，其机构部分都是由作为基本机构的起升机构与其他三个机构的不同组合构成的。

（3）金属结构

金属结构是起重设备的机体和骨架。它主要用来布置和安装起重设备的驱动装置和工作机构，以及承受各种载荷并将这些载荷传递给起重设备的支承基础。起重设备的主要金属结构有臂架、门架、桥架、转台、人字架和机房等。

(4) 控制系统

控制系统设有离合器、制动器、停止器、液压传动中的各种操纵阀及各种类型的调速装置。这些操纵装置能够改善起重设备的运动特性，实现各机构的启动、调速、转向、制动和停止，从而完成起重设备作业所要求的各种动作。

(5) 安全保护装置

为了使起重设备工作安全安全可靠，还需要装设一些安全保护装置。例如，为了防止吊重过载而使起重设备破坏，需装有起重量限制器或起重力矩限制器；为了防止起重设备行至终点或两台机械相碰发生剧烈撞击，需要装设行程限位器、缓冲器；为了防止露天工作的起重设备被风吹动滑行，需装设防风抗滑装置等。

3. 起重设备的分类

起重设备按重量及运动方式可分为以下三大类。

(1) 桥架型起重机

桥架型起重机是由能行走的桥架机构，以及设置在桥架上的能行走和升降的小车机构组成的起重机械，如图6-2所示。它由桥架、起升机构、大车运行机构和小车运行机构组成。桥架沿两条平行轨道运行，小车在桥架沿小车轨道横向移动，起升机构安装在起重小车上，吊钩上下垂直升降，能在三维立体空间进行作业。桥架型起重机的类型包括通用桥式起重机、门式起重机、堆垛起重机和装卸桥等。桥架型起重机适用于车间、仓库、露天堆场等场所。

(2) 臂架型起重机

臂架型起重机是指以悬伸和可旋转臂架作为主要受力构件，组合起升机构、变幅机构、旋转机构和运行机构四大机构的运动，能实现在圆形或长圆形空间进行装卸作业的起重机械，如图6-3所示。臂架型起重机有固定式和自行式之分：固定式臂架型起重机由变幅机构、旋转机构和起升机构组成，主要包括悬臂起重机、桅杆起重机；自行式臂架型起重机是将起重机装在车辆或其他运输工具上，增加了运行机构，主要包括汽车起重机、轮胎起重机、履带起重机和门座起重机。

图6-2 桥架型起重机

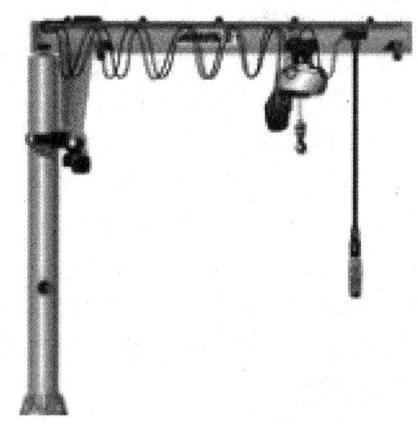

图6-3 臂架型起重机

(3) 缆索型起重机

缆索型起重机又叫走线滑车，是一种可沿架空承载索运行的挂有取物装置的起重小车的起重机,如图6-4所示。它以柔性钢索作为大跨距架空承载构件,供悬吊重物的载重小车在承载索上往返运行,具有垂直运输和水平运输功能,用于在较大空间范围对货物进行起重、运输和装卸作业。缆索型起重机常用在其他吊装方法不便或不经济的场合,以及吊重量不大但跨度、高度较大的场合,如桥梁建造或电视塔塔顶设备吊装等。

图6-4 缆索型起重机

4. 起重设备的主要技术参数

起重设备的主要技术参数有起重量、起升高度、跨度、轨距(轮距)、幅度、工作速度、生产率和工作级别等。这些主要技术参数是体现起重机械性能特征的指标,也是进行起重机械选型和设计的技术依据。

(1) 起重量

起重量是衡量起重机起重能力的参数,是指起重机在正常工作条件下(保持机械结构稳定性和牢固性的前提下)所能提升重物的质量。

起重量有额定起重量和最大起重量之分。额定起重量(G_n)是指起重机在正常作业时,允许提升货物的最大重量与可从起重机上取下的取物装置重量之和。最大起重量(G_{max})是指起重机械正常工作条件下,允许吊起的最大额定起重量。

有些臂架型起重机,如轮胎起重机、汽车起重机等,还常用起重力矩(M)这个参数衡量起重能力。它是指幅度和相应起吊物料重力的乘积,单位为牛·米或千牛·米。在起重力矩一定的前提下,这类起重机械的起重量是随幅度变化的,这时最大起重量是指最小幅度时的额定起重量。

(2) 起升高度

起升高度是指起重机工作场地地面或运行轨道顶面到取物装置上的极限位置(对于吊钩和货叉,算至它们的支承表面;对于其他吊具,算至它们闭合状态的最低点)之间的垂直距离,单位为米。

港口码头前沿的起重机械,如门座起重机,取物装置需伸入船舱作业,其起升高度应为取物装置上、下极限位置之间的垂直距离,即地面或轨面以上的起升高度和地面或轨面以下的下降深度之和。

（3）跨度、轨距（轮距）

跨度是指桥式起重机的起重大车运行轨道中心线之间的水平距离，单位为米。

轨距（轮距）是指对于除铁路起重机外的臂架型起重机和桥式起重机的起重小车沿轨道中心线或起重机行走轮踏面（履带）中心线之间的水平距离，单位为米。

（4）幅度

幅度是臂架型起重机置于水平场地时，空载吊具垂直中心线至回转中心之间的水平距离，单位为米。

幅度表示的是起重机不移位时的工作范围。幅度可分为最大幅度和最小幅度，通常所说的起重机械的幅度就是指起重机的最大幅度值。

（5）工作速度

起重机械的工作速度包括起升、运行、变幅和回转四个机构的工作速度。

起升速度是指起升机构稳定运动状态下，额定载荷的垂直位移速度，单位为米/秒或米/分钟。

运行速度是指运行机构稳定运动状态下，起重机运行的速度。运行速度又分为大车运行速度和小车运行速度，单位为米/秒或米/分钟。

变幅速度是指变幅机构稳定运动状态下，额定载荷在变幅平面内水平位移的平均速度，单位为米/秒或米/分钟。

回转速度是指回转机构稳定运动状态下，起重机回转部分的回转角速度，单位为转/分钟。

起重机械工作速度选择的合理与否，对起重机械的性能有很大影响。在一定的起重量下，通过提高工作速度就可以相应地提高起重机械的生产率，但速度的提高也会带来一定的不利因素，如动载荷的增大、驱动功率的提高等。因此，应根据起重机械的工作性质、使用场合、起重量、工作行程等因素来综合考虑。

（6）生产率

生产率是指起重机械在规定的工作条件下连续作业时，单位时间内装卸货物的质量，单位为吨/小时。它是表示起重机械装卸能力的综合指标，也是测算装卸作业能力的主要依据。

生产率不仅取决于起重机械本身的性能（起重量、工作速度和工作行程等），还与货物的种类、工作条件、生产组织及驾驶员的操作熟练程度等多种因素有关。理论上，生产率的计算式为：

$$Q_s = G_p \times n$$

式中，n 为起重机械每小时工作循环次数；G_p 为有效起升质量，单位为吨。

当采用吊钩作业时，有效起升质量就是起重量，即 $G_p = G$，当采用抓斗或容器作业时，有效起升质量为：

$$G_p = V \times \gamma \times \psi$$

式中，V 为抓斗或容器的有效容积，单位为立方米；γ 为散粒物料的堆积密度，单位为吨/立方米；ψ 为充填系数。

（7）工作级别

工作级别也称工作类型，起重量和使用频率都影响工作级别。为了使起重机械具有先进的技术经济指标，保证产品经久耐用、安全可靠，在选用起重机械时，必须考虑由起重机械的工作忙闲程度和载荷大小所决定的工作级别。

起重机的工作级别由起重机的利用等级和载荷状态确定，可分为 A1～A8 八个等级，如表 6－1 所示。它反映了起重机在设计寿命期内使用时间的长短和负载的繁重程度。对起重机械划分工作级别，有利于合理地设计和选用起重机。

表 6－1 起重机工作级别表

起重机形式		工作级别	
桥式起重机	吊钩式	电站安装及维修用	A1～A3
		车间及仓库用	A3～A5
		繁重工作车间及仓库用	A6、A7
	抓斗式	间断装卸用	A6
		连续装卸用	A6～A8
门式起重机		一般用途用吊钩式	A3～A6
		装卸用抓斗式	A6～A8
		电站用吊钩式	A2、A3
		造船安装用吊钩式	A3～A5
		装卸集装箱用	A5～A8
装卸桥		料场装卸用抓斗式	A7、A8
		港口装卸用抓斗式	A8
		港口装卸集装箱用	A6～A8
门座起重机		安装用吊钩式	A3～A5
		装卸用吊钩式	A5～A7
		装卸用抓斗式	A6～A8
塔式起重机		一般建筑安装用	A2～A4
		用吊罐装卸混凝土	A4～A6

6.2.2 桥架型起重机

桥架型起重机一般包括桥式起重机、门式起重机、梁式起重机和装卸桥等。下面重点介绍桥式起重机和门式起重机。

1. 桥式起重机

桥式起重机安装在厂房两侧的吊车梁上，可以沿铺设在吊车梁上的轨道纵向行驶，因此它的工作面是整个所能行驶地段范围的长方体空间。它是拥有量最大和使用最广泛的一种轨道运行式起重机，如图 6－5 所示。

（1）桥式起重机的构造

桥式起重机一般由桥架、大车运行机构、起重小车、驾驶室（包括操纵机构和电气设备）四大部分组成。

①桥架。桥架是桥式起重机的基本骨架，由主梁、端梁、走台和栏杆等组成。在主梁的上盖板上铺设轨道，供起重小车行走，在主梁连接的侧走台上安装起重机的大车运行机

构,另一侧走台上安装小车供电的滑线。走台的外侧设有栏杆,以保障检修人员的安全。

图6-5 桥式起重机

②大车运行机构。大车运行机构是驱使起重机车轮转动,并使车轮沿建筑物高架上铺设的轨道做水平方向运动的机构,主要由电动机、制动器、减速器、传动轴和联轴器等部件组成。

③起重小车。起重小车包括小车架、小车运行机构和起升机构。

a. 小车架。小车架由钢板焊接而成,上面安装有起升机构和小车运行机构。在小车架上安装有栏杆、缓冲器和行程限位开关等安全保护装置。

b. 小车运行机构。小车运行机构是用来驱使起重小车沿主梁上的轨道运行的机构。小车的四个车轮都是驱动轮,由两套驱动装置分别驱动。

c. 起升机构。起升机构由驱动装置(电动机)、传动装置(减速器、联轴器、传动轴)、制动装置(制动器)、卷绕系统(卷筒、滑轮组、钢丝绳)、取物装置(吊钩装置)和安全保护装置(起升高度限制器、起重量限制器)等组成。

④驾驶室。驾驶室是起重机操作者工作的地方,又称操纵室。在驾驶室里有大、小车运行机构,以及起升机构的操纵设备及其相关电气设备,如控制器、控制屏和照明、电铃及紧急开关等。驾驶室固定在主梁下方的一端,也有随小车一起移动的。

(2)桥式起重机的类型

桥式起重机的形式很多,常用的类型有以下几种。

①通用吊钩桥式起重机。通用吊钩桥式起重机是最常见、最典型的桥式类起重机,如图6-6所示,其取物装置为吊钩。

②抓斗桥式起重机。抓斗桥式起重机的取物装置为抓斗,以钢丝绳分别连接抓斗、起升机构和开闭机构,主要适用于散货、木材等的装卸、吊运作业。

③电磁桥式起重机。电磁桥式起重机的基本构造与吊钩桥式起重机相同,不同的是电磁桥式起重机的吊钩上挂一个直流起重电磁铁(又称电磁吸盘)用来吊运具有导磁性的黑色金属及其制品。

④三用桥式起重机。三用桥式起重机是一种一机多用的起重机,如图6-7所示,根据需要可以用吊钩吊运重物,也可以在吊钩上挂一个抓斗来装卸物料,还可以把抓斗卸下

来再挂上电磁铁吊运黑色金属及其制品。

图6-6 通用吊钩桥式起重机

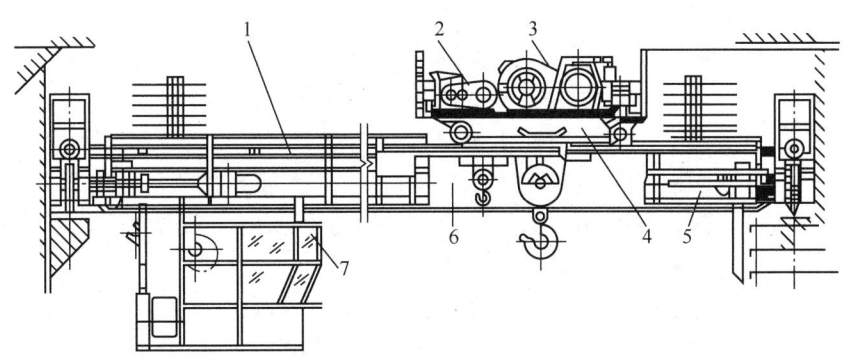

图6-7 三用桥式起重机示意图
1—小车导电装置；2—副起升机构；3—主起升机构；4—小车总成；
5—大车运行机构；6—桥架；7—司机室

⑤双小车桥式起重机。这种起重机与吊钩桥式起重机基本相同，如图6-8所示，只是在桥架上装有两台起重量相同的小车。

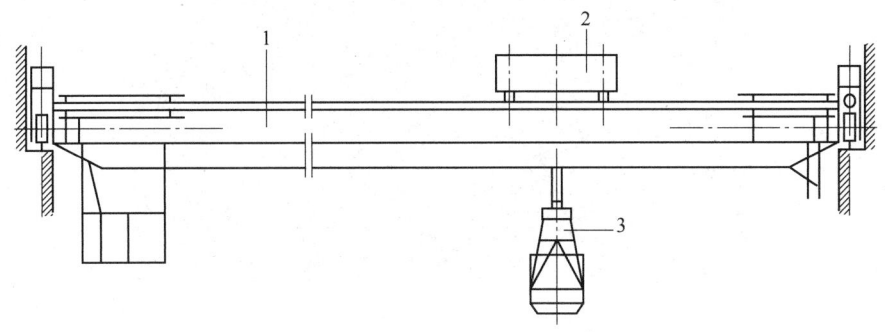

图6-8 双小车桥式起重机示意图
1—主梁；2—运行小车；3—抓斗

⑥电动葫芦型桥式起重机。这种起重机的特点是起重机的起重小车用自行式电动葫芦

代替，或者用固定式电动葫芦作为起重小车上的起升机构。该起重机一般起重量较小、工作速度较慢、工作级别较低，但其自重轻、能耗较小。

2. 门式起重机

门式起重机的金属结构的外形像龙门架，所以又称龙门起重机，其桥架通过两侧支腿支承在地面轨道或地基上。其中，桥架一侧直接支承在高架或高建筑物的轨道上，另一侧通过支腿支承在地面轨道或地基上的称为半门式起重机。门式起重机的支腿沿铺设在地面上的轨道由大车运行机构驱动运行。吊货的起重小车装有起升机构和小车运行机构，小车沿主梁上的小车轨道移动。为了在增加作业面积的同时降低主梁自重，用于装卸作业的门式起重机都将主梁两端向外伸一定长度，称为悬臂。门式起重机的主梁和两条支腿都采用刚性连接，这样使结构的水平刚度增大，有利于大车行走。

(1) 门式起重机的构造

门式起重机主要由门架（由支腿和横梁构成）、起重小车、运行机构、电气及安全装置等组成，其中门架支腿与桥式起重机不同，其余组成机构相似。

(2) 门式起重机的类型

门式起重机具有场地利用率高、作业范围大、适应面广、通用性强等特点，广泛使用于港口、货场等物流场所。下面介绍几种常用的门式起重机。

①通用门式起重机。通用门式起重机是指在一般环境中工作的普通用途的门式起重机，按主梁形式可分为单主梁门式起重机和双主梁门式起重机两类。单、双主梁门式起重机均有吊钩式、抓斗式、电磁式、抓斗吊钩式、抓斗电磁式、三用式等几种类型。其中，吊钩门式起重机又分为单小车和双小车两种形式。

a. 单主梁门式起重机。单主梁门式起重机具有结构简单，制造、安装方便，自重轻的特点，多为偏轨箱形梁结构。与双主梁门式起重机比较，它的整体刚度略差一些。一般起重量小于50吨、跨度小于35米时，常采用单主梁门式起重机，如图6-9所示。

图 6-9 单主梁门式起重机

b. 双主梁门式起重机（如图6-10所示）。双主梁门式起重机的品种比单主梁门式起重机的品种多，具有承载能力强、跨度整体稳定性好、整体刚度大的优点，但整机自重较大、造价高，可分为主梁为箱形梁的双主梁门式起重机和主梁为桁架的双主梁门式起重机。

图 6-10 双主梁门式起重机

②专用门式起重机。专用门式起重机按用途可分为造船用门式起重机、水电站门式起重机、集装箱门式起重机和装卸桥等类型。下面重点介绍集装箱门式起重机和装卸桥。

a. 集装箱门式起重机。集装箱门式起重机属于双主梁门式起重机的范畴。这类起重机的特殊性在于支腿的间距要求大，能满足过往集装箱的需要。其支腿是竖直的，无上拱架，支腿中心间距 16 米，完全能够使 40 英尺（12.192 米）标准集装箱顺利通过。

b. 装卸桥是双主梁门式起重机的特例。它的特殊之处是跨度大、悬臂长、小车运行速度高，如图 6-11 所示。装卸桥构造与桥式起重机（除支腿外）基本一样。因为其跨度大、主梁长度大，所以安装误差和温度变化引起的支腿间距变化较大。为了补偿这些变化，不致使主梁和支腿承受很大的附加应力，装卸桥的两边支腿通常做成一边与桥架刚性连接，一边与桥架铰接，故有刚性支腿和柔性支腿之分，刚性较小的称为柔性支腿。

图 6-11 装卸桥

③电动葫芦门式起重机。电动葫芦门式起重机是一种简易的门式起重机，由门架、电

动葫芦、运行机构和电控部分组成。其主梁一般采用箱形、桁架或组合主梁结构，支腿一般采用双刚性支腿，跨度大时采用一刚一柔性支腿。

6.2.3 臂架型起重机

臂架型起重机主要有固定式和移动式两大类，其中固定式臂架型起重机包括固定式转柱旋臂起重机和固定式定柱旋转起重机；移动式臂架型起重机主要有门座起重机、汽车起重机、轮胎起重机和履带起重机、塔式起重机等。

1. 固定式臂架型起重机

（1）固定式转柱旋臂起重机

固定式转柱旋臂起重机适用于起重量不大、作业服务范围为圆形或扇形的场合。如图 6-12 所示，固定式转柱旋臂起重机有一根能够旋转的柱子（转柱），其机架固定在转柱上随同转柱一起旋转。

（2）固定式定柱旋转起重机

如图 6-13 所示，固定式定柱旋转起重机的机架被支承在一个固定的定柱上，并绕此定柱旋转。其机架的支承装置均安置在定柱的上下端，省去了外部上方支承，所以可以旋转 360°。

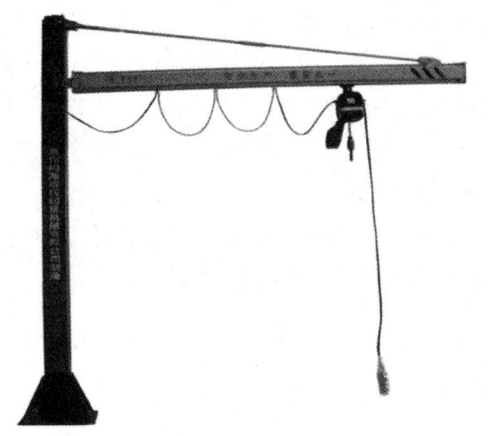

图 6-12　固定式转柱旋臂起重机

图 6-13　固定式定柱旋转起重机

2. 移动式臂架型起重机

（1）门座起重机

门座起重机又称门机（如图 6-14 所示），是可以沿地面轨道运行，下方可通过铁路车辆或其他地面车辆，门形座架上装有可转动起重装置的一种臂架型起重机。这类起重机由固定部分和回转部分构成，固定部分通过台架支承在运行轨道上，回转部分通过回转支承装置安装在门架上。

门座起重机具有臂幅大、起升高度大、起重量大、工作区域大、定位性好、通用性好、使用灵活的特点，广泛用于港口、码头、建筑工地等。由于门座起重机自重大，装卸作业时轮压大,因而对基础结构强度的要求高。此外,门座起重机的造价、使用成本、维修费用和能耗都比较大。

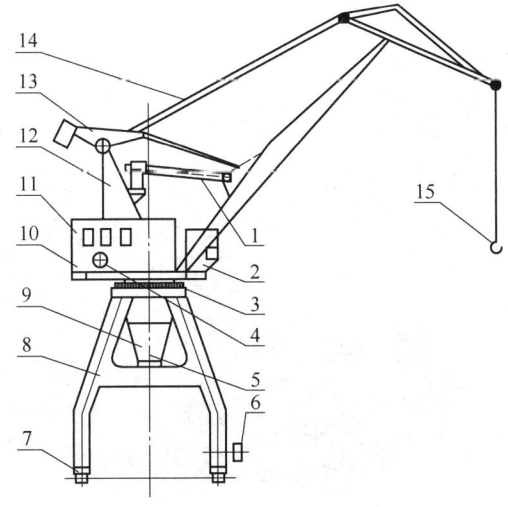

图 6-14 门座式起重机组成图

1—变幅机构;2—司机室;3—旋转机构;4—起升机构;5—电气驱动装置;6—卷筒;7—运行机构;8—门架;
9—转柱;10—转盘;11—机房;12—人字架;13—变幅平衡系统;14—臂架系统;15—吊钩

门座起重机主要由以下机构、系统和装置等组成:①金属结构,主要包括臂架系统、变幅平衡系统(包含人字架)、转柱、转盘、机房、门架、运行机构、司机室、梯子平台、吊钩、卷筒等;②工作机构,主要包括起升机构、变幅机构、旋转机构、运行机构和回转支承装置;③控制系统,主要包括电气驱动装置、传动装置和控制装置;④安全装置,主要有限位装置、紧急停车控制器、超载限制器、幅度指示器、微电脑力矩限制器、夹轨器、风向风速仪、运行状况监测和故障诊断及报警系统等。

(2)轮式起重机

汽车起重机和轮胎起重机统称为轮式起重机。轮式起重机是工程机械的主要类型,同时又是一种应用广泛、作业适用性大的通用型起重机。

①汽车起重机。汽车起重机是将工作装置安装在通用或专用汽车底盘上的起重机,如图 6-15 所示。

图 6-15 汽车起重机

第 6 章 装卸搬运设备 143

②轮胎起重机。将工作装置安装在充气轮胎底盘上的起重机,统称为轮胎起重机,如图 6-16 所示。

图 6-16 轮胎起重机

汽车起重机与轮胎起重机二者的区别主要在以下两方面。

①底盘不同。汽车起重机使用的是标准的或专用的汽车底盘;轮胎起重机使用的是专用底盘,因而其轮距和轴距配合适当,稳定性好,能在平坦的地面上吊货行驶,但行走速度低,所以适合在同一个货场内作业。

②驾驶室的数目不同。轮胎起重机只有一个驾驶室,位于转台上,起重机的各个机构都在这个驾驶室内操纵;而汽车起重机有两个驾驶室,一个在转台上,负责操纵起升、回转和变幅机构,另一个在起重机前方,负责操纵起重机的行驶和转向。

(3) 履带起重机

履带起重机(如图 6-17 所示)是以履带及其支承驱动装置为运行部分的流动式起重机。由于履带接地面积大,所以该起重机能在松软路面上行走,其对地面附着力大,爬坡能力强,转弯半径小,甚至可以原地转弯。但是,履带底盘行驶速度低,并且在行驶时会损坏路面。另外,维修操作也较复杂,配件不易解决,在使用中受到一定的限制,故一般只适用于建筑施工工地。

(4) 塔式起重机

塔式起重机(如图 6-18 所示)是建筑工地上最常用的一种起重设备,又名"塔吊",以一节一节的接长(高)(简称"标准节")来起吊施工用的钢筋、木楞、混凝土、钢管等施工的原材料。

塔式起重机塔尖的功能是承受臂架拉绳及平衡臂拉绳传来的上部荷载,并通过回转塔架、转台、承座等的结构部件传递给塔台,最后传递给塔身结构。塔式起重机分上旋转式和下旋转式两类。上旋转塔式起重机需要设置平衡臂(平衡重),其功能是构成设计上所要求的与起重力矩方向相反的平衡力矩。回转支承以上的动臂、平衡臂部分,通过回转机构和回转支承,能绕塔身中心线做全回转。起升机构之所以同平衡重一起安放在平衡臂尾端,一则可发挥部分配重作用,二则可增大绳卷筒与塔尖导轮间的距离。平衡重的用量与平衡臂的长度成反比关系。

图 6-17　履带起重机

图 6-18　塔式起重机

6.2.4　起重机的选择

起重机的选择应综合考虑起重机结构的跨度、高度、构件重量和吊装工程量、工期要求、现场条件，此外起重机的技术性能必须和施工方案相适应。

1. 起重量的选择

起重机的起重量必须大于吊装构件的重量和索具重量之和。必须注意，起重机的起重量不能依据起重机额定最大起重量确定，而应根据吊起吊装构件时的工作幅度所允许的起重量确定。

其计算公式为：

$$Q \geqslant Q_1 + Q_2$$

式中，Q——起重机的起重量；Q_1——吊装构件的最大起重量；Q_2——索具的重量。

2. 起重机高度的选择

起重机的起升高度必须满足所吊装构件的起升高度的要求，如图 6-19 所示。

其计算公式为：

$$H \geqslant h_1 + h_2 + h_3 + h_4$$

式中，H——起重机的起升高度，从停机地面算起至吊钩中心；h_1——安装构件的表面高度，从停机地面算起；h_2——安装间隙，视具体情况而定，一般不小于 0.3 米；h_3——绑扎点至构件吊起后至地面的距离；h_4——索具高度，自绑扎点至吊钩中心的距离。

3. 工作幅度的选择

根据查阅起重机起重性能表或曲线图得到的起重量 Q 和起升高度 H 来选择起重机型号和起重臂长度，还可查得在一定起重量 Q 和起升高度 H 下的工作幅度 R。

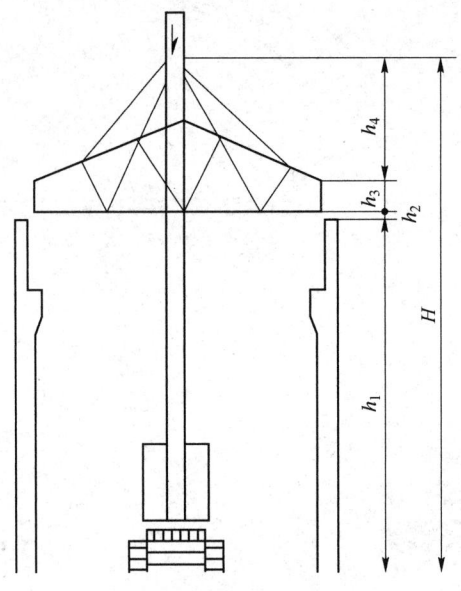

图 6-19 起重机起升高度示意图

4. 起重机械数量的选择

起重机数量应根据工程量、工期和起重机台班产量定额而定,其计算公式为:

$$N = \frac{1}{TCK} \sum \frac{Q_i}{P_i}$$

式中,N——起重机台数;T——工期(d);C——每天作业班数;K——时间利用系数,取 0.8~0.9;Q_i——每种构件的吊装工作量,单位为吨;P_i——起重机相应的台班产量定额,单位为吨/台班。此外,在决定起重机数量时,还应考虑构件装卸、拼装和就位的作业需要。

5. 起重机经济性的选择

起重机的经济性和其在工地使用的时间有很大关系。使用时间越长,则平均到每个台班的运输和安装费用越少,其经济性越好。各类起重机的经济性比较分析,如图 6-20 所示。在同等起重能力下,如使用时间短,则使用汽车起重机或轮胎起重机最经济;如使用时间较长,则使用履带起重机较经济;如长期使用,则使用塔式起重机最经济。

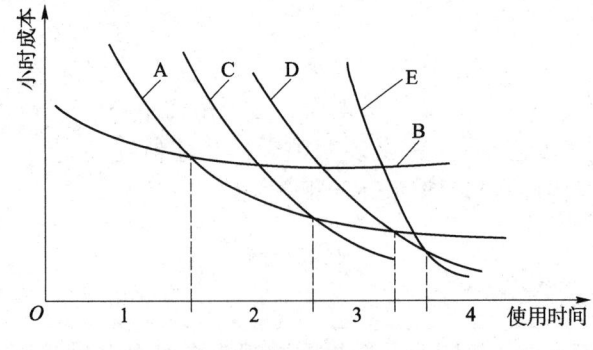

图 6-20 各种起重机的经济性比较分析
A—轮胎起重机;B—汽车起重机;C—履带起重机;D—门座起重机;E—塔式起重机

6.3 输送设备

6.3.1 输送设备概述

1. 输送设备的定义

输送设备是指以连续的方式沿着一定的线路，从装货点到卸货点输送散料或成件包装货物的机械，也称输送机械。输送设备与起重设备相比较，其输送货物是沿着一定的线路连续地输送的；工作构件的装载和卸载都是在运动过程中进行的，无须停机，启动、制动少；被输送的散料以连续形式分布于承载构件上，输送的成件货物也同样按一定的次序以连续的方式移动。

2. 输送设备的特点

输送设备可水平或垂直输送物料，输送货物多为成件物品或散状物料，其工作特点如下。

①输送物料范围广泛。现代输送设备一般具有抗磨、耐腐蚀、耐高/低温等特性，可以输送散料、块料和成品等各种性质的物料。

②输送距离长，输送量大。输送设备可以连续不断地输送重量很大的货物，有的大型输送设备甚至可以输送重达几千吨以上的重物，最长的输送距离甚至可以达到几十千米。

③装卸物料方便、简单。输送设备结构简单，可根据工艺流程，在需要的地方进行装卸物料。

④能耗低、效率高。输送设备的运行部分一般具有自重轻、运行方便、无效运量少的特点，所以能耗比较低，具有很高的效率。

3. 输送设备的分类

（1）按照安装方式分类

按照安装方式的不同，输送设备可分为固定式输送机和移动式输送机两大类。

①固定式输送机。固定式输送机是指整个设备固定安装在一个地方，不能再移动。它主要用于固定的运输场合，如专用码头、仓库、工厂生产工序之间的输送等。

②移动式输送机。移动式输送机（如图6-21所示）安装有轮子，可以移动。它具有机动性强、利用率高、能及时布置输送作业达到装卸要求的优点，这类设备输送量不太大。

（2）按照结构特点分类

按照结构特点的不同，输送机可分为有挠性牵引构件的输送机和无挠性牵引构件的输送机两类。

①有挠性牵引构件的输送机。有挠性牵引构件的输送机的工作特点是物料或货物在牵引构件的作用下，利用牵引构件的连续运动使货物向一定方向输送，如皮带输送机。

②无挠性牵引构件的输送机。其牵引构件是往复循环的一个封闭系统，通常是一部分输送货物，另一部分牵引构件返回，如气力输送机、螺旋输送机等。

图 6-21 移动式输送机

(3) 按照输送货物力的形式不同分类

按照输送货物力的形式不同,输送机可分为机械式输送机、惯性式输送机、气力式输送机和液力式输送机等几大类。

(4) 按照被输送货物运动的连续程度分类

按照被输送货物运动的连续程度的不同,输送机可分为连续性输送机和间歇性输送机。

①连续性输送机主要用于散装货物(颗粒、粉末物料)的输送装卸。

②间歇性输送机主要用于集装单元货物(成件、包装件物品)的输送,输送的单元负载包括托盘、纸箱或其他固定尺寸的物品。

4. 输送设备的主要技术参数

输送设备主要有以下几个技术参数。

①生产率(Q)。生产率是指输送机在单位时间内输送货物的质量。它是反映输送机工作性能的主要指标,它的大小取决于输送机承载构件上每米长度所载物料的质量和工作速度。所有的输送机生产率均可用下式计算,即

$$Q = 3.6 \times q \times v$$

式中,q——单位长度承载构件上货物或物料的质量,单位为千克/米;v——输送速度,单位为米/秒。

②输送速度。输送速度是指被运货物或物料沿输送方向的运行速度。

③填充系数。填充系数是指输送机承载件被物料或货物填满程度的系数。

④输送长度。输送长度是指输送机装载点与卸载点之间的输送距离。

⑤提升高度。提升高度是指货物或物料在垂直方向上的输送距离。

此外,还有安全系数、制动时间、启动时间、电机功率、轴功率、单位长度牵引构件的传入点张力、最大动张力、最大静张力和拉紧行程等技术性能参数。

6.3.2 连续性输送机

本书所讲的连续性输送机主要是指能输送散粒物料(块状、颗粒、粉状)的输送机。连续输送机的形式、构造和工作原理是多种多样的,主要有带式输送机、链式输送机、螺

旋输送机、斗式提升机等设备。

1. 带式输送机

带式输送机是一种应用最广泛的连续输送机械，它是以封闭无端的输送带作为牵引构件和承载构件的连续输送机械。带式输送机有固定式和移动式两种。固定式输送机是把输送机固定在一定的位置上的带式输送机，主要用于在水平方向或坡度不大的倾斜方向连续输送散粒物料，也可以输送质量较轻的大宗成件货物。移动式输送机带有行走装置，工作位置可以移动变化。

（1）带式输送机的结构和工作原理

如图 6-22 所示，带式输送机主要由输送带、驱动装置、制动装置、各种滚筒（驱动滚筒、改向滚筒、张紧滚筒）、机架等组成，其中输送带既是承载货物的承载构件，又是传递牵引力的牵引构件。输送带绕过驱动滚筒和张紧滚筒，并支撑在许多托辊上。工作时，由电动机通过加速装置，使驱动滚筒转动，依靠输送带与滚筒之间的摩擦力，平稳地进行驱动，把货物输送到卸载地点。

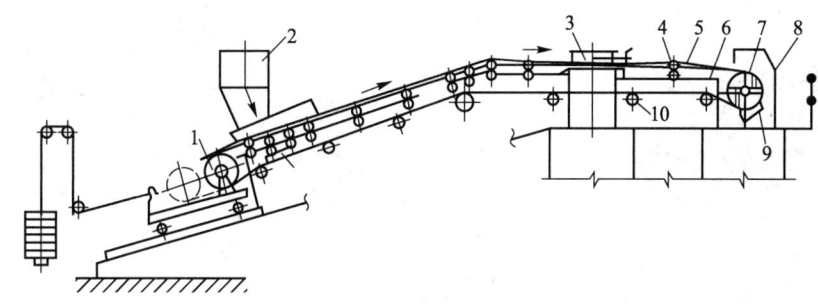

图 6-22 带式输送机结构示意图
1—张紧滚筒；2—装载装置；3—卸料挡板；4—上托辊；5—输送带；
6—机架；7—驱动滚筒；8—卸载罩壳；9—清扫装置；10—支承托辊

（2）带式输送机特点

带式输送机输送距离长、输送能力大、生产率高，结构简单、基建投资少、使用费用低，输送线路可以水平、倾斜布置，或者在水平方向、垂直方向弯曲布置，受地形条件限制较小，工作平稳、操作简单、安全可靠，易实现自动控制。

2. 链式输送机

链式输送机是连续输送机械的一种主要形式。链式输送机是用绕过若干链轮的无端链条作牵引构件，由驱动链轮通过轮齿与链节的啮合将圆周牵引力传递给链条，在链条上安装的特定工作构件上输送货物。

链条式输送机的类型很多，常用的类型有链板式输送机、刮板式输送机和埋刮板式输送机。下面重点介绍链板式输送机和刮板式输送机。

（1）链板式输送机

链板式输送机（如图 6-23 所示）的结构和工作原理与带式输送机相似，与带式输送机相比，链板式输送机的优点是链条挠性好、刚度高、不易跑偏，可采用较小直径的链轮传递较大的牵引力；缺点是自重、磨损和消耗都比带式输送机大。

链板式输送机不适合输送颗粒较小的物料,但适合输送较重的件货,适宜于车厢、港口货物的装卸作业。

(2)刮板式输送机

刮板式输送机是利用相隔一定间距而固定在牵引链条上的刮板,沿敞开的导槽刮运散货的机械,如图6-24所示。工作分支可采用上分支或下分支。前者供料比较方便,可在任意一点将物料供入敞开的导槽内;后者卸料比较方便,可打开槽底任意一个洞孔的闸门让物料在不同位置流出。刮板输送机适于在水平方向或小倾角方向上输送煤炭、沙子、谷物等粉粒状和块状物料。

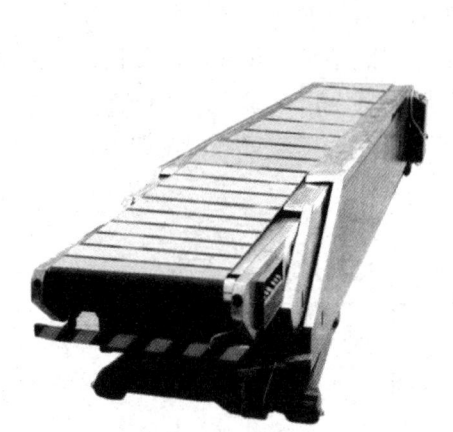

图6-23 链板式输送机

图6-24 刮板式输送机

它的优点是结构简单、牢固,对被运物料适应性强,可在任意点装载或卸载。它的缺点是由于物料与料槽和刮板与料槽的摩擦,使料槽和刮板的磨损较快,输送阻力和功率消耗较大,因此常用于生产率不大的短距离输送,在港口可用于散货堆场或装车作业。

3. 螺旋输送机

螺旋输送机是通过带有螺旋叶片的轴的转动,推动装入料槽的货物沿着螺旋轴线方向移动,实现货物的装卸搬运作业的一种连续装卸的机械,如图6-25所示。它属于无挠性牵引机件的连续作业机械,螺旋叶片是输送机的主要部件,物料就是依靠叶片的旋转而被推进的,它主要用来输送散状物料,其剖析图如图6-26所示。

图6-25 螺旋输送机

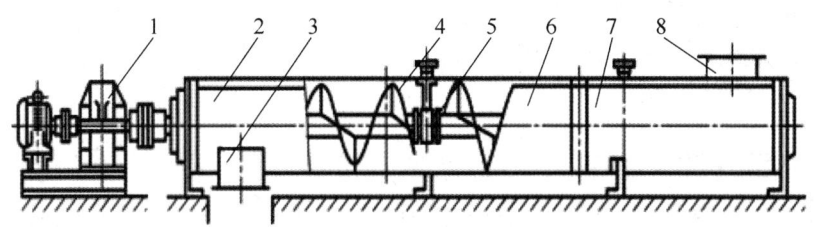

图 6-26 螺旋输送机剖析图
1—驱动装置；2—头节；3—卸料口；4—螺旋轴；
5—吊轴承；6—中间节；7—尾节；8—进料口

4. 斗式提升机

斗式提升机（如图 6-27 所示）是在垂直或接近垂直的方向上连续提升粉粒状物料的输送机械，斗式提升机用安装着一系列粉斗的牵引件环绕驱动装置或链轮和张紧装置或链轮，构成具有上升分支和下降分支的闭合环路，斗式提升机的驱动装置装在上部，使牵引件获得动力；张紧装置装在底部，使牵引件获得必要的初张力。物料从底部装载，上部卸载。除驱动装置外，其余部件均装在封闭的罩壳内。

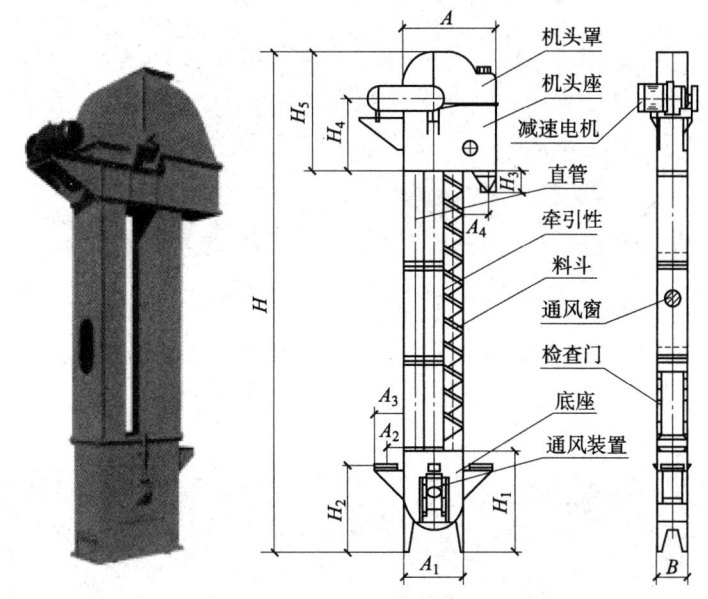

图 6-27 斗式提升机

6.3.3 间歇性输送机

间歇性输送机主要用于输送托盘、箱包件或其他有固定尺寸的集装单元货物，是物流配送中心和仓库必不可少的重要输送设备，有水平输送和垂直输送之分。在仓库或物流中心采用间歇性输送机，货物的装载和卸载均可在输送过程不停顿的情况下进行，具有较高的输送速度。间歇性输送机的结构比较简单，动作单一，造价也较低。另外，还可按货物的输送线路，选用多台输送机组成输送系统，实现物流自动化；其缺点是输送系统的占地面积较大,且不易变更货物的输送路线。

间歇性输送机根据有无动力源,可分为重力式间歇输送机和动力式间歇输送机两大类。

1. 重力式间歇输送机

所谓重力式间歇输送机,就是以输送物品本身的重量为动力,在倾斜的输送机上由上往下滑动。输送机倾斜的坡度为2%~5%,坡度的大小与滚动体转动的摩擦力、货物和滚动体的惯性及滑行速度的控制,特别是与货物的重量、包装材料和包装物底面的平整度有关。重力式间歇输送机的优点在于成本低,易于安装和扩充。

重力式间歇输送机根据滚动体的不同,可分为滚轮式、滚筒式和滚珠式三种形式。

重力式滚轮输送机主要特点是重量轻、易搬动、装卸方便,如图6-28所示。重力式滚轮输运机多用于配送中心和手工行业。对于表面较软的货物,如布袋之类,滚轮式较滚筒式有较好的输送性。但是,对于底部有挖孔的容器,则不宜使用滚轮式输送机。

图6-28 重力式滚轮输送机

重力式滚筒输送机运送货物的情况如图6-29所示,当输送硬底货物时,最少需要3个滚筒支撑物品才能保证正常输送工作,当滚筒少于3个时,输送将会变得不平稳,而柔性物则最少需要4个滚筒才能保证正常的输送。

图6-29 重力式滚筒输送机运送货物的情况

2. 动力式间歇输送机

动力式间歇输送机一般以电动机为动力，根据驱动介质的不同，可分为链条式输送机、辊子式输送机和悬挂式输送机等，是物流自动化、机械化的重要组成部分。

(1) 链条式输送机

链条式输送机是以链条为传动元件及输送元件的输送机，如图 6-30 所示。链条式输送机的链条以导轨为依托，将货物以承托方式进行输送。其输送元件使用最多的是滑动链和滚动链。因此，此类输送机根据所用的链条又可分为滑动链条式和滚动链条式两种。链条式输送机适合输送形状规则的货物，如纸箱、托盘等物件。

(2) 辊子式输送机

辊子式输送机是一种广泛使用的输送机械，如图 6-31 所示。辊子式输送机在机架上装有辊子组，并由动力带动部分或全部辊子转动，货物依靠转动辊子与货物接触表面之间的摩擦力来输送。辊子转动呈主动状态，可以严格控制货物的运行状态，能按规定的运行速度精确、平稳、可靠地输送货物，便于实现输送过程的自动化。

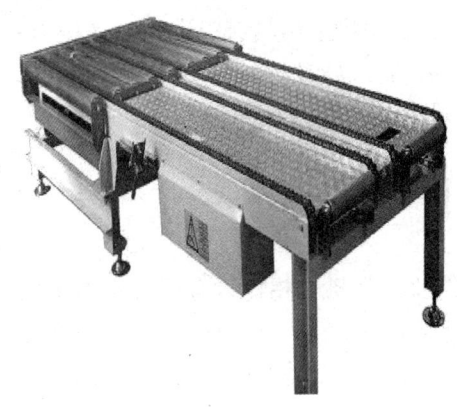

图 6-30 链条式输送机

图 6-31 辊子式输送机

辊子式输送机价格较贵，一般用于有储积、分流、合流和分拣等场合的袋装货物或软包装的件货的输送，对于重量较大的货物，也适合选用辊子式输送机。

(3) 悬挂式输送机

悬挂式输送机是一种空间封闭的运输系统，如图 6-32 所示，由牵引链、滑架、承载小车、架空轨道、回转装置、驱动装置、拉紧装置、安全装置和电控装置等组成。按牵引小车的驱动方式，悬挂式输送机分为链条牵引式悬挂输送机、螺杆驱动式悬挂输送机、自行式悬挂输送机和积放式悬挂输送机。

悬挂式输送机适用于工厂车间、仓库内部成件物品或货物及集装单元货物的空中运输。悬挂式输送机系统的空间布置对地面设备和作业的操作影响甚小，同时输送机本身就是一个"活动仓库"，所以有可能取消各工序间的储存场地，从而提高了生产作业面积和仓储面积的经济合理性。

图 6-32 悬挂式输送机

6.3.4 气力输送机

气力输送是管道输送技术中广泛采用的运输方式。它结构简单,能保护周围环境免受粉尘污染,广泛应用于装卸粮食和水泥等物料。气力输送机是由具有一定速度和压力的空气带动粉粒状物料或比重较小的货物在密闭管道内流动,以实现在水平和垂直方向上输送的机械。

1. 气力输送机的特点

(1) 优点

气力(以空气作介质)输送装置与其他连续作业装卸机械相比,有两个根本不同点:一是靠密闭的管路输送,二是输送过程没有回程。其主要优点如下。

①具有密封性,因此不仅大大减少了作业场所的灰尘,改善了劳动条件,提高了劳动生产率,而且还有利于实现自动化,因而减少了物料的损失,提高了货物质量,同时可使作业不受天气条件限制。

②采用气力输送机只需很少的工人进行操作管理,操作简便。

③结构简单,输送管道断面尺寸小,没有牵引构件,不需空返分支。

④各部件加工方便、重量轻、投资少,且机械故障少、维修方便。

⑤输送生产率高,装卸成本低,可多台同时操作,缩短卸货时间,加速车船周转,节省费用等。

⑥有利于实现散装运输,节省包装费用,降低成本。

(2) 缺点

气力输送机的主要缺点如下。

①动力消耗较大。

②与输送物料相接触的管道及其他构件容易磨损,尤其在输送磨损较大的物料时更严重。

③对输送物料的品类有一定限制,主要是被运物料的黏度和湿度两项性能的限制,也不能输送易碎和易于黏结成团的物料。

④鼓风机的噪声大，若消声设备不好，会造成噪声污染。

2. 气力输送机的工作原理

气力输送机的物料的输送过程完全由空气的动力状态来控制，当空气速度处于临界范围时，物料呈悬浮状态，也就是说，物料的重力与空气的动力达到平衡；低于临界范围，物料下降；高于临界范围，物料被输送。在大多数气力输送系统中，物料颗粒呈悬浮状态。

在物料的输送过程中，在垂直管道中主要受到重力和空气动力的作用（因空气浮力很小，可忽略），当气流速度很小时，作用在物料上的空气动力不足克服重力的作用，物料颗粒将向下沉降；当气流速度逐渐增大，使作用在物流颗粒上的空气动力和重力相平衡，物料颗粒就在管内处于悬浮状态。在垂直管道中，使物料处于悬浮状态的气流最小速度称为悬浮速度。只有当气流速度大于悬浮速度时，物料才能被悬浮输送。因此，悬浮速度是悬浮气力输送的重要参数，它可通过计算求得或由实验测定。

3. 气力输送机的分类

根据管路内的空气压力大小，气力输送机可分为吸送式气力输送机、压送式气力输送机和混合式气力输送机。

（1）吸送式气力输送机

吸送式气力输送机利用输送系统终点的风机抽吸系统内的空气，在系统中形成低于大气压的负压气流，物料与空气同时从吸嘴进入系统内并随气流到达系统终点，最后经过滤分离将空气排放到大气中，如图6-33所示。

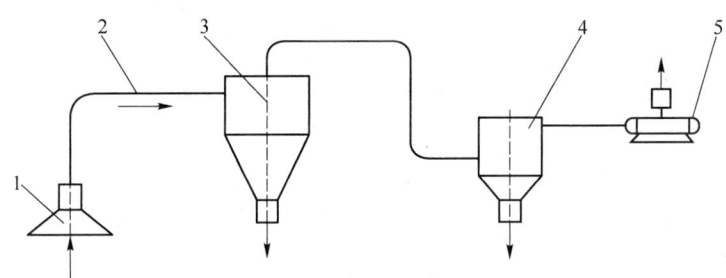

图6-33　吸送式气力输送机示意图
1—吸嘴；2—输料管；3—分离器；4—除尘器；5—负压风机

（2）压送式气力输送机

压送式气力输送机中的空气在高于大气压的正压状态下工作，如图6-34所示，在系统中，利用输送系统起点处的风机等气源设备，将高于大气压的压缩空气通入输送系统中，同时物料定量送入高速运行的气流中，在气流的带动下，物料到达输送系统终点，经过滤后，物料与空气分离，物料进入料仓，空气排入大气。压送式气力输送机可以实现较长距离和较高生产率的输送。其缺点是卸货时易引起物料飞扬，必须卸于密闭型的车厢、船舱和仓库内。压送式气力输送机在散装水泥的装卸作业中应用较多。

（3）混合式气力输送机

混合式气力输送机既具有吸送式气力输送机进料方便的优点，又有压送式气力输送机可长距离输送的优点,但是其结构复杂,如图 6-35 所示。在吸入部分,物料从吸嘴经吸料管被吸入分离器,在分离器内,分离后的物料落入压送部分的管道,分离后的空气流经滤尘器后,被鼓风机送入压送部分的管道,两者在此混合并继续完成输送工作。

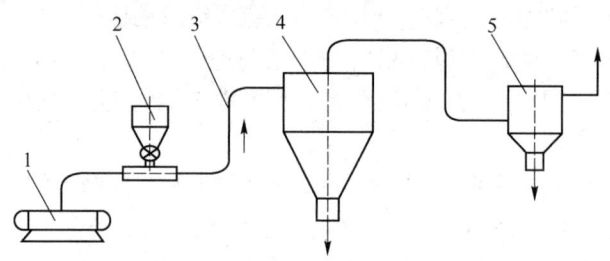

图 6-34 压送式气力输送机示意图
1—风机;2—供料器;3—输料管;4—分离器;5—除尘器

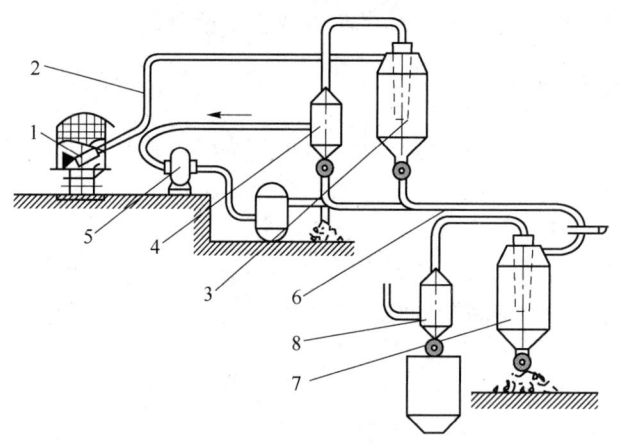

图 6-35 混合式气力输送机示意图
1—吸嘴;2—吸料管;3—分离器;4—除尘器;5—鼓风机;6—输料管;
7—卸料器;8—除尘器

4. 气力输送机的性能参数及应用

(1) 气力输送机的主要性能参数

气力输送机的主要性能参数包括技术生产率、混合比、输送风速、风量、输料管径、压力损失、功率和单位功率消耗等。

①技术生产率(计算生产率)。技术生产率是指一台气力输送机在符合设计条件下每小时输送物料的数量,是设计和选用输送机的主要参数。

②混合比。混合比是指气力输送机在单位时间内所输送的物料重量和空气重量之比。

③输送风速。输送风速是指输送物料的气流速度。如果输送风速选择过低,则容易造成管道堵塞;选择过高,则会增加动力消耗及管道和部件的磨损,增大部件的尺寸,还可能造成物料破碎。

(2) 气力输送机的选用

近年来,气力输送机已广泛应用于国民经济各部门,不仅用来输送粉末状物料,也用于输送块状物料(如石、煤等),但一般要求物料颗粒

拓展阅读 6-1

尺寸不大于50毫米，或者规定物料颗粒的最大尺寸不超过输料管内径的0.3~0.4倍，否则会造成供料装置卡塞的现象。

6.4 叉车

6.4.1 叉车概述

叉车又称叉式装载机，也称铲车，由自行的轮胎底盘及能垂直升降和前后倾斜的货叉、门架等组成，主要用于件货的装卸搬运，是一种既可做短距离水平运输，又可堆垛、拆垛和装卸卡车、铁路平板车的机械，在配备其他取物装置后，还能用于散货和多种规格品种货物的装卸作业。

1. 叉车的特点及作用

和其他起重运输机械一样，叉车除能减轻装卸工人繁重的体力劳动、提高装卸效率、缩短船舶与车辆停留时间、降低装卸成本外，还具有以下特点和作用。

①机械化程度高。在使用各种自动的取物装置或在货叉与货板配合使用的情况下，可以实现装卸工作的完全机械化，不需要工人的辅助体力劳动。

②机动灵活性好。叉车外形尺寸小、重量轻，能在作业区域内任意调动，适应货物数量及货流方向的改变，可机动地与其他起重机械、运输机械配合工作，提高机械的使用率。

③可以"一机多用"。在配备与使用各种取货装置（如货叉、铲斗、臂架、串杆、货夹、抓取器等）的条件下，可以适应多种品种、形状和大小的货物的装卸作业。

④能提高仓库容积的利用率，堆码高度一般可达3~6米。

⑤有利于开展托盘成组运输和集装箱运输。

⑥与大型起重机械比较，它的成本低、投资少，能获得较好的经济效益。

2. 叉车的总体结构

叉车由工作装置、底盘和发动机三大部分组成。

（1）工作装置

叉车的工作装置安装在叉车的最前部，悬挂在支承车轮的前方。最常用的取物装置是一对朝前的货叉，通过起升机构使货叉升降，通过门架倾斜装置使货架向下俯和向上仰，同时加上叉车的前进和后退，使货叉实现对货物的托取、升降、堆垛和拆垛等作业。工作装置采用伸缩式门架及起升滑轮组，使叉车在较小的外形高度下得到较大的起升高度，提高了叉车的通过性，扩大了叉车的适用范围。

（2）底盘

叉车的底盘由行驶系统、传动系统、转向系统和制动系统组成。

行驶系统用来实现叉车行走，完成对货物的水平搬运。它由支架、车桥、车轮及悬架装置等组成。

传动系统把发动机的动力传给驱动轮，使叉车运行。它由液力变矩器或离合器、变速器、传动轴和驱动桥内的主传动装置等组成。

转向系统用来控制叉车行驶方向，使车辆保持直线行驶或实现曲线行驶。它由转向器、转向传动机构组成。

制动系统能使叉车减速、驻车或可靠地停驻。叉车具有两套独立的制动系统：行车制动系统和驻车制动系统。两套制动系统由制动器和制动操纵机构组成。叉车车速较低，一般只在驱动轮上安装车轮制动器，用脚踏板控制。驻车制动器一般安装在传动轴上或车轮制动器内，用手拉杆操纵。

（3）发动机

内燃机是叉车的动力装置，装在叉车的后部，兼负平衡重的作用。

另外，平衡重是平衡重式叉车必不可少的构件，用来平衡载荷和工作装置重力产生的倾覆力矩。在设计时还可用来调节叉车的重心位置，改善叉车的性能。通常情况下，叉车只安装半封闭驾驶室，经常在室外工作的叉车才安装封闭的驾驶室。叉车的车身上还装有各种作业灯、报警声光信号等装置。

6.4.2 叉车的类型

叉车按动力装置可分为内燃叉车和电瓶叉车；按结构和用途可分为平衡重式叉车、插腿式叉车、前移式叉车；按货叉方向可分为前叉式叉车、侧叉式叉车；按举升高度可分为低举升叉车和高举升叉车。另外还有跨车及其他特种叉车等。下面简要介绍几种常用的叉车。

1. 平衡重式叉车

平衡重式叉车（如图6-36所示）是叉车中应用最广泛的一种，约占叉车总数的80%以上。它的特点是货叉在车身的正前方伸出，货物重心落在车轮轮廓之外。为了平衡货物重量产生的倾覆力矩，保持叉车的纵向稳定性，在车体尾部配有平衡重。平衡重式叉车要依靠叉车前后移动才能叉卸货物。

2. 插腿式叉车

插腿式叉车（如图6-37所示）的特点是叉车前方带有小轮子的支腿能与货叉一起伸入货板叉货，然后由货叉提升货物。由于货物重心位于前后车轮所包围的底面积之内，因此叉车的稳定性好。

图6-36 平衡重式叉车

图6-37 插腿式叉车

插腿式叉车比平衡重式叉车结构简单，自重和外形尺寸大小，适合在狭窄的通道和室内堆垛、搬运，但速度低，行走轮直径小，对地面要求高。

3. 前移式叉车

前移式叉车的货叉可沿叉车纵向前后移动。取货卸货时，货叉伸出，叉卸货物后或带货移动时，货叉退回接近车体的位置，因此叉车行驶时具有好的稳定性。

前移式叉车可分为门架前移式叉车和货叉前移式叉车两种。门架前移式叉车如图6-38（a）所示，货叉和门架一起移动，叉车驶进货堆时，门架前伸的距离受外界空间对门架高度的限制，因此只能对货堆的前排货物进行作业。货叉前移式叉车如图6-38（b）所示，门架不动，货叉借助伸缩机构单独前伸。如果地面上具有一定的空间允许货叉插入，货叉前移式叉车就能够超越前排货架，对后一排货物进行作业。

(a) 门架前移式叉车

(b) 货叉前移式叉车

图6-38 前移式叉车

前移式叉车的优点是车身小、重量轻、转弯半径小、机动性好，无须在货堆间留出空处，前轮可做得较大，但行驶速度低，主要用于室内搬运作业，但也能在室外工作。

4. 侧叉式叉车

侧叉式叉车主要用于搬运长大件货物，如图6-39所示。侧叉式叉车的门架和货叉位于车体中部的一侧，不仅可上下运动，还可前后伸缩。由于货物沿叉车的纵向放置，因此可减少长大货物对道路宽度的要求，同时，货物重心位于车轮支承底面之内，叉车行驶时稳定性好，速度高，操作者视野比正叉平衡重式叉车好。由于门架和货叉只能向一侧伸出，当需要在对侧卸货时，必须将叉车驶出通道，掉头以后才能进行卸货。

5. 跨车

跨车即跨运车，如图6-40所示，是由门形车架和带抱叉的提升架组成的搬运机械，一般用内燃机驱动。进行起重量10~50吨的作业时，门形车架跨在货物上由抱叉托起货物，进行搬运和码垛。在港口，跨车可用来搬运和堆码钢材、木材和集装箱等。

图6-39 侧叉式叉车

图6-40 跨车

跨车起重量大,运行速度较高,装卸快,甚至可做到不停车装载,但跨车本身重量集中在上部,重心高,空车行走时稳定性较差,要求有良好的地面。

6. 其他形式的叉车

为了适应各种用途的需要,叉车还有很多其他形式。下面介绍的两种叉车属于正叉平衡重式叉车,其工作装置的结构和性能与普通叉车不同。

① 三节门架叉车。普通叉车的门架是由内外门架两节组成的。当要求叉车的起升高度很大(4~5米以上)时,可采用三节门架叉车,如图6-41所示。它的特点是:门架全伸时,起升高度比两节门架的小。它适用于高层货物的装卸堆垛作业,起升高度可达7~8米。

② 自由起升叉车。它适用于在低矮的场所,如在船舱、车厢内进行装卸或堆垛作业,是一种能够全自由起升的叉车。当叉架起升时,内门架保持不动,因此它可以在叉车总高不变的情况下将货物堆码到与叉车总高大致相等的高度。部分自由起升能提高叉车的通过性,只要门道的净空高度不低于门架全缩时的叉车总高,叉车就能通过。

图6-41 三节门架叉车

6.4.3 叉车的主要技术参数

叉车的技术参数可以说明叉车的结构特征和工作性能，主要包括以下方面的内容。

1. 额定起重量和载荷中心距

额定起重量是指门架处于垂直位置，货物重心位于载荷中心距范围以内时，允许叉车举起的最大货物重量。载荷中心距是指设计规定的额定起重量的标准货物重心到货叉垂直段前壁的水平距离，单位是毫米。

如果由于货物体积庞大，或者货物在托盘上的位置不当，而使货叉上的货物实际重心超出了规定载荷中心距，或者当最大起升高度超过一定数值时，由于受叉车纵向稳定性的限制，起重量应相应减小，否则叉车将有倾翻的危险。货物实际重心超出载荷中心距离越远，则允许的起重量越小。

2. 最大起升高度和自由起升高度

最大起升高度是指门架处于垂直位置，货叉满载起升至最高位置，从叉面至地面的垂直距离。港口叉车最大起升高度一般为 3~4 米，若要求再升高，则要增加门架和起升油缸的高度，或者采用三节门架和多级作业的油缸，这样不仅使叉车的自重和外形尺寸增大，而且由于叉车的总重心位置提高，使叉车工作时的纵向和横向稳定性都降低。因此，当最大起升高度超过一定数值时，必须相应减少叉车的允许起重量。

自由起升高度是指不改变叉车的总高时，货叉能起升的最大高度。具有自由起升性能的叉车可在净空不小于叉车总高的库门通过或在低矮的船舱和车厢内作业。

3. 门架的倾角

门架倾角是指门架自垂直位置向前或向后倾斜的最大角度。门架前倾是为了便于叉取和卸放货物；后倾的作用是当叉车带货行驶时，防止货物从货叉上滑落，增加叉车行驶时的纵向稳定性。

4. 起升速度和运行速度

起升速度是指门架处于垂直位置，货叉满载上升的平均速度。过高的起升速度容易发生货损和机损事故，给叉车作业带来困难。

运行速度是指在平坦的硬路面上，叉车满载前进的最大速度。

5. 最大牵引力

最大牵引力分为轮周牵引力和拖钩牵引力。牵引力大，则叉车起步快、加速能力强、爬坡能力大和牵引性能好。叉车由于运距短，停车起步的次数多，所以加速能力十分重要。

6. 最小转弯半径

最小转弯半径是指在平坦的硬路面上,叉车空载低速前进并以最大转向角旋转时车体最外侧所划出轨迹的半径。采用较短的车身、外径较小的车轮,增大车轮转向时的最大偏转角等可减小转弯半径。

7. 直角堆垛的最小通道宽度和直角交叉的最小通道宽度

直角堆垛的最小通道宽度是指叉车在路边垂直道路方向堆垛时所需的最小通道宽度,直角交叉的最小通道宽度指叉车能在直角交叉处顺利转弯所需的最小通道宽度。转弯半径小、机动性好的叉车要求的通道宽度小。

8. 最小离地间隙

最小离地间隙是指除车轮外,车体上固定的最低点至车轮接地表面的距离。它可以体现叉车无碰撞地越过地面凸起障碍物的能力。增大车轮直径可以使最小离地间隙增加,但这会使叉车的重心提高,转弯半径增大。

9. 最大爬坡度

叉车的最大爬坡度是指叉车在正常路面情况下,以低速档等速行驶时所能爬越的最大坡度,分为空载和满载两种情况。

10. 自重和自重利用系数

自重是指包括油、水在内的叉车总重。叉车自重利用系数指起重量和载荷中心距的乘积与叉车自重之比。自重利用系数值较大,表示在起重量和载荷中心距相同的条件下,叉车自重较轻,即材料利用较经济,结构设计较合理。

11. 其他技术参数

除上述参数外,叉车的技术参数还有外形尺寸、前后桥负荷、轮压、轴距和轮距等。

6.4.4 叉车属具

叉车属具是指叉车取货的各种取物装置。叉车可以配备不同的属具,以完成对多种货物的装卸作业。常用的叉车属具如下。

1. 货叉

常见货叉包括前移叉、旋转叉、横移叉等。

①前移叉。如图 6-42 所示,货叉通过平行四连杆机构装在滑架上,可在油缸的作用下前移或缩回。前移叉特别适宜装卸车辆上的货物,货叉前移,可直接在车厢中部叉取或卸下货物。

②旋转叉。如图 6-43 所示,货叉装在旋转架上,滑架上的旋转油缸可驱动旋转架绕水平铰轴旋转。在特定的条件下或装卸特定的货物时,使用旋转叉可以大大提高装卸效率。

图 6-42 前移叉

图 6-43 旋转叉

③横移叉。横移叉如图 6-44 所示，货叉装在横移架上，油缸缸体固定在沿架上。当货叉相对货物稍有偏离时，可将货叉横移对准货物，这样就不必来回倒车，从而提高作业效率。堆垛时，货叉横移，能使货物堆放紧凑，提高仓库利用率。

2. 推拉器

当叉车用货叉装卸无垫板的货物时，要使用推拉器从货叉上卸下货物。推拉器由装在滑架上的平行四连杆机构、推板和油缸组成，推板由油缸的伸缩来推动，如图 6-45 所示。货叉加上推拉器，就可以无托盘装卸，既节省托盘又提高仓库利用率。

图 6-44 横移叉

图 6-45 推拉器

3. 吊架

不便叉取的货物可用吊架（如图 6-46 所示）作业。吊架装在滑架上，货物挂在吊钩上。起升滑架时，吊架、货物随之上升。移动吊架上的吊钩的位置，可改变幅度，幅度愈大，起重量愈小。

4. 串杆

装卸钢丝卷、轮胎、盘圆、钢圈等有孔环状货物时，可用串杆（如图 6-47 所示）取物。串杆通过支承板安装在滑架上，串杆有单串杆和双串杆两种。

第 6 章 装卸搬运设备 163

图6-46 吊架　　　　　　　　图6-47 串杆

5. 侧夹器

侧夹器（如图6-48所示）的两个夹臂由油缸驱动，以实现夹持货物。侧夹器的夹臂有直角形和圆弧形两类。

直角形侧夹器的夹臂内侧为平面，又称平夹，适宜搬运纸箱、木箱和金属箱等包装物，以及棉花等软包货物。圆弧形侧夹器的侧夹适宜搬运不同直径的圆柱形物件，如圆桶或纸卷等。

6. 货斗

货斗（如图6-49所示）可装卸非黏性的、颗粒较小的散货，如煤炭、谷物等。

图6-48 侧夹器　　　　　　　　图6-49 货斗

拓展阅读6-2

6.5 AGV

AGV（Automatic Guided Vehicle）是指装备有自动导向系统，备有可与其他物流设备连接的自动接口，可按设定路线自动行驶或牵引载货台至指定地点，实现物料的自动装卸和搬运，全过程实现自动化的无人驾驶输送设备，也称自动导引运输车。AGV 只有按物料搬运作业自动化、柔性化和准时化的要求，与自动导向系统、自动装卸系统、通信系统、安全系统、管理系统等构成自动导引车系统，AGVS 才能真正发挥作用（AGVS 是指AGV 在中央控制计算机的管理下协调工作，并与其他物流设备实现高度集成，具备相当的柔性，而且可以通过车载计算机和网上主机，与其他设备进行通信的自动化物料输送系统）。

AGV 是集智能、信息处理和图像处理于一体，涉及计算机、自动控制、信息通信、机械设计、电子技术等多个学科的物流自动化装备，是自动化搬运系统、物流仓储系统、柔性制造系统（Flexible Manufacture System，FMS）和柔性装配系统（Flexible Assembly System，FAS）的重要装备。

6.5.1 AGV 概况

20 世纪 80 年代中期以后，世界上 57% 的 AGV 用于汽车制造业，而在德国则高达64%。从对国外公司物料搬运系统装配类型的统计可以看出，采用 AGV、有轨搬运车、起重机、辊子式输送机和悬挂式输送机的分别占 41%、29%、9%、10% 和 11%。由此可见，AGV 的应用在装卸搬运设备中占有主导地位。

1. AGV 的发展过程

1913 年，福特汽车公司使用了有轨底盘装配车。1953 年，美国一家公司制造了世界上第一台埋线电磁感应式的跟踪路径自动导引车，也被称作"无人驾驶牵引车"。20 世纪70 年代中期，具有载货功能的 AGV 在欧洲得到迅速发展和推广应用，并被引入美国，以用于自动化仓储系统和柔性装配系统的物料运输。从 20 世纪 80 年代初开始，新的导引方式和技术得到更广泛研究和开发，主要有电磁感应导引、激光导引、磁铁陀螺导引等方式，其中以激光导引方式发展较快，但电磁感应导引方式和磁铁陀螺导引方式仍占有较大比例。

20 世纪 90 年代以来，AGV 从仅由大公司应用向小公司单台应用转变，而且其效率更高、效益更好。到 20 世纪 90 年代末，全世界已拥有 AGV 10 万台以上。

AGV 在我国的研究及应用起步较晚。20 世纪 70 年代后期，北京起重运输机械研究院研制了三轮式 AGV。20 世纪 80 年代后期，北京机械工业自动化研究所为二汽集团研制了用于立体化仓库中的 AGV，中国科学院沈阳自动化研究所为金杯汽车公司研制了汽车发动机装配用的 AGV。20 世纪 90 年代，清华大学计算机科学与技术系成功研制了用于邮政中心的 AGV，昆明船舶设备研究试验中心成功研制了激光导向式 AGV，吉林工业大学为汽车装配线成功研制了视觉导向 AGV 等。

2. AGV 的应用领域

（1）仓储业

仓储业是 AGV 最早的应用场所，1954 年世界上首台 AGV 在美国的一家公司的仓库投入运营。目前，世界上约有 2 万台各种各样的 AGV 运行在 2100 座大大小小的仓库中。海尔集团于 2000 年投产运行的立体仓库中，9 台 AGV 组成了一个柔性的库内自动搬运系统，每天可完成 2 万多件出入库物料和零部件的搬运任务。

（2）制造业

AGV 在制造业的生产线上应用较广泛，可以高效、准确、灵活地完成物料的搬运任务，并且可由多台 AGV 组成柔性的物流搬运系统，搬运路线可以随生产工艺流程的调整而及时调整。轿车装配厂为了提高运输系统的灵活性，普遍采用基于 AGV 为载运工具的自动轿车装配线，如在通用、丰田、大众等公司的制造和装配线上 AGV 均得到了广泛应用。近年来，AGV 的应用已深入到机械加工、家电生产、微电子制造等多个行业，生产加工领域成为 AGV 应用最广泛的领域。

（3）邮局、图书馆、港口码头、机场

在邮局、图书馆、港口码头、机场等场所，物品的运送存在着作业量变化大、动态性强、作业流程经常调整，以及搬运作业过程单一等特点，而 AGV 的并行作业、自动化、智能化和柔性化的特性恰恰能够很好地满足上述场合的搬运要求。中国于 1990 年在上海邮政枢纽开始使用 AGV 进行邮品的搬运工作。在荷兰鹿特丹港口，50 辆被称为"Yard Tractors"的 AGV 可完成把集装箱从船边运送到几百米以外的仓库这一重复性工作。

（4）烟草、医药、食品、化工

对于搬运作业有清洁、安全、无排放污染等特殊要求的烟草、食品、化工等行业，AGV 的应用也可满足上述要求。

（5）危险场所和特种作业

在军事上，以 AGV 自动驾驶为基础并集成其他的探测和拆卸设备，可用于战场排雷及阵地侦查等场合，如英国军方研制的 Minder Recce 就是一种具有地雷探测与摧毁航路验证能力的侦察车。在钢铁厂，用于炉料运送的 AGV 可以减轻工人的劳动强度。在核电站和利用核辐射进行保鲜储存的场所，可以应用 AGV 来运送物品，这样就避免了操作人员遭受辐射的危险。

3. AGV 的分类

（1）按照导引方式分类

AGV 的导引方式可分为固定路径导引和自由路径导引。

固定路径导引是在运行路线上设置导向信息媒介，如导线、色带等，车上的导向传感器检测并接收导向信息（如频率、磁场强度、光强度等），再将此信息经实时处理后用以控制车辆沿运行线路正确地运行。

自由路径导引是事先没有设置固定的运行路线，AGVS 根据搬运的起讫点位置，经优化运算得出最优路径后，由控制系统控制各个 AGV 按照指定的优化路径运行，来完成搬运任务。

（2）按照用途和结构分类

AGV 按照用途和结构的不同可分为无人搬运车、无人牵引车和无人叉车，如图 6-50 所示。

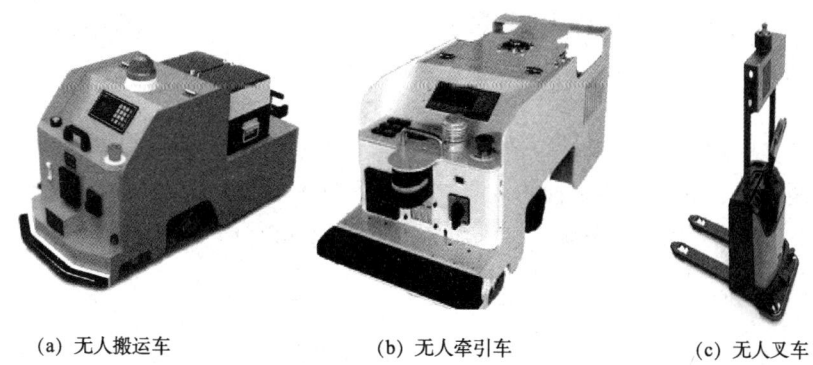

(a) 无人搬运车　　　　　　(b) 无人牵引车　　　　　　(c) 无人叉车

图 6-50　无人搬运车、无人牵引车和无人叉车

无人搬运车主要用于完成搬运作业，采用人力或自动移载装置将物料装载到小车上，小车行走到指定地点后，再由人力或自动移载装置将物料卸下，从而完成搬运任务。具有自动移载装置的小车在控制系统的指挥下，能够自动地完成物料的取放及水平运行的全过程，而没有移载装置的小车只能实现水平方向的自动运行，物料的取放作业需要依靠人力或借助其他装备来完成。图 6-51 为具有不同类型移载装置的无人搬运车。

(a) 升降台式无人搬运车　　　　(b) 伸缩叉式无人搬运车　　　　(c) 机械手式无人搬运车

图 6-51　具有不同类型移载装置的无人搬运车

无人牵引车主要是提供牵引动力，用于自动牵引装载物料的平板车。自动牵引车带动载货平板车到达目的地后，便会自动与载货平板车脱开。

无人叉车的基本功能与机械式叉车类似，只是其一切动作均由控制系统控制，自动完成各种任务。

除此之外，按照充电的方式不同，AGV 可分为交换电池式 AGV 和自动充电式 AGV；按照转向的方式不同，AGV 可分为前轮转向 AGV、差速转向 AGV 和独立多轮转向 AGV。

6.5.2 AGV 的组成

AGV 目前仍以叉车式和转载平台式为主，通常以蓄电池为动力源，直流电动机驱动其行走、转向和举升。运行部分多采用三轮式、四轮式、六轮式或多轮结构形式，可单向、双向或四向运动，三轮式常采用前轮驱动和转向方式，四轮式和六轮式常采用双驱动差速转向和独立转向方式。举升机构一般由电动机、蜗杆减速器、滚珠丝杠及螺母等组成。

一般举升高度的 AGV 可采用单节固定式门架，高举升高度的 AGV 采用双节或三节伸缩式门架，通过链轮和链条实现伸缩。具体来讲，AGV 的组成包括车体系统、驱动/导向装置、控制/通信系统和安全系统，详细总体组成情况如图 6-52 所示。

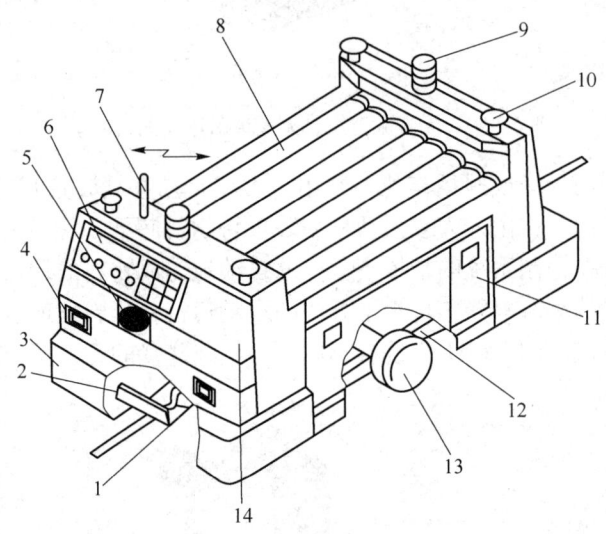

图 6-52　AGV 的总体组成
1—从动轮；2—导向传感器；3—接触缓冲器；4—接近探知器；5—警示音响；
6—操作盘；7—外部通信装置；8—自动移载机构；9—警示灯；10—急停按钮；
11—蓄电池组；12—车体；13—速差驱动轮；14—电控装置箱

1. 车体系统

车体系统包括车体框架、车轮、载荷传送装置等，是整个 AGV 的躯体，具有电动车辆的结构特征和无人驾驶自动作业的特殊功能。

（1）车体框架

车体框架结构分为主框架和副框架两个部分（上下两层），如图 6-53 所示。上层为控制系统与云台系统，下层为运动机构，底盘则安装轮子、检波线圈（磁传感器）和直流伺服电机。主框架和副框架用可拆卸的方式连接，物料交换台位于主框架上面。小车还安装有一套 PLC（Programmable Logic Controller）装置，小车的前后各有一组跟踪传感器和碰撞停车开关。有些小车的云台系统上安装有摄像头，摄像头既可以上下运动或旋转，也可以绕本身轴线上仰或下俯。小车上还配有手动操作台，以备在特殊情况下对小车的运行进行人工干预。

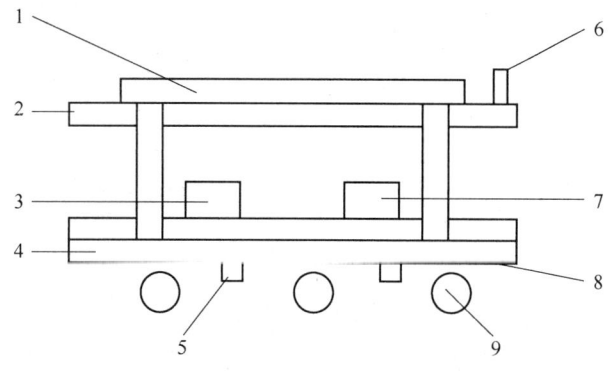

图 6-53 车体框架结构
1—载荷传输机构；2—主框架；3—电池；4—副框架；5—电池传感器；
6—无线电装置；7—车载机；8—红外线探障器；9—车轮

(2) 车轮

车轮采用实心橡胶轮胎。车体中部两个主动轮为固定式自位轮，与轮毂式电机相连。前后四个随动轮为旋转式自位轮，起支承和平衡小车的作用。

(3) 载荷传送装置

对于采用辊筒式传送结构的 AGV，辊筒安装在主框架纵向方向，辊筒的移动方向垂直于 AGV 的行驶方向。

2. 驱动/导向装置

(1) 动力装置

AGV 以蓄电池作为动力源。当电压降到某一下限时，AGV 会自动行驶到充电站口进行充电。在此下限电压情况下，AGV 还能完成一次最大强度的工作。

(2) 驱动装置

AGV 的驱动系统由车轮、减速器、制动器、电机和速度控制器所组成。驱动控制装置接收控制系统的指令，并按指令完成相应的动作。

(3) 导向装置

AGV 的导向装置的作用是接收控制系统的指令，来控制小车按指定的方向运行。

(4) 定位装置

为了满足定位精度，AGV 一般采用二级定位，即光电定位和机械定位。光电定位是指在小车接近目的站点时，会接收到一个光信号，小车转而执行该定位子程序，并停到期望的位置上，机械定位使用圆锥孔和圆锥相配合，从而可获得较高的精度。

3. 控制/通信系统

当前的 AGV 一般都配有以微处理器为核心的控制器，来进行 AGV 的定位，从而控制 AGV 沿指定路线运行和搬运物料，并与集中控制与管理的计算机进行通信，反馈 AGV 的当前状态，并接收调度和工作指令。AGV 的车载控制器一般有两种，即以微处理器为核心的专用控制器和由 PLC 组成的通用控制器，并配备有完善的 A/D、D/A 和数字 I/O 接口或模块。AGV 控制系统分为地面控制和车载控制两部分。

(1) 地面控制部分

地面控制部分主要由上位计算机、远程控制计算机及通信装置组成。上位计算机负责

AGV 系统与外部系统的联系与管理;远程控制计算机负责向辖区内所有 AGV 发出指令并进行系统监视,使其具有作业和交通管理等综合处理能力;通信装置负责实现 AGV 地面控制和车载控制信息指令的交流。

(2) 车载控制部分

车载控制部分主要包括导引、定位通信、伺服、诊断和控制等,是小车的核心部分。

4. 安全系统

安全系统一方面用来防止 AGV 在运行中出错,另一方面用来预防因 AGV 运行出错对人员及其运行环境设施造成危害。所以,安全系统的作用除保护 AGV 自身安全及保证 AGV 任务的顺利完成外,还要在最大的范围内保护人员和运行环境设施的安全。安全系统主要包含以下几种装置。

(1) 车身

车身是装配 AGV 其他零部件的主要支承装置,是运动中的主要部件之一。

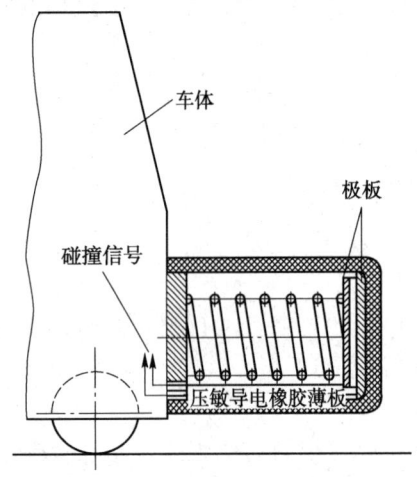

图 6-54 弹性胶垫式接触缓冲器示意图

(2) 障碍物接触式缓冲器

障碍物接触式缓冲器设置在 AGV 车身运行方向的前端下部,有多种结构类型,如弹性胶垫式、杠杆机构式和弹性薄板式等。图 6-54 所示为弹性胶垫式接触缓冲器示意图。当触及障碍物时,压敏导电橡胶薄板呈低阻抗导通状态,可发出触碰障碍信号使车辆急停,支撑弹簧保证车辆制动过程的缓冲行程。

(3) 障碍物接近检测装置

障碍物接近检测装置会使 AGV 以适当的速度运行,从而可以减小惯性、缓慢停车,它是先于障碍物接触式缓冲器发生有效作用的安全装置。

(4) 自动装卸物料执行机构的安全保护装置

AGV 的主要功能是解决物料的全自动搬运,除全自动运行装置外,还有自动装载和卸载物料的装置,如辊道式 AGV 的辊道、叉车式 AGV 的货叉等,可以把这类机构归为自动装卸物料的执行机构。一般在同一辆小车上,都具备机械和电气两类保护装置,而且互相关联,同时产生保护作用,如位置定位装置、位置限位装置、物料位置检测装置、物料形态检测装置、物料位置对中结构、机构自锁装置等结构。

(5) 警报装置

为了通知 AGV 的运动状态和唤起周围人员的注意,AGV 需要安装警报装置,如自动运转显示灯、运行警报器、异常情况警报器、急停装置和状态监视装置等。

(6) 充电保护装置

蓄电池是 AGV 的动力源,在设计 AGV 动力源时,需要考虑的因素除功率、安时数、功率重量比、体积等外,还必须考虑充电时间和维护便利性。快速充电为大电流充电,一般需要专业的充电装备,其本身还必须有充电限制装置和安全保护装置。

6.5.3 AGV 的工作过程

本书以使用激光作为导引媒介的自由路径导引 AGV 为例，说明其工作过程。在 AGV 的运行区域内设有通信区和非通信区。在通信区域内，AGV 通过其车载通信装置与系统控制计算机通信，报告其位置及状态，并接收工作指令。在非通信区域内，AGV 按照小车控制器中预定程序独立行驶，不与系统控制计算机发生联系。当接收到物料搬运指令后，小车控制器就根据所存储的运行地图和 AGV 当前位置及行驶方向进行计算、分析，选择最佳行驶路线，通过驱动放大器自动控制 AGV 的行驶和转向，当 AGV 到达物料装载点并准确停位后，移载机构开始工作，完成物料装货过程；然后 AGV 启动，驶向目标卸货点，准确停位后，移载机构工作，完成卸货过程，并向控制计算机报告其位置和状态。随之 AGV 启动，驶向待命区域；接到新的指令后再做下一次搬运。

AGV 行驶过程中，车上的激光扫描头不断地扫描周围环境，当扫描到行驶路径周围预先垂直设定好的反射板时，即"看见"了"路标"。只要扫描到三个或三个以上的反射板，即可根据它们的坐标值，以及各块反光板相对于车体纵向轴的方位角，由定位计算机算出 AGV 当前在全局坐标系中的坐标，以及当前行驶方向与该坐标系 X 轴的夹角，实现准确定位和定向。

6.5.4 AGV 的导引原理

1. 固定路径导引原理

依据不同的信息媒介，AGV 主要有两种导引类型，即电磁导引和光学导引。

（1）电磁导引原理

AGV 电磁导引原理如图 6-55 所示，首先在规划好的 AGV 运行路线的地面下埋设导向电缆，当导向电缆通以 3 000 ~ 10 000 赫兹的低频电源时，该电缆周围便产生电磁场，而安装于 AGV 底部的信号传感器检测到电磁场的强弱后，再经过信号分析电路判断，可以确知 AGV 的位置，并以不同的电压值来表示。

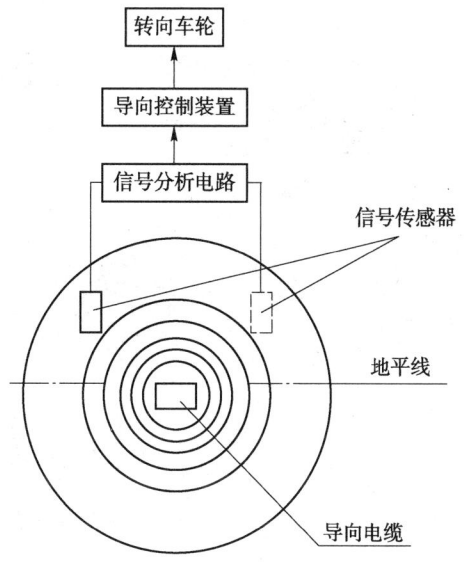

图 6-55　AGV 电磁导引原理

如果 AGV 正位于导向电缆的正上方，则信号分析电路通过信号传感器得到的两个电压值相等。当转向车轮偏离导向电缆时，则信号传感器检测出的电压值不相等，而通过信号分析电路可判断出 AGV 偏离导线的方向，然后通过导向控制装置使转向车轮回位。反复进行上述过程，就可使 AGV 的转向车轮始终跟踪预定的导引路径，进而实现 AGV 的导引。

（2）光学导引原理

光学导引是通过粘贴在地面上的反光带为导引媒介来实现 AGV 导引。首先应在地面上沿着已经规划好的 AGV 运行路线全部粘贴具有一定宽度的反光带，其颜色要与地面的颜色形成较大的反差。在 AGV 车体的下部装有光源和光接收器。当 AGV 在反光带的上方运行时，车体上的光源发出光线照射到反光带后，反光带会反射回来光线，这些光线被车上的感光元件接收，经过检测和运算装置进行处理后，可对 AGV 进行准确的定位，并据此判断 AGV 是否偏离轨道，将这些信息传至导向控制系统，然后控制转向轮产生相应的动作。当 AGV 没有偏离导引路径时，处于中间位置的信号孔打开；当 AGV 偏离导引路径时，偏离中间位置的信号孔打开，检测回路根据检测到的不同感光信号可判断出 AGV 是否偏离，而且可以判断出偏离的方向、偏离的距离，控制系统据此对 AGV 的运行状态进行及时修正，使其及时回到导引路径上来。因此，AGV 可以始终沿着反光带的导引轨迹运行。

2. 自由路径导引原理

目前，AGV 自由路径导引一般是通过激光作为导引媒介来实现的，其原理如图 6-56 所示。在 AGV 的顶部安装激光发射和接收装置，此装置可沿 360°方向发射一定频率的激光。在 AGV 运行范围的不同位置上安装激光反射镜片。当 AGV 发出的激光照射到反射镜片上时，反射镜片将激光反射回车上的激光接收装置，所以，在 AGV 运行的过程中，车上的激光接收装置不断接收到从不同位置反射回来的激光束，经过简单的几何运算，就可准确定位 AGV，然后控制系统根据 AGV 的位置对其进行实时的导向控制。

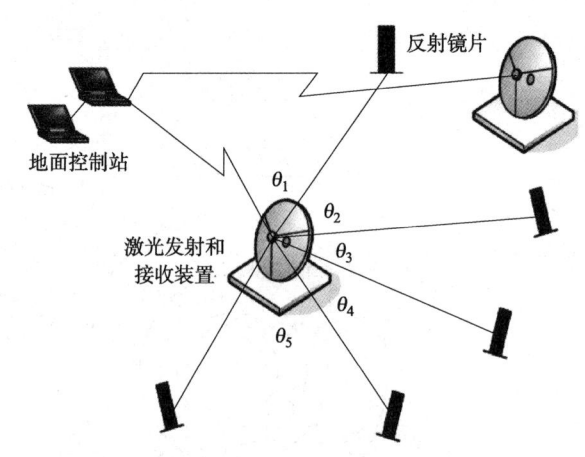

拓展阅读 6-3　　　　　图 6-56　自由路径导引原理

6.6 轻型搬运车

6.6.1 手动液压升降平台车

手动液压升降平台车是通过手压或脚踏为动力,通过液压驱动装置使载重平台做升降运动的手推平台车。它可以调整货物作业时的高度差,减少操作人员的劳动强度。手动液压升降平台车装有有安全轮保护的牢固小脚轮和位于两个旋转脚轮上的制动器,使平台车装载和卸载时轮子不滑动,操作更安全,如图 6-57 所示。

图 6-57 手动液压升降平台车

6.6.2 手动液压托盘搬运车

手动液压托盘搬运车是一种轻小型搬运机械,如图 6-58 所示。它有两个货叉似的叉腿,可以直接插入托盘的底部,能承受重载,强度很高,更加持久耐用,超强的货叉最大载重量可达 3 吨。两只尼龙导向轮可节省工作者的体力,并能保护载重轮与托盘。除此之外,还有全密封油缸,内装安全阀。货叉能通过手泵油缸抬起,使托盘或货箱离开地面,然后用手动或电动驱动使之行走。这种托盘搬运车广泛应用于仓库、商店、码头或车间内工序间不需堆垛的搬运作业。

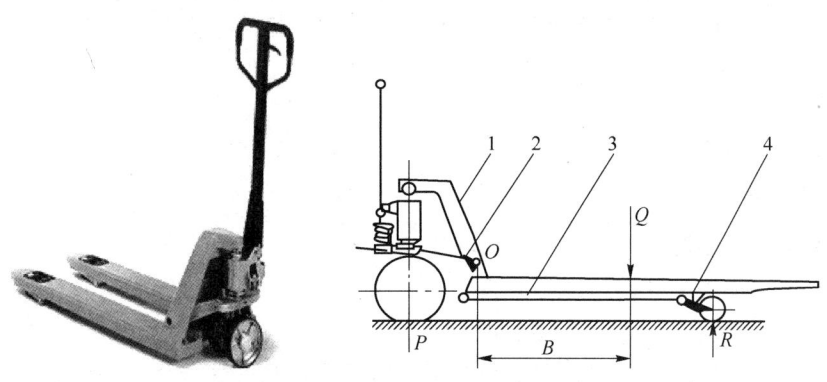

图 6-58 手动液压托盘搬运车
1—推杆;2—拐臂;3—货叉;4—前轮支架

6.6.3 手动液压堆高车

手动液压堆高车是一种无污染、无动力的装卸设备，该设备具有结构紧凑、运输灵活、操作简单、回转半径小等特点。根据起升机构的不同，手动液压堆高车分为手摇机械式堆高车［如图6-59（a）所示］、手动液压式堆高车［如图6-59（b）所示］和电动液压式堆高车［如图6-59（c）所示］三种。

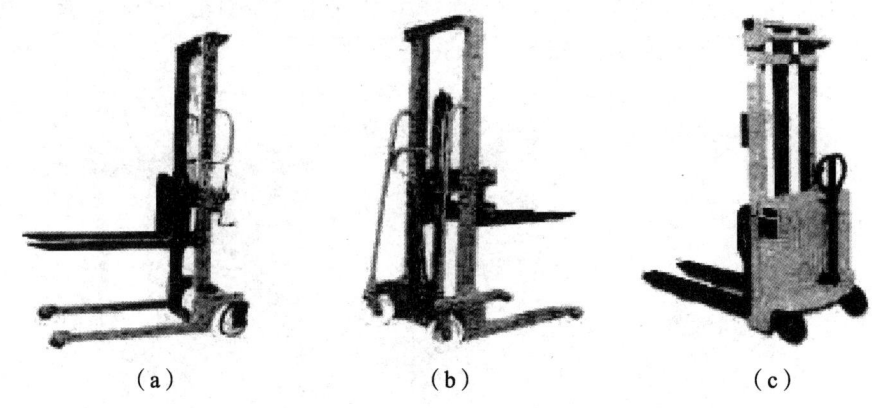

图6-59 手动液压堆高车

本章小结

装卸搬运设备是实现装卸搬运作业的重要技术支撑，对提高物流效率、降低物流成本和保证物流服务质量起着至关重要的作用。装卸搬运设备主要分为垂直装卸设备和水平搬运设备两种。垂直装卸设备以起重机为主，根据结构不同可分为桥架型起重机、臂架型起重机和缆索型起重机；水平搬运设备以输送机和叉车为主，根据其结构又有多种分类。AGV是近年来智能化搬运装备的典型代表，可实现固定路径导引和自由路径导引，因此其导引原理各有不同。本章分别介绍了起重设备、输送设备、叉车、AGV等设备的分类及特点、组成结构、工作原理、适用情况、技术参数等。另外，本章还分别介绍了叉车属具、手动液压升降平台车、手动液压托盘搬运车、手动液压堆高车等设备。

习题

一、判断题

1. 严格地讲，装卸和搬运是两个相同概念的组合。　　　　　　　　　　　　（　　）
2. 在生产过程中装卸搬运通常称为货物装卸，流通过程中装卸搬运多称为物料搬运。
　　　　　　　　　　　　　　　　　　　　　　　　　　　　　　　　　　（　　）
3. 物料是装卸搬运的对象，也是影响装卸搬运设备和方法选择的间接因素。（　　）
4. 配送中心装卸搬运设施布置应以系统管理为指导思想，以装卸搬运系统作为整个物流系统的一个子系统，所以其设施布置应具有系统的观点。　　　　　　（　　）

二、单项选择题

1. 装卸搬运时伴随输送和保管而产生的物流活动,是对运输、保管、包装、流通加工、配送等物流活动进行衔接的( )。
   A. 流通环节　　B. 仓储环节　　C. 中间环节　　D. 交付环节

2. ( )是一种周期性循环、间歇运动的机械,用来垂直升降货物或兼作货物的水平移动,以满足货物的装卸、转载等作业要求。
   A. 叉车　　　　B. 起重机械　　C. 输送机械　　D. 分拣机械

3. ( )是桥架通过两侧支腿支承在地面轨道或地基上的桥架型起重机,又称龙门起重机。
   A. 门式起重机　B. 桥式起重机　C. 悬臂起重机　D. 装卸桥

4. 在典型起重机械中,桥架两端通过运行装置直接支承在高架轨道上的桥架型起重机称为( )。
   A. 门式起重机　B. 桥式起重机　C. 悬臂起重机　D. 装卸桥

5. ( )没有挠性牵引构件,是一种利用螺旋面的推力使散料物资沿着轴向输送的连续输送设备。
   A. 链式输送机　B. 带式输送机　C. 滚筒输送机　D. 螺旋式输送机

6. ( )用内燃机或蓄电池作为动力,其特点在于车体自身较重,依靠自身重量与货叉上的重量相平衡,防止叉车装货后向前倾翻。
   A. 电动叉车　　B. 内燃叉车　　C. 平衡重式叉车　D. 前移式叉车

7. ( )是立体仓库中主要的起重运输设备,是随立体仓库发展起来的专用起重机械设备。
   A. 叉车　　　　B. 装载机　　　C. 堆垛机　　　D. 桥式起重机

8. ( )的货叉可以通过手泵液压缸抬起,使托盘或货箱离开地面,然后用手动或电动驱动使之行走。
   A. 叉车　　　　　　　　　　　B. 装载机
   C. 堆垛机　　　　　　　　　　D. 手动液压托盘搬运车

9. 以下属于AGV导引原理的有( )。
   A. 电磁导引原理　　　　　　　B. 光学导引原理
   C. 自由路径导引原理　　　　　D. 以上都是

三、多项选择题

1. 起重机一般分为( )。
   A. 升降型　　　B. 桥架型　　　C. 臂架型
   D. 缆索型　　　E. 堆垛型

2. 起重机械的主要技术参数有( )。
   A. 起重量　　　B. 起升高度　　C. 跨度、轨距和轮距
   D. 幅度　　　　E. 工作速度

3. 带式输送机的主要部件包括( )。
   A. 驱动装置　　B. 滚筒　　　　C. 输送带
   D. 托辊　　　　E. 张紧装置

第6章　装卸搬运设备

4. 连续性输送机主要包括（   ）。
   A. 带式输送机　　　B. 链式输送机　　　C. 螺旋输送机　　　D. 斗式提升机
5. 叉车的动力形式包括（   ）。
   A. 柴油机　　　　　B. 汽油机　　　　　C. 液化石油机
   D. 发电机　　　　　E. 电池–电动机
6. AGV 按照用途和结构分类为（   ）。
   A. 无人搬运车　　　B. 机械式叉车　　　C. 无人叉车
   D. 平衡重式叉车　　E. 无人牵引车

四、简答题

1. 简述装卸搬运设备的特点。
2. 根据货物的种类，装卸搬运设备可分为哪些类型？
3. 简述起重设备的概念和特点。
4. 简述桥式起重机的构造。
5. 输送设备与起重设备的基本区别有哪些？
6. 简述带式输送机的结构及工作原理。
7. 简述叉车的特点和作用。
8. 简述前移式叉车的分类及工作特点。
9. 简述手动液压托盘搬运车的机构及工作特点。
10. 分析 AGV 电磁导引和光学导引的原理。

第 7 章

拣选与分拣设备

> **学习目标**
> (1) 掌握拣选与分拣的区别,以及分拣信息的含义;
> (2) 掌握自动分拣系统的基本知识,熟悉自动分拣机系统的基本结构、功能及特点;
> (3) 了解"人到货""货到人"两种拣选系统的优点和不足,以及其核心技术;
> (4) 了解拣选系统的概念及作业流程;
> (5) 掌握"人到货"拣选时,不同的拣选信息读取方式及其优缺点;
> (6) 明确拣选系统的转变,掌握"货到人"拣选系统的主流拣选方案;
> (7) 了解拣选系统的发展趋势。

7.1 分拣概述

7.1.1 广义分拣的含义

广义分拣包括拣选和分拣两部分。

拣选(Picking)是配送中心的配货人员根据客户订单要求,将正确的商品按准确的数量,从存储的货架/货垛中取出,并搬运到理货区/包装区的过程。

分拣(Sorting)是指拣选作业完成后,将拣选出的商品按照不同的客户、不同的配送路线,进行分类、集中,等待装车配载、送货作业的过程。

整合拣选与分拣功能的一体化自动化分拣系统是发展趋势。拣选与分拣的界定如图 7-1 所示。

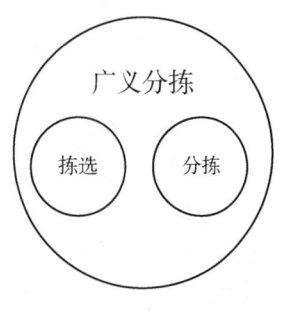

图 7-1 拣选与分拣的界定

7.1.2 分拣信息

1. 分拣信息

在物流过程中,物流信息附着在物流单元上,分拣作业在分拣信息的引导下,通过查找货位、拣取、分拣和搬运货物,并按一定的方式将货物进行分类和集中。分拣信息是分拣工作的指令，是对客户的订单要求进行加工后产生的。

分拣信息包括以下三部分。

①基本信息，包含订单中每种货物的品名、规格、订货单元和订货量。

②物流信息，包含货物储位、拣货集中地、货物库存量等。

③附加信息，包含货物的价格、代码和标签；货物的包装；货物发送单元的可靠性要求。

2. 分拣信息的传递方式

分拣信息可采用如下几种方式传递。

①利用传票传递。这是直接利用订单或公司的交货单来作为拣货指示的传递方式。

②利用拣货单传递。这种传递方式把原始的客户订单输入计算机，将拣货信息汇总处理后，打印出新拣货任务单。这种传递方式的优点是避免传票在拣货过程中受污损，并能把产品储位编号显示在拣货单上。

③利用电子标签传递。电子标签安装在货架上，显示待拣选商品的位置和拣货数量。

④利用计算机随行指示传递。计算机随行指示是指利用在拣货台车上安装的辅助拣货的计算机终端，拣货之前，将拣货任务单输入计算机；工作时，拣货人员用扫描器扫描拣货集货箱上的拣货条形码，通过 RF 方式（详见本书 7.3.2 节），从计算机获得应拣货物及所拣货物的货位，分拣人员根据计算机显示引导，迅速而正确地拣取货品。

⑤利用条形码传递。这种传递方式通过条形码阅读器对条形码扫描、解码，把"线条符号"转变成"数字号码"，能准确快速掌握商品的分拣信息，提高库存管理精度，是一种实现仓储管理现代化的有效方法。

7.1.3 分拣作业

分拣作业过程包括四个环节，行走、拣取、搬运和分类。

拣货时，无论采用何种方法，拣货作业人员或机器必须接触并拣取货物。因此，形成了拣货过程中的人员行走或货物的运动。缩短人员或设备行走及货物的运动距离成为提高分拣作业效率的关键。

人工或机械拣取货物时，首先需要确认被拣货物的品名、规格、数量等信息是否准确。确认拣货信息后，拣取过程由人工或自动化设备完成。在出货频率不高、货物的体积小、批量少、搬运的重量在人力范围所及的情况下，可采用人工拣取方式；对于体积大、重量也大的货物可以利用叉车等搬运机械辅助作业；对于出库频率很高的货物应采用自动拣选系统。

为了提高拣货效率，配送中心在收到多个客户的订单后，可采取分批策略进行拣货。根据不同的客户或拣货路线分类，有些需要进行流通加工的货物还可根据加工流程进行分类。

从分拣作业的四个基本过程可以看出，分拣作业所消耗的时间主要包括以下四个方面：

①订单信息处理的时间；

②人员行走或货物运动的时间；

③所拣货物信息确认的时间；
④货物拣取完毕，将货物分类集中的时间。

因此，若要提高分拣效率，则应主要缩短以上四个作业时间。此外，为防止分拣错误的发生，提高物、账的相符率及客户的满意度，降低作业成本也是分拣作业管理的目标。

7.2 自动分拣技术

7.2.1 分拣技术的分类

按照分拣手段的不同，分拣技术可分为人工分拣、机械分拣和自动分拣系统三大类。

①人工分拣。该分拣方式劳动量大、效率低、差错率较高。

②机械分拣。该分拣方式是借助输送机械完成水平输送，在分类作业环节，由人员根据分拣信息完成货物分类。和人工分拣相比，机械分拣劳动量小、效率高，但差错率较高。

③自动分拣系统。一般大型、先进配送中心都采用自动分拣系统，其具有分拣效率高、准确率高的特点。

7.2.2 自动分拣系统的功能、特点和适用条件

1. 自动分拣系统的功能

近年来，随着分拣技术的迅速发展，分拣系统的规模越来越大，分拣能力越来越强，应用范围也越来越广，自动分拣系统已成为仓储设备中的重要设备。实践表明，自动分拣系统具有劳动生产率高、自动化程度高、技术密集、分拣能力强等优点，它是现代仓库不可缺少的先进设备，决定着现代仓库的作业能力和作业规模，反映着物流技术水平的高低。现代仓库和配送中心的分货工作，大多由自动分拣系统来完成。自动分拣系统是将混在一起而去向不同的物品，按设定的要求自动进行分发配送的设备。例如，高速交叉带式分拣系统根据配置分拣小车的数量不同，处理量可达到每小时8000到4万件。直线交叉带式分拣系统每小时的处理量可以达到8000件，分拣口可以达到50个，具有占地面积小、效率高、可二级分拨的优点，可以大量节约人力、提高分拣效率。

2. 自动分拣系统的特点

自动分拣系统有以下特点。

①能连续、大批量地分拣货物。由于采用流水线自动作业方式，自动分拣系统不受气候、时间、人员限制，可以连续运行100小时以上。同时，由于自动分拣系统单位时间分拣货物件数较多，因此分拣效率是人工分拣的数倍。

②分拣误差率很低。分拣误差率的高低主要取决于所输入的分拣信息的准确程度，准确程度又取决于分拣信息的输入机制。如果采用人工键盘或语音识别方式输入，则误差率在3%以上；如果采用条形码扫描技术输入，则基本不会出错。目前，自动分拣系统主要采用条形码扫描技术来识别货物。

③实现了无人化。自动分拣系统能最大限度地减少人员的使用，减轻员工的劳动强

度,基本能实现无人化作业。

3. 自动分拣系统的适用条件

应用自动分拣系统需要满足以下几个条件。

(1) 分拣量较大、一次分拣单位较多

自动分拣系统本身需要建设很长的机械传输线,还需要有配套的机电一体化控制系统、计算机网络及通信系统等,这一系统不仅占地面积大,而且由于需要配备各种自动化搬运设施,因此投资也很大。日分拣量一般能超过 10 000 件,一次分拣单位在 100 个以上时,采用自动分拣系统比较适宜。

(2) 商品外包装较好

自动分拣系统只适于分拣底部平坦且具有刚性的包装规则的商品。袋装商品、包装底部柔软且凹凸不平,以及包装易变形、易破损、超长、超薄、超重、超高、不能倾覆的商品不能使用普通的自动分拣系统进行分拣。因此,为了使大部分商品都能用机械进行自动分拣,可以采取两个措施:一是推行标准化包装,使大部分商品的包装符合国家标准;二是根据所分拣的大部分商品的统一包装特性定制特定的分拣系统。

(3) 配套设施齐全

分拣系统设施复杂,投资及营运成本较高,还需要与之相适应的外部条件,如计算机信息系统、作业环境、配套设施等。

7.2.3 自动分拣系统的基本结构

1. 自动分拣系统的构成

自动分拣系统主要由五个部分构成,分别是设定装置、控制装置、自动分拣装置、输送装置和分拣道口,如图 7-2 所示。

图 7-2 自动分拣系统

(1) 设定装置

设定装置用来在货物的外包装上贴上或打印上表明货物品种、规格、数量、货位、货主等信息的标签。根据标签上的代码,在货物入库时,可显示入库的货位,在输送货物的分叉处，可以正确引导货物的流向，堆垛起重机可以按照代码把货物存入指定的货位。当货物出库时，标签可以引导货物流向指定的输送机的分支，以便集中发运。

设定装置种类很多，在自动分拣机上可使用条形码、光学字符码、无线电射频码、音频码等。其中，条形码是国际通用码，应用极为广泛。

(2) 控制装置

控制装置的作用是识别、接收和处理分拣信号，根据分拣信号的要求指示自动分拣装置对货物进行分拣。分拣信号通过磁头识别、光电识别和激光识别等多种方式输入分拣控制系统，分拣控制系统根据对这些分拣信号的判断，决定货物该进入哪个分拣道口。

(3) 自动分拣装置

自动分拣装置根据控制装置传来的指令，对货物进行分拣，把货物输送到设定好的输送机分支或倾斜滑道上去，完成货物的分拣输送。

(4) 输送装置

输送装置的主要组成部分是传送带或输送机，其主要作用是使待分拣货物通过控制装置和分拣装置。在输送装置的两侧，一般要连接若干分拣道口，使分好类的货物滑下主输送机，以便进行后续作业。

(5) 分拣道口

分拣道口是已分拣货物脱离主输送机（或主传送带）进入集货区域的通道，一般由钢带、皮带、滚筒等组成滑道，使货物从主输送装置滑向集货站台，待货物集中后，进行入库储存或组配装车作业。

以上五部分装置通过计算机网络连接在一起，配合人工控制及相应的人工处理环节，构成一个完整的自动分拣系统。

2. 自动分拣系统的工作过程

自动分拣系统种类很多，结构上差异较大，但自动分拣系统的工作流程基本相同，如图7-3所示。货物到达分拣点以前，首先要经过分拣信号输入、合流等工作过程；到达分拣点时，系统发出指令把货物传送到分拣机上，由分拣机的瞬时动作将货物分拣到指定的道口。

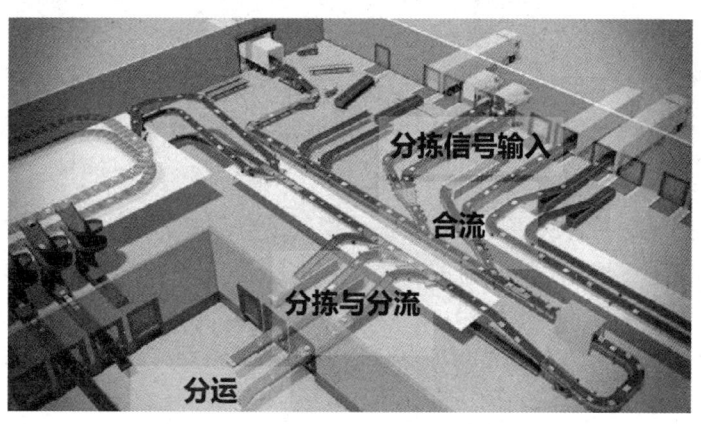

图7-3 自动分拣系统工作流程图

为了把货物按要求分拣出来，并送到指定地点，一般需要对分拣过程进行控制。控制方式分为外部记忆和内部记忆两种。外部记忆是把分拣标识贴在分拣货物上，工作时用识别装置将其区分；内部记忆是在自动分拣系统的货物入口处设置控制盘，利用控制盘，操作者在货物上输入分拣指示信息，这个货物到达分拣位置时，分拣机接收到信息，开启分支装置，让其分流。

在规划分拣系统时，控制方式的选择是一个需要考虑的重要因素，它对分拣系统的能力和成本有很大的影响。目前比较常用的分拣控制方式是扫描识别技术，即在货物固定位置上贴上标识，当货物到达分拣位置时，由扫描仪对标识进行扫描识别，然后按预先设定的程序运行，使货物按指定路线运送到指定的滑道，完成分拣作业。

7.2.4 常见的自动分拣机

1. 带式分拣机

带式分拣机是利用输送带载运货物完成分拣工作的机械设备，按输送带的设置形式常分为平带式分拣机、斜带式分拣机和交叉带式分拣机三种类型。

（1）平带式分拣机

①平带式分拣机的格口上设有挡板（或推板），货物到达格口时，挡板伸出将货物挡住，货物沿挡板卸入格口。常用的平带式分拣机是平钢带分拣机，其工作简图如图7-4所示。

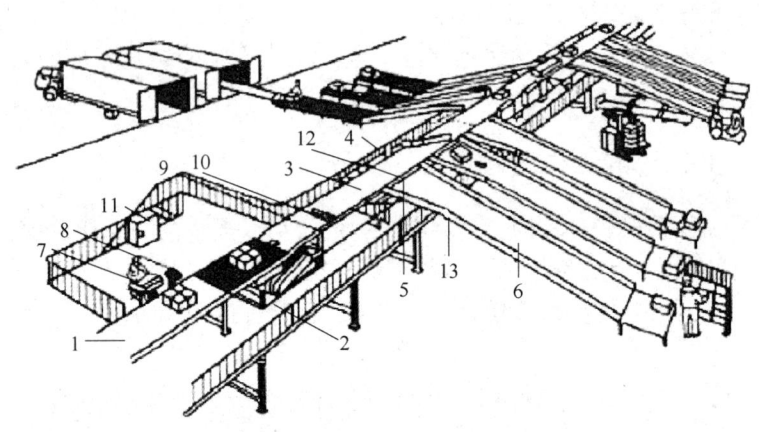

图7-4 平钢带分拣机工作简图

1—编码带；2—缓冲存储器；3—平钢带；4—导向接板；5—过渡板；6—滑槽；7—编码键盘；
8—监视器；9—物料检测器；10—消磁、充磁装置；11—控制柜；12—信息读出装置；13—满量检出器

②平钢带分拣机分拣过程中，分拣人员需要阅读编码上的货物地址，在编码键盘上输入相应的地址，携带有地址代码信息的货物就会被输送至缓冲储存带上排队等待。在分拣机每一个小格滑槽前设置一个磁编码信息读取装置，用于读取代码信息，之后计算机就控制导向挡板，快速地运动到钢带上方，导向挡板和钢带运动方向呈35°左右的夹角，可以顺利地将货物导入滑槽，完成分拣任务。

③平钢带分拣机的适用范围较大，除了易碎、超薄货物及木箱外，其余货物都能分拣，由于输送机速度快，分拣能力较强，分拣量每小时可达10 000件以上。该分拣机主要

优点是强度高、耐用性好、可靠性程度高,但分拣道口不能设计得太密,导致系统平面布局比较困难。但是该种模式对货物冲击较大,运行费用较高,价格较高。为了尽量减少对货物的冲击,可将挡板做成折线或分成两段,以实现"柔性分拣"的目的。

(2)斜带式分拣机

斜带式分拣机与平带式分拣机的主要区别是卸载的方式不同。斜带式分拣机的格门垂直于斜带,格门打开,货物在自重的作用下沿格门滑入格口。斜带式分拣机最大优点是利用重力卸载,因而,卸载机构比较简单,同时,可设置较多的分拣滑道,分拣效率比平带式分拣机高,但斜带式分拣机只能单边设置道口。斜带式分拣机的结构如图7-5所示。

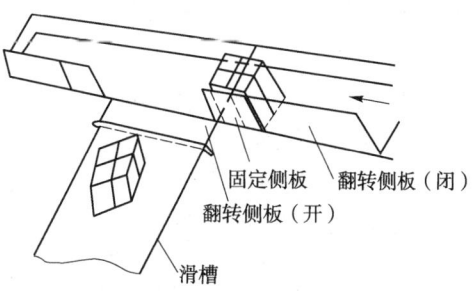

图7-5 斜带式分拣机结构图

(3)交叉带式分拣机

交叉带式分拣机是一种独特的分拣设备,由主驱动带式输送机和载有小型带式输送机的台车(简称"小车")连接在一起,其驱动行走方式比较独特,每件货物拥有一个独立的分拣单元,直至分拣完毕。当"小车"移动到所规定的分拣位置时,转动皮带,完成把货物分拣送出的任务。因为主驱动带式输送机与"小车"上的带式输送机呈交叉状,故称交叉带式分拣机,如图7-6所示。

图7-6 交叉带式分拣机

交叉带式分拣机是为适应物流现代化、自动化、高速化而开发研制的新一代带式分拣机。该分拣机分拣出口多,可左右两侧分拣,对货物冲击小,能实现货物自动对中,无落差分拣,适宜分拣各类小件商品,如食品、化妆品、衣物等。

2. 托盘式分拣机

托盘式分拣机是一种使用十分广泛的机型,它是用链条或皮带牵引的托盘作为载运工具的一种分拣机。托盘运行线路两侧设有格口,每一格口设一个控制凸轮。载运货物的托盘到达格口时,如果左边的凸轮升起使托盘向右倾斜30°~50°,货物就从托盘滑落到右边格口;反之,货物则滑落到左边格口。它主要由托盘小车、驱动装置、牵引装置等构成。其中,托盘小车形式多种多样,有平托盘小车、U型托盘小车、交叉带式托盘小车等。

传统的平托盘小车、U型托盘小车利用盘面倾翻,重力卸落货物,结构简单,但存在上货位置不准、卸货时间过长的缺点,造成高速分拣时不稳定以及格口宽度尺寸过大的问题。

交叉带式托盘小车(见带式分拣机)的特点是取消了传统的盘面倾翻、利用重力卸落货物的结构,而在车体上设置了一条可以双向运转的短传送带(称为交叉带),用它来承接从上货机来的货物,由链条牵引运行到相应的格口,再由交叉带运转,将货物强制卸落到左侧或右侧的格口中。图7-7所示为交叉带式托盘分拣机的示意图。

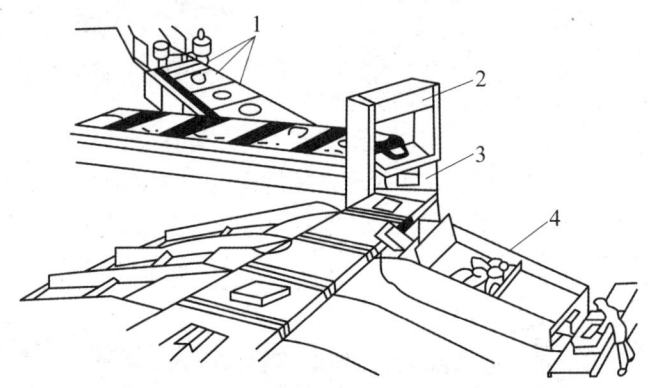

图7-7 交叉带式托盘分拣机的示意图
1—上货机;2—激光扫描器;3—交叉带式托盘小车;4—格口

3. 翻板式分拣机

翻板式分拣机是用途较为广泛的板式传送分拣设备。它由一系列相互连接的翻板和导向杆、牵引装置、驱动装置、支撑装置等组成,如图7-8所示。

图7-8 翻板式分拣机

当货物进入分拣机时，光电传感器检测其尺寸，连同分拣人员输入的地址信息一并输入计算机中。当货物到达指定格口时，符合货物尺寸的翻板即受控倾翻，驱使货物滑入相应的格口中。每块翻板都可由倾翻导轨控制向两侧倾翻。每次翻转的翻板数量，取决于货物的长短，而且货物翻落时，翻板顺序翻转，可使货物顺利地进入滑道，这样就能够充分利用分拣机的长度尺寸，从而提高分拣效率。

翻板式分拣机的适用范围大，可分拣箱类、袋类等货物。它的分拣能力可达每小时5400件，但该分拣机分拣席位较少，只能直线运行，占用场地较长。

4. 浮出式分拣机

浮出式分拣机（如图7-9所示）是把货物从主输送机上托起，将货物引导出主输送机式的分拣机，它主要由旋转的滚轮组成。滚轮设置在传送带下面，每排由8~10个滚轮组成，滚轮的排数也可设计成单排，主要根据被分拣货物的重量来决定单排或双排。滚轮接收到分拣信号后立即跳起，使两排滚轮的表面高出主传送带，并根据信号要求向某侧倾斜，使原来保持直线运动的货物在一瞬间转向，实现分拣。

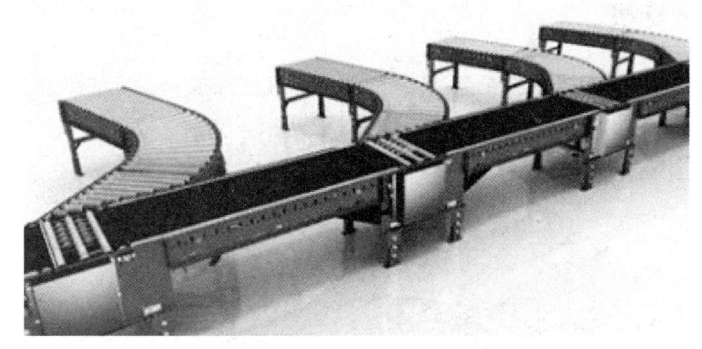

图7-9 浮出式分拣机

浮出式分拣机一般输送带长，可以在两侧分拣，具有冲击小、噪声低、运行费用低、耗电量小的特点，并可设置较多条分拣滑道。主传送带的速度比输送带的速度要快得多。浮出式分拣机对货物的冲击力较小，适合分拣底部平坦的纸箱、用托盘装的货物，不能分拣很长的货物和底部不平的货物，同时也不适用于木箱、软性包装货物的分拣。

5. 悬挂式分拣机

悬挂式分拣机是用牵引链（或钢丝绳）作为牵引件的分拣设备，如图7-10所示。按照有无支线，它可分为固定悬挂式分拣机和推式悬挂式分拣机两种机型。

固定悬挂式分拣机主要由吊挂小车、输送轨道、驱动装置、张紧装置、编码装置、夹钳等组成。分拣时，货物吊夹在吊挂小车的夹钳中，通过编码装置控制，由夹钳释放机构将货物卸落到指定的搬运小车上或分拣滑道上。

推式悬挂式分拣机具有线路布置灵活、允许线路爬升等优点，普遍用于货物分拣和储存业务。其具有悬挂在空中、利用空间进行作业的特点，适合于分拣箱类、袋类货物，对包装物形状要求不高，分拣货物重量大，一般可达100千克以上，但该机需要专用场地。

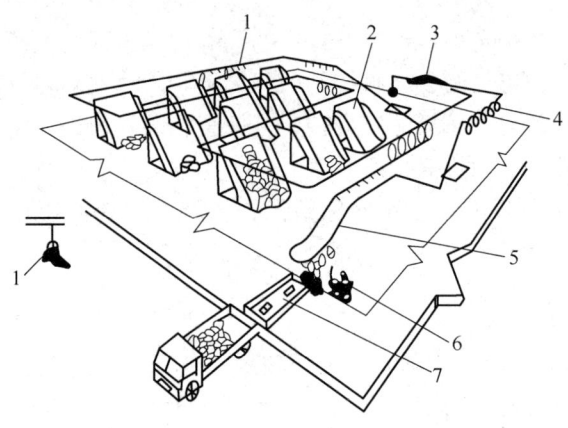

图 7-10 悬挂式分拣机示意图

1—吊挂小车；2—格口；3—张紧装置；4—货物；5—输送轨道；6—编码装置；7—传送带

6. 滚柱式分拣机

滚柱式分拣机是用于对货物输送、储存与分路的分拣设备。按处理货物流程需要，可以布置成水平形式，也可以和提升机联合使用构成立体仓库。图 7-11 所示为滚柱式分拣机局部段落的示意图。

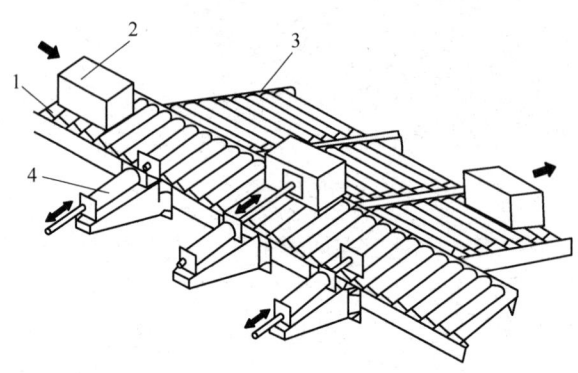

图 7-11 滚柱式分拣机局部段落示意图

1—滚柱机；2—货物；3—支线滚柱机；4—推送器

滚柱式分拣机的滚柱机的每组滚柱（一般由 3~4 个滚柱组成，与货物宽度或长度相当）均具有独立的动力，可以根据货物的存放和分路要求，由计算机控制各组滚柱的转动或停止。货物输送过程中在需要积放、分路的位置均设置了光电传感器进行检测。当货物输送到需要分路的位置时，光电传感器给出检测信号，由计算机控制货物下面的滚柱停止转动，并控制推送器的动作，将货物推入相应路向的支线，实现货物的分拣工作。

滚柱式分拣机一般适用于包装良好、底面平整的箱装货物，其分拣能力高，但结构较复杂，价格较高，只能单边设置道口。

7. 滑块式分拣机

滑块式分拣机的传送装置是一条特殊的板式输送机,其板面由金属板条或管子组成,每块板条或管子上各有一枚导向块,能做横向滑动。导向块靠在输送机一侧的边上,当被分拣货物到达指定道口时,控制器使导向滑块按顺序向道口方向滑动,把货物推入分拣道口,如图7-12所示。由于导向块可以朝双侧滑动,同翻板式分拣机一样,也可在两侧设置分拣道口以节约场地空间。

图7-12 滑块式分拣机

该类分拣机振动小、不易损坏货物,适用于各种形状、重量不太大的货物。分拣能力最高可达每小时12 000件,准确率达99.9%,是当代最新型的高速分拣机。

以上不同类型分拣机,在运用时具体选择哪种类型,需要综合考虑以下因素才能决定:分拣货物的形状、体积、重量、数量;输送的路线及变动性;单位时间内的处理能力;分拣量;设备费用、占地面积、周围环境等。

拓展阅读7-1

7.3 "人到货"拣选系统

在物流分拣发展的初期阶段,传统方式采用人海战术,通过人工拉包、搬运货物来完成货物的分类,再就是依托手动叉车、拖车等简单的手动设备进行重复、长时间、人力消耗大的分拣作业。这分拣方式自动化程度低,作业流程和标准不规范,没有形成完整的系统作业。

7.3.1 "人到货"拣选系统概述

"人到货"拣选系统指拣选人员乘拣选式堆垛机到货格前,从货格中拣选所需数量的货物出库,即人动货不动,如图7-13所示。

随着作业量的增加,分拣工作逐渐采用人海战术,也增加了物流分拣辅助设备,如输送机、电动叉车等。但设备的投入很少,设备的服务时间相对于人工的服务时间来说比较少，各个环节响应不及时。

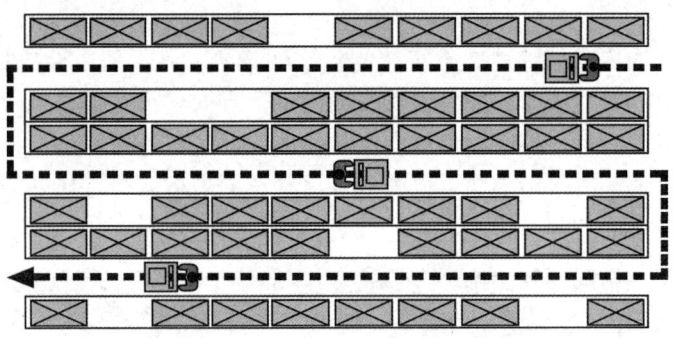

图7-13 "人到货"拣选示意图

7.3.2 拣选信息技术分类

1. 拣选单拣选

拣选单拣选是将原始的客户订单输入计算机后进行拣选信息处理，打印拣选单，拣选单的品名是按照货位编号重新编号，让拣选员来回一趟就可拣足一张订单，拣选单上印有货位编号，拣选员按编号寻找货物，即使不识别货品的新手也能拣选。

拣货单一般根据货位的拣货顺序进行打印，拣货人员根据拣货单的顺序拣货，拣货时将货品放入搬运器具内，同时在拣货单上做记号，然后执行下一货位的拣货。

该模式具有以下缺点：

①拣选单处理打印工作耗费人力和时间；
②拣选后需经过货品检验过程才能确保正确无误。

2. RF（Radio Frequemcy）拣选

RF拣选系统（Radio Frequency）是当输入、输出端（操作者或作业设备）没有固定的位置，在一定的局域内（如仓库、车间）随机变动时，为传递数据信息，可采用的无线网实时信息管理系统，如图7-14所示。RF拣选适用于产品种类繁多的大型仓库，可通过无纸化拣选系统进行拣选，尤其是适合用于输入、输出端无固定位置的情况。由于其拣选速度较慢，适合中量品规的拣选。

图7-14 RF拣选现场图

RF 拣选具有以下优点：
①集成扫描仪使手动输入最小化；
②适合拆零拣选；
③可结合 Pad、手机等硬件，减少设备投入。

3. 语音拣选

语音拣选模式下，系统将任务指令通过 TTS 引擎（Text To Speech）转化为语音播报传给作业人员，并采用波型对比技术将作业人员的口头确定转化为实际操作，语音提示操作员实施拣选任务，如图 7-15 所示。

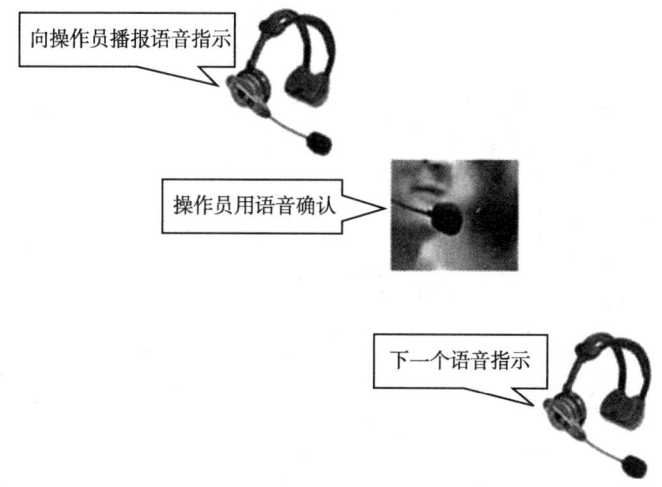

图 7-15 语音拣选示意图

这种拣选模式解放了操作员双眼、双手操作的状态，适用于品规中等及偏大情况。
语音拣选具有以下优点：
①设备维护成本较低；
②操作员集中作业，准确性高；
③操作员培训时间短；
④可多人同区域作业，拣选效率较高。

4. 电子标签拣选（Pick – by – Light）

电子标签拣选（如图 7-16 所示）是一种半自动、无纸化的拣选系统。电子标签拣选系统（DPS）是以一连串装于货架格位上的电子显示装置（电子标签）取代拣货单，指示应拣取的物品及数量，辅助拣货人员的作业，减少拣货人员目视寻找的时间，不仅能降低拣错率，还能大幅提高效率。该拣选模式可借助流利货架补货，实现商品的先进先出，拣选速度较快，适合少量品规、订单量不大的情况下使用。

电子标签拣选具有以下优点：
①在线库存管理精确；
②拣选距离短；
③使硬件自检实现最大可能性。

图 7-16 电子标签及电子标签拣选

7.3.3 拣选效率对比分析

通过对不同拣选信息传递模式下的拣选作业效率进行统计,"人到货"拣选模式下,电子标签拣选效率最高,语音拣选次之,而 RF 拣选效率更低一些,如图 7-17 所示。

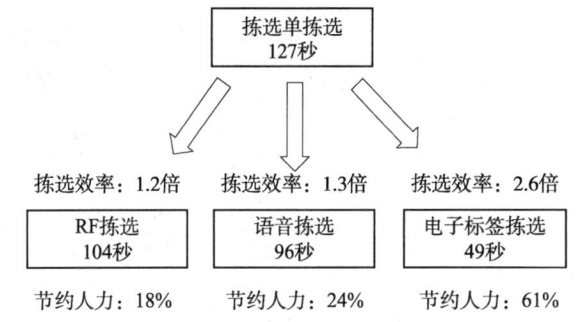

图 7-17 不同模式拣选效率对比分析图

企业选择拣选技术,除要注重效率外,也要注重成本,找到适合企业自身的技术才是关键。

7.4 "货到人"拣选系统

7.4.1 "货到人"拣选系统概述

1. "货到人"拣选系统介绍

"货到人"拣选系统,即在物流中心的拣选作业过程中,通过自动化物流系统进行作业,货物被自动输送到拣选人面前,将货物搬运至固定站点以供拣选,即货动而人不动。

"货到人"拣选有超过 40 年的发展历史。最早的"货到人"拣选是由自动化立体仓库完成的,托盘或料箱被自动输送到拣选工作站。完成拣选后,剩余的部分仍然自动返回立体库中储存。"货到人"拣选系统由三部分组成,即储存系统、输送系统、拣选系统。

2. 拣选系统的转变历程

对于整个仓储作业而言，其主要作业环节包含三个部分：入库、仓储和出库。

这三个作业环节的作业时间是可以预测和相对不变的，因此各环节之间衔接部分的时间对整个作业效率具有重大影响。货物从入库到仓储，完成的是货物定位问题，衡量其效率的最大因素是后期拣选效率的高低。为了进一步压缩搬运时间（成本），智能搬运技术受到了极大的欢迎，拣货作业方式正逐步由"人到货"向"货到人"转变，如图 7 – 18 和图 7 – 19 所示。

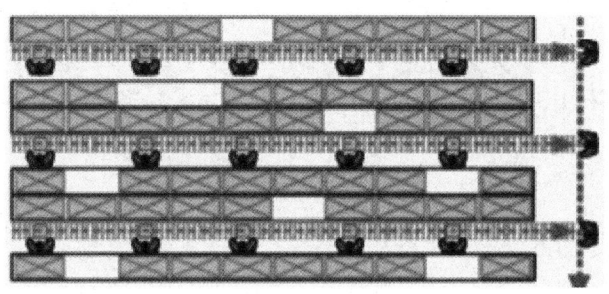

图 7 – 18　"人到货"拣选作业示意图

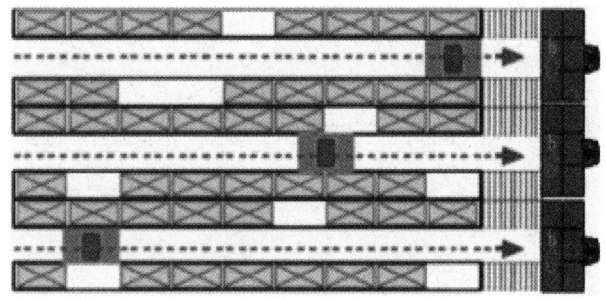

图 7 – 19　"货到人"拣选作业示意图

3. "货到人"拣选系统优势

"货到人"拣选系统具有以下优势：

①拣选高效。该系统采用设备搬运，减少了人员行走时间，提高了拣选效率。

②准确性高。配合电子标签、RF 终端、称重系统等辅助拣选系统，"货到人"拣选系统具有非常高的准确性。

③存储高效。由于采用立体存储和密集存储方式，提高了存储密度，空间利用率大幅度提升，经济效益显著提高。

④降低了劳动强度。该模式降低了作业人员的劳动强度，提高了员工满意度，是物流系统"以人为本"理念的具体体现。

7.4.2　"货到人"拣选系统作业流程

顾名思义，"货到人"拣选，即在物流拣选过程中，人不动，当管理信息系统收到拣选作业指令后，首先搜寻对应物品的储位，并将作业指令传递给输送设备，输送设备到指定储位取货，并将其搬运至作业人员位置等待拣选。这样，一个出库拣选作业就完成了，如图7-20所示。"货到人"拣选是物流配送中心一种重要的拣选方式，与其对应的拣选方式是"人到货"拣选。

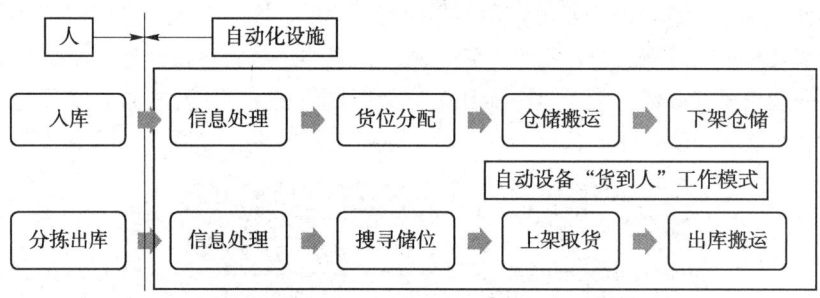

图7-20 "货到人"拣选方式作业流程图

7.4.3 典型"货到人"拣选系统

典型的"货到人"拣选系统包括以下几种。

1. Miniload 轻型堆垛机系统

Miniload 轻型堆垛机系统（如图7-21所示），与托盘式立体仓库 AS/RS 结构相似，但储存货物单元为料箱/纸箱，因此也被称为料箱式立体仓库。该系统早在20世纪八九十年代便已推出，并在日本和欧洲得到广泛应用，目前技术相对成熟。Miniload 系统有很多种形式，尤其是其货叉和载货台形式多达数十种，使其具有广泛的适应性，其存取能力最高可达每小时250次，是最重要的"货到人"拆零拣选解决方案之一。

2. 穿梭车"货到人"系统

穿梭车在货架中运行，支持每层一台或者多层共用穿梭车来实现存储容器的取放，配合提升机、输送线和拣选工作站最终实现"货到人"，如图7-22所示。穿梭车系统凭借能耗低、效率高、作业灵活等突出优势成为"货到人"拆零拣选的最佳方式，近两年得到快速发展和大范围应用。

图7-21 Miniload 轻型堆垛机系统

图7-22 穿梭车

穿梭车系统根据作业对象的不同主要分为托盘式穿梭车系统和箱式穿梭车系统，前者主要用于密集式储存，后者则用于"货到人"拣选。根据穿梭车系统的构成不同，可分为多层穿梭车系统、四向穿梭车系统和子母穿梭车系统。

①多层穿梭车系统。近两年多层穿梭车系统得到了大量的应用，是高速储存拣选解决方案的典型代表。多层穿梭车系统作业效率非常高，拣货效率是传统作业方式的 5~8 倍，一般可以达到每小时 1000 次以上，同时还可以大量节省人力成本。因此，多层穿梭车非常适用于 B2C 电商等拆零拣选需求巨大的行业。

②四向穿梭车系统。四向穿梭车系统是多层穿梭车系统的升级，能够充分利用空间，可以多向行驶，跨巷道，高效、灵活地作业。

③子母穿梭车系统。子母穿梭车系统由穿梭子车、穿梭母车、行走轨道、巷道货架、垂直提升机、输送系统、自动控制系统、仓储控制系统及仓储管理软件等组成。该系统是一种全自动密集式仓储，对仓库空间的要求较低，可以实现非连续楼层、多区域布局的全自动化存储。

3. AGV 搬运"货到人"系统

AGV 搬运"货到人"系统指仓储系统接收平台传来的订单信息后，根据订单信息给出最优的拣货方案，然后由系统指派的 AGV 顶起订单货品所在货架，自动搬运到操作台，工作人员根据订单信息将指定货位的货物取下。

AGV 系统拥有"货到人"拣选模式的独到优势，弥补了电商行业储存、分拣的短板，可以灵活地增加机器人数量来应对电商销售波峰、波谷的问题。因为机器人的可靠性和稳定性使整个物流系统的效率更高。该模式的成功应用实例为亚马逊的 Kiva 机器人，如图 7-23 所示。

4. 旋转货架"货到人"系统

旋转货架"货到人"系统通过货架单元整体或者每层进行旋转，实现存储容器的取放，配合提升机，拣选工作站可实现"货到人"拣选，如图 7-24 所示。

图 7-23 Kiva 机器人

图 7-24 旋转货架

全球排名第一的物流设备供应商——胜斐迩研制出采用旋转货架、提升机及输送线系统将货物取出，并送到员工拣选工作台，采用灯光指导操作员作业，并应用红外线系统纠错的新模式。该模式可以满足多品规、包装规格不统一的电商物流中心需求。这种人体工程学设计的拣选站如图7-25所示，其成功应用实例为苏宁易购南京物流配送中心。

图7-25 人体工程学设计的拣选站

5. AutoStore"货到人"系统

该模式在货架顶部，依据吞吐量配置一定数量的专用拣选车，配合拣选工作站最终实现"货到人"拣选。

AutoStore系统是Swisslog公司针对中小件商品存储拣选而推出的"货到人"解决方案。其具体应用方式为将货物放到标准的料箱里面，通过料箱堆叠的方式进行储存，可以有效利用仓库上部空间，在很小的空间内实现高密度储存，如图7-26所示。

拓展阅读7-2　　　　　　　　图7-26 AutoStore系统

本章小结

拣选作业是根据订单完成商品出库，分拣作业是将物品按品种、出入库先后顺序进行分门别类的堆放。本章介绍了物流分拣作业的组成、分拣信息的分类；介绍了自动分拣系统的功能、特点和结构，剖析了各种类型的自动分拣机的作业原理；介绍了"人到货""货到人"两种拣选系统的区别，并分别讲解了每类拣选系统的工作原理及特征。

习题

一、单项选择题

1. 不必对拣取的货品重新按照订单分类并集中，流程较为简单，易于实施的拣选模式是 （　　）
   A. "人到货"拣选　B. 批量拣选　　C. 按单拣选　　D. "货到人"拣选
2. 以下拣选中，效率最高的"人到货"拣选模式是（　　）。
   A. 拣选单拣选　　B. 语音拣选　　C. 电子标签拣选　D. RF拣选
3. 拣选人员乘拣选式堆垛机到货格前，从货格中拣选所需数量的货物出库的拣选模式是 （　　）
   A. "货到人"拣选　B. 按单拣选　　C. 批量拣选　　D. "人到货"拣选
4. 用来将被分拣的货物分发到规定场地进行分流处理的是 （　　）
   A. 自动分拣机　　B. 自动拣选机　　C. 拣选分拣一体机　D. 拣选机
5. 处理打印工作耗费人力和时间，拣选后需经过货品检验过程的是 （　　）
   A. 电子标签拣选　B. RF拣选　　　C. 语音拣选　　D. 拣选单拣选
6. 以下不属于"人到货"拣选方式的是 （　　）
   A. 电子标签拣选　B. RF拣选　　　C. 全自动拣选　　D. 语音拣选

二、判断题

1. 分拣设备包括设定装置、控制装置、输送装置和分拣道口四个部分。（　　）
2. 亚马逊的Kiva机器人属于分拣设备。（　　）
3. 分拣道口使分拣货物从主输送装置滑向集货站台，可以是无动力装置。（　　）
4. 托盘分拣机的适用范围比较广泛，它对货物形状没有严格的限制，箱类、袋类甚至超薄形的货物都能被分拣，分拣能力每小时可达10 000件。（　　）
5. "货到人"拣选效率高于"人到货"拣选模式。（　　）

三、简答题

1. 拣选机器人的用途和作业特点是什么？
2. 自动分拣机的特点和组成结构是什么？
3. 带式分拣机和托盘式分拣机有什么区别？
4. 在应用自动分拣系统时要考虑哪些条件？
5. 简述自动分拣系统的工作过程和特点。

第 8 章

智能配送设备

> **学习目标**
> （1）了解物流中的智能配送与签收设备；
> （2）了解智能设备的具体应用；
> （3）了解并掌握无人机、无人车的核心技术；
> （4）了解"最后一公里"配送签收模式；
> （5）了解智能签收设备与应用技术；
> （6）了解智能设备未来的发展趋势。

8.1 送货车辆

配送是物流的末端环节，需要实现"门到门"的运输，因此送货车辆都是公路运输车辆。

根据所配送物品的种类及距离的不同，送货车辆也有多种形式，除了常见的公路运输车辆外（详见第3章3.2.3节），还有三轮车等车辆，用以实现社区内配送。

8.2 智能送货装备

配送，也被称为物流的"最后一公里"，随着电商市场的快速发展，配送在物流中所占的比重越来越大，配送的重要性也越来越突出。本节主要介绍"最后一公里"的智能送货装备，包括无人机、无人车以及其他一些新型智能送货设备。

8.2.1 智能送货装备概述

配送是指商品按照订单要求被配送到配送点后，通过一定的送货装备及签收装备，将货物送到客户手中，从而实现"门到门"的服务。

目前，我国电商物流"最后一公里"的配送服务及设备发展迅速，但仍有提升空间。目前，末端配送车辆以小型三轮车为主，有电动三轮车和电动冷藏三轮车等形式。商品投递主要依靠人力投递，造成电子商务物流配送效率低下。同时，订单量较大时派送员往往不能及时将货物配送至客户指定处。随着人力成本的上升，配送服务也受到制约。

为改善这一现状,科技公司及第三方物流企业纷纷启动智能配送装备的研发,目前无人机和无人车已开始在配送领域展开应用。

8.2.2 无人机

1. 无人机定义

无人机(Unmanned Aerial Vehicles,UAV)是指利用无线电遥控设备和自备的程序控制装置操纵的不载人飞机,如图8-1所示。

无人机的主要价值在于替代人类完成空中作业,并且能够结合其他部件扩展应用,形成空中平台。无人机按应用领域分为军用级和民用级,民用级又分为消费级和工业级。目前工业级无人机已广泛应用于农林植保、电力巡线、边防巡逻、森林防火、物流配送等领域。

图8-1 无人机

2. 无人机在物流行业的应用

无人机在物流行业的应用主要体现在以下几个方面。

(1)大载重、中远距离支线无人机运输

这种无人机送货的空中直线距离一般在100~1000千米左右,吨级载重,续航时间达数小时。这方面的应用主要有:跨地区的货运(采取固定航线、固定班次,标准化运营管理),边防哨所、海岛等地区的物资运输,以及物流中心之间的货运分拨等。

(2)末端无人机配送

这种无人机配送的空中直线距离一般在10千米以内(受具体地形地貌的影响,对应的地面路程可能达到20~30千米左右),载重在5~20千克左右,单程飞行时间在15~20分钟左右(受天气等因素影响)。这方面的应用如派送急救物资和医疗用品、派送果蔬等农土特产物品等业务。

(3)无人机仓储管理

无人机可用于仓储管理,如大型高架仓库、高架储区的检视和货物盘点,再如集装箱堆场、散货堆场(如煤堆场、矿石堆场和垃圾堆场)等货站、堆场的物资盘点或检查巡视。

另外,在紧急救援和运输应急物资等方面,无人机能发挥常规运输工具无法比拟的优势,并能把现场信息第一时间传至指挥中心。无论是哪一种类型,其应用的成功必须以准确的市场定位为前提,并以此为基础把握用户需求,在技术维度科学设计适合对路的产品,在实用性、经济性和可靠性等方面力争做到最优,并以精细规范的管理作为配套,最终达到用户满意的效果。

3. 无人机类型及应用

当前国际上有多家企业已经开始采用无人机开展快递业务,国内开展无人机运输的快递公司有京东、菜鸟、顺丰、苏宁易购、中国邮政等。现将主流无人机研发及应用情况进行介绍,如表8-1所示。

表 8-1 主流无人机研发及应用情况

公司名称	国别	业务范围及应用情况	搭载技术与相应配置	现状	备注
Amazon 亚马逊	美国	运送范围在亚马逊物流配送中心 16 千米范围内，根据货物大小，最快 30 分钟送达	八轴无人机最大可承重 2 千克（86% 网购商品的重量在这个数值以内）	已获得批准，但有严格限制条件	美国 FAA 要求重量在 0.55 磅~55 磅（约合 0.25 千克~25 千克）的业余无人机必须注册，对于 2016 年 2 月 19 日之后还未登记的无人机将处以最高 27500 美元的刑事和民事处罚，最高可判处 3 年监禁。FAA 的 107 部法案要求自 2016 年 8 月起，在美国领土内的民用无人机，都需要按照 107 部法案运行，且重量不得大于 55 磅（约合 25 千克），只能在白天目视视距内运行，可以开展有偿商业运输
DHL	德国	主要向人烟稀少的小岛运送药品，飞行时间最长约为 45 分钟，速度最高可达 65 千米/小时	四轴无人机目前承重为 1.2 千克	飞行测试中	
顺丰速运	中国	空载飞行时长为 31 分钟，满载飞行时长 16 分钟，可在下雨低温条件下飞行	与极飞科技联合研发，四轴无人机最大承重为 1 千克	赣州南康区、阳澄湖空域已获得许可	2017 年 6 月 21 日与赣州市南康区联合申报的物流无人机示范运营区的空域申请获得正式批复；2018 年 10 月 23 日阳澄湖空域的无人机运输获得许可
京东	中国	主要应用于农村地区，飞行半径 10~200 千米不等，续航可达数小时	无人机机型为：三旋翼无人机、油电混合侧旋转翼无人机、油动无人机，承重可达 10~200 千克	2017 年 8 月 29 日获得陕西省全境无人机空域书面批文；2018 年 4 月 25 日京东青海无人机配送在海南海口、福州龙岩正式运营	三种三旋翼机型，飞行半径 10 千米，载重 10 千克；一种油动机型，飞行半径 20~30 千米，载重 50 千克；一种油电混合侧转旋翼，飞行半径 200 千米，载重 200 千克
Google	美国	欲用即时配送改变世界	四轴无人机的原型机，翼展宽约 1.5 米，高约 0.8 米，重量约 8.6 千克，载重约 1.4 千克，能从距地约 46 米的高度向地面递送包裹。无人机的计算机控制系统位于尾部，动力系统位于头部，还搭载了 GPS、摄像头、无线电设备，以及由加速计和陀螺仪构成的惯性测量传感器，帮助无人机确定当前的姿态	试运行中	

续表

公司名称	国别	业务范围及应用情况	搭载技术与相应配置	现状	备注
Matternet	美国	向车辆难以到达的地区运送一般货物（尤其是午餐和医药）的物流快递服务	四轴无人机，能够携带2千克物体飞行9.7千米	待监管政策出台	
BIZZBY sky	英国	小巧灵活，专注于小物件同城急速配送，如文件、钥匙、手机、紧急药品等	与App移动终端结合运用，设备配备内置传感器，适合于400英尺（约合121.92米）高度的无人飞行	目前主要受限于英国民用航空管理局（CAA）在蓄电池电源、重量以及飞行距离等方面的各项规定	
Flytrex Sky	以色列	致力于搭建无人机的云端服务平台，个人消费级无人机售价约749美元	内置3G模块，可以通过网络连接云端服务平台，续航时间大约35分钟左右，并配备了一台GoPro相机，可以让用户通过第一人称视角进行控制	目前应用程序在iOS与Android端均已适配	
Flirtey	澳大利亚	整个配送过程可实时追踪	由碳纤维、铝制材料与3D打印部件组成的6轴无人机，机体重量很轻，自动化程度高，是由电能驱动的无人飞行设备，最大飞行里程10英里（约合16千米）	已获得运输许可，但技术与监管政策仍有限制	

4. 无人机的关键技术及难点

无人机主要包含四项关键技术，分别是飞行控制技术、无线通信遥感技术、失控保护技术和避障技术。

（1）飞行控制技术

飞行控制技术是无人机的核心技术，它主要负责数据的采集、控制律的计算、航线的确定、飞行任务的完成、起落的控制、紧急情况的处置等，可以控制无人机的飞行姿态、高度、速度、航向等。由于存在强风、气流紊乱、载重变化、飞行倾角的变化以及其他一些干扰因素，飞行控制技术就显得尤为重要，对飞行的鲁棒性、稳定性要求也很高。根据控制对象的不同，飞行控制技术可以分为飞行姿态控制技术和飞行导航控制技术，通常两者分开设计，避免相互干扰。

（2）无线通信遥感技术

无人机要完成飞行任务以及执行其他的任务，离不开地面控制指令。无人机执行任务的相关信息及其实时状态有必要传递到地面站，为了方便查看、纠正、储存这些信息，需要通信技术的支持。无人机通过4G网络和无线电通信遥感技术与调度中心和自助快递柜等进行数据传输。

（3）失控保护技术

失控保护技术是指当无人机进入失控状态时将自动保持精确悬停，失控超时将就近飞往快递集散点的一种技术。

（4）避障技术

无人机避障技术是指无人机能够自主地避开障碍物的智能技术，如图8-2所示。避障技术可保证无人机飞行的安全性，减少自身损失，以及给人员和环境设施造成的伤害。避障技术的原理很简单，就是发现并绕开障碍物。控制技术、定位技术、计算机技术、视觉技术的发展推动了避障技术的快速发展。

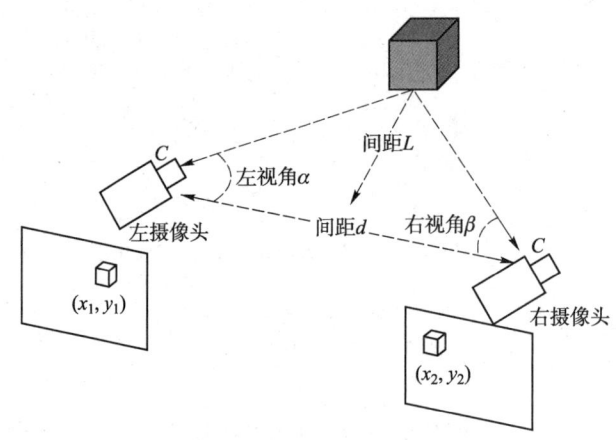

图8-2　无人机避障技术

无人机避障技术包括超声波避障技术、红外线或激光测距避障技术、视觉避障技术、雷达避障技术、电子地图避障技术等。超声波避障技术比较成熟，方法简单，但该技术探测障碍物距离近，飞行速度快的无人机往往来不及刹车。红外线或激光测距避障技术、视觉避障技术都采用了三角测距法。红外线测距避障技术成熟、成本低，但易受光的干扰，测量距离较近；激光测距避障技术精度高、测量距离远，但成本高昂；视觉避障技术测量距离远、精度高、成本低，但计算复杂、对光线条件要求高；雷达避障技术测量距离远、精度高，但成本也很高；电子地图避障技术精度高，但成本也高，对建模和运算的要求也很高。

目前，无人机发展迅速，但是也存在以下技术难点。

（1）路线规划和自动避障

由于路途情况比较复杂，现在的无人机还很难进行自主路线规划。实现无人机自主路径规划，解决其自动避障问题势在必行，如何安全地让无人机避开障碍物，同时又不偏离航线，这是无人机目前面临的主要难题之一。

（2）续航能力

碍于电池的重量和体积，目前的无人机为减轻机身的起飞重量，都搭载了高蓄电量的电池。但物流无人机必须保证长航时、大航程的作业，因此，降低能耗、提升电池的利用效率是目前相对可行的方案。

（3）安全性问题

在恶劣天气下，特别是强降雨天气下，如何保障物流无人机的安全飞行也是当下亟须解决的重要问题。由于无人机的大部分控制系统由电子元件构成，在降雨天气下，如果不能保证各部件的防水性能或者没有采取合理的防水措施,将会导致无人机短路,中断工作任务甚至危害到其他人的生命安全。

5. 无人机应用前景

应用无人机主要具有以下优势。

①对于物流、快递公司而言,选择无人机是其控制成本的一种方式。相比于地面运输,无人机具有方便高效、节约土地资源和基础设施的优点。一些交通瘫痪路段、城市的拥堵区域,以及一些偏远地区,地面交通无法畅行,导致物品或包裹的投递比正常情况下耗时更长或成本更高。在某些环境和条件下,只有无人机运输方式才能实现"可达性",这是其他运输方式无法替代的。而且物流无人机通过合理利用闲置的低空资源,可以有效减轻地面交通的负担,节约资源和建设成本。

以目前在江西省赣州市南康区开展的无人机物流配送试点为例,2018年4月至6月无人机经营性运输快件277件,单次飞行运输成本约15元,成本主要包括电费、耗材(电池为主)、人力等经营性成本,如果载重量合理,预计平均成本小于每件5元。同期其地面快件2054件,地面运输单票成本约23元,较现有无人机运输成本高53%,是预期无人机运输成本的3.6倍左右。

②对客户而言,无人机提高了配送效率,解决了快递员配送时遇到的一系列普遍问题,从而提升了客户的购物体验和快递的服务质量。

③对整个物流行业而言,未来无人机在物流方面的应用,将会使整个快递业迎来大洗牌,会提升整个物流行业的运送效率和服务质量,从而进一步促进电子商务活动的发展。

随着对无人机应用价值认知程度的加深,以及对其作业半径、遥控距离的更高要求,无人机产品将向更长航程、更大载荷方向发展。无人机技术的不断创新必将颠覆物流行业的传统作业方式,特别是无人机被认为是解决配送"最后一公里"难题的有效手段之一,所以需要制定出相关的标准、规范,发挥出技术和人才两方面的优势,才能更好地帮助无人机物流突破瓶颈。未来,物流无人机定将成为现代物流业不可或缺的基础设备,助力物流业实现跨越式发展。

8.2.3 无人车

1. 无人配送车产生的背景

近年来,随着各类新科技不断发展迭代,"互联网+"与物流行业的深度融合,以及新商业模式的需求与刺激,物流行业已经从劳动密集型向数字智能化方向转变。基于技术升级的新零售物流体系,智能化技术的发展应用由整体规模化向与具体场景相结合的转变变得越发显著,仓储、运输、配送等众多环节的智能化、数字化升级正成为各家物流企业的重点发展战略,无人技术更是其中重要的一环。尤其在过去的两年,物流无人科技从实验室的概念逐步发展成熟并走向了场景应用,无人仓、无人机、无人重卡、无人配送车纷纷进入大众视野,中国物流行业正式进入了全方位无人化的时代。

相较于无人机在城市空间里因为安全性受到的政策限制,无人配送车的应用空间则更加广阔,不仅适用于开放密集的楼宇、城市CBD,也可以在居民社区、校园、工业园区等封闭或半封闭的环境内运行。在这个背景下,电商与物流行业巨头纷纷加大了在无人配送车研发方面的投入,"最后一公里"无人配送"战场"的竞争也变得激烈起来。

2. 国内无人配送车的应用状况

京东、菜鸟、苏宁等电商平台已经开始尝试采用无人车进行配送。

京东物流的无人配送车曾尝试在开放的道路上进行测试应用,并采取与京东的无人配送站、无人超市、便利店结合的方式为辐射范围内的消费者进行送货,目前已在北京、西安和雄安新区三地的指定区域完成了测试运营。

菜鸟ET物流实验室则在2018年9月的云栖大会现场发布了两款第四代新零售物流无人车,车上分别搭载刷脸取件柜、零售货架等。据称,这些无人车可以在拥挤的人群中智能避让,穿梭自如,但目前还未进入场景实测。

苏宁"卧龙一号",是国内首个能与电梯进行信息交互送货上门的无人车,该无人车通过多线激光雷达+GPS+惯导等多传感器融合定位,就能开启它的智能化送货之路。2018年4月16日,苏宁物流的社区无人快递车"卧龙一号"在南京试点测试运营。

国内主要无人配送车的介绍如表8-2所示。

表8-2 国内主要无人配送车的介绍

无人车名称	功能
京东无人配送车(如图8-3所示)	承载重量为80千克;运行速度为2米/秒;电池电量为50安
菜鸟小G(如图8-4所示)	车高1.2米,单次装载10个包裹;充电一次,持续运载8小时
苏宁卧龙一号(如图8-5所示)	承担苏宁小店周边社区3公里范围内的线上订单1小时即时配送服务

图8-3 京东无人配送车

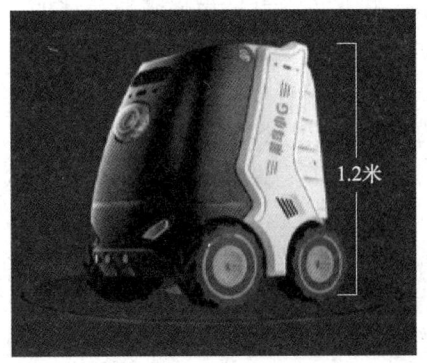

图8-4 菜鸟小G　　　　　图8-5 苏宁卧龙一号

国内一些科技企业也研发出多款无人车，这些无人车搭载路径规划算法，可实现物流配送作业。

①蜗必达-无人配送物流车。该产品搭载了智行者科技自主研发的 AVOS 系统，提供了多传感器自适应融合算法、环境认知算法、设计合理的路径规划算法、高可靠性的控制算法和智能配送的解决方案，可实现人性化且智能化的自动物流配送，如图 8-6 所示。

图 8-6　蜗必达-无人配送物流车

②新石器无人驾驶物流车（第一代）。该产品是全球首个完成工程化并量产落地的无人驾驶商用车产品（如图 8-7 所示），目前已经进入小批量生产阶段，并且在北京未来科学城滨水公园、常州武进工业园、雄安新区以及广州潼湖碧桂园科技小镇投入商业化运营。新石器与百度等企业合作研发的无人驾驶物流车，首批 100 台量产车目前已正式下线，在常州、北京、雄安新区投入常态化运营，全面开启无人驾驶车量产的新时代。

③小蚂哥物流机器人。小蚂哥物流机器人（如图 8-8 所示）是一款无人配送智能物流机器人，拥有自主行驶、GPS 定位、主动避障、规划行车路线等多项功能，可以配送外卖、快递等多种商品，实现"最后一公里"的自动化配送，到达目的地后可以自动通过语音电话通知用户取货。

图 8-7　新石器无人驾驶物流车（第一代）

图 8-8　小蚂哥物流机器人

第 8 章　智能配送设备

④速腾聚创无人物流车 G Plus。速腾聚创（RoboSense）是自动驾驶激光雷达环境感知解决方案提供商。公司利用自主研发的机器人感知产品，将激光雷达传感器硬件方案、三维数据处理算法和深度学习技术相结合。通过持续的技术创新，让机器人拥有超越人类眼睛的环境感知能力。该公司的主要产品为无人物流车 G Plus。该款物流车搭载了来自速腾聚创的固态激光雷达 RS-LiDAR-M1（Pre）。G Plus 拥有 3D 环境感知能力，能让无人物流车看清楚行驶方向上的行人、小汽车、卡车等障碍物的形状、距离、方位、行驶速度、行驶方向，并指明道路可行驶区域，从而保证无人物流车能在道路环境中顺利通行。

3. 无人配送车的关键技术

无人配送车主要包含四项关键技术，分别是 360°全自动驾驶感知系统、融合定位系统、规划决策系统和仿真云计算平台。

①360°全自动驾驶感知系统。该系统可全面感知关键区域中的所有障碍物，并可准确预测感知范围内的车辆及行人的运动状态。

②融合定位系统。该系统通过将多种传感器获取的道路特征与高清地图进行比对，获取车辆厘米级位置信息，可使车辆在 GPS 不可用的情况下依然可以获得准确定位。

③规划决策系统。规划决策系统可根据实时城市交通动态信息，生成高效舒适的动态轨迹，在突发紧急情况下可保证周边环境和无人车的安全。

④仿真云计算平台。利用该平台可以根据实时道路情况生成上万种类似场景，实现每日数万千米的演练，不断提高无人车的场景处理能力。

4. 无人配送车的优势

拓展阅读 8-1

无人配送车具有以下优势。

①提高配送效率，降低配送成本。对于人流量特别密集的地区，如小区、办公楼、楼下便利店等区域，无人配送车的出现极大地代替了人力，降低了成本，提高了配送效率的同时还提升了员工的幸福感。

②提升用户体验。随着物流事业的进一步扩大，无人配送车的出现，也会在一定程度上满足部分用户"求鲜"的心理，提升部分用户体验。

8.3 配送签收模式及设备

8.3.1 配送签收模式

配送签收模式主要包括以下三种。

1. 送货上门模式（AHD）

送货上门是物流公司根据客户的需求，将货物送至客户处，实现门对门的物流服务。生活中，派送员进行货物配送前会事先与顾客通过电话、短信等方式联系，告知到货时间或重新约定送货时间。派送员将货物送至顾客家门口后，部分顾客会现场验货，若物品准确无误，顾客会确认签字。派送员对货物进行扫描登记后，收取回执单再对下一位顾客进行服务。

送货上门模式适用于订单量较小或人口密度较低的地区。

2. 自助收发箱模式（RB）

自助收发箱模式是一种最近几年兴起的电子商务物流"最后一公里"配送模式，此种模式中派送员只需将货物送至指定自助收发箱中，由顾客选择自己方便的时间自行提取。

丰巢是国内知名的智能快递柜运营商，截至 2019 年 3 月，丰巢已将 4 万多台智能快递柜铺设到了国内 74 个主要城市，并仍在不断完善扩张。

3. 顾客自提站模式（CDPs）

顾客自提站模式也是新兴起的"最后一公里"配送的创新模式，是电子商务物流服务提供商通过与便利店、小区物业、超市等机构合作或自己新建提货点，为一定距离以内的顾客提供到货自提的一种服务。例如，菜鸟驿站就是典型的顾客自提站。

自助收发箱和顾客自提站模式适用于订单量较大并且人口密度也较大的地区。

8.3.2 智能签收设备

常见的智能签收设备有以下几种。

1. 智能驿站塔

（1）智能驿站塔介绍

近年来，多家公司开展智能驿站塔（如图 8-9 所示）的研发。本节以顺丰集团为例，介绍其智能驿站塔。该公司的智能驿站塔直径约 2.5 米，高 4.2 米，采用了八面体立体视觉设计。柜机外壁设置超炫 LED 互动屏，增强用户交付体验，提供更多元化智能服务。其通过对接无人机、无人车，可实现 24 小时全天候无人传送投递。

图 8-9 智能驿站塔

（2）智能驿站塔核心技术

智能驿站塔的核心技术包括以下几种。

①生物体征识别技术

生物体征识别技术包括指纹、掌纹、人脸、虹膜、指静脉、声纹、步态等多种生物特征的识别。智能驿站塔采用了人脸识别技术，其识别过程涉及图像处理、计算机视觉、机器学习等多项技术。

②多传感器识别技术

识别的主要任务是对经过处理的信息进行辨识与分类。多传感器识别技术根据被识别（或诊断）对象与特征信息间的关联关系模型对输入的特征信息进行辨识、比较、分类和判断，识别计算包裹的大小，最终判别包裹的储藏形式。

③云计算技术

云计算技术采用类似"立体停车库"的存储方式，内部存储空间精确匹配每一个快递的大小，单个存储单元能够上下调节的最小距离为2厘米，存储的位置与快件高度相匹配。

（3）智能驿站塔的优势

智能驿站塔的优势有以下几点。

①智能驿站塔可以存储600～800件包裹，而且空间可灵活调整，满足人口密集、用地紧张地区的需求。

②智能驿站塔还配备独有的批量投递功能，有16个投递口，方便快递员批量投递提高效率。

③强化了交付功能，无人机能从柜顶将快递放入快递柜，无人车也可以与此连接，一天24小时均可工作。

④实现了"最后一公里"人（顾客）、柜（八面体柜）、机（无人机）、车（无人车）、站（配送站）的全面人工智能协同。

2. 智能小盒

智能小盒的典型代表是菜鸟驿站推出的菜鸟小盒。菜鸟驿站是一个由菜鸟网络牵头建立、面向社区和校园的物流服务网络平台，是菜鸟网络五大战略方向之一。2018年5月25日，菜鸟驿站发布了其智能科技产品——菜鸟小盒，这是一款可以用手机一键打开、容量自由伸缩、自带摄像头的智能包裹神器，可在用户家门附近悬挂，占用空间很小。小盒容量最大可达42升，相当于28寸的行李箱，不使用时盒子可以缩成最小状态，厚度10多厘米。邻居之间可以共享，未来可接生鲜包裹，如图8-10所示。

图8-10 智能小盒

（1）智能小盒的关键技术

智能小盒的关键技术有以下两个。

①温度自主调节技术

智能小盒可以自主调节温度，为生鲜提供低温冷藏，为汤汁饭菜提供保温加热，并可以远程控制。

②安全解锁技术

智能小盒内置三种解锁方式，盒子表面有一个二维码，一个摄像头和一个数字按键。使用时，用户可通过淘宝、支付宝、菜鸟裹裹等多种手机客户端小程序扫描二维码，扫完后就能识别你是否这款菜鸟小盒的授权用户，如果你是业主和拥有者，小盒就会自动打开。如果是快递员扫码，只有符合条件的快递员，且送的订单也是这家的订单，小盒才会打开。如果附近没有网络，菜鸟小盒的数字按键就提供了另一种解锁方式。菜鸟小盒在数字按键里面做了算法，可以动态变换密码，业主可以通过手机端获取密码，输入密码就可以打开小盒。最后一种解锁方式是可以通过人脸识别解锁打开小盒。

（2）智能小盒的优势

智能小盒的优势有以下两点。

①守在家门口的菜鸟小盒，能够自己收取包裹。方便与智能是设计的出发点，快递员不会因为上门没人发愁。

②智能小盒为用户提供新零售时代最后零米的新生活设施，带来了真正意义上的体验变革。

拓展阅读 8-2

本章小结

智能物流实践者正在通过技术、资源的赋能全力推动行业技术应用水平的不断提升，掀起物流技术的发展与变革，推动物流技术从自动化向智能化的转变。在末端物流配送领域，无人机、无人车以及智能签收设备均有所应用。本章介绍了无人机、无人车的类型及其关键技术，并介绍了主流的智能签收设备及其关键技术。

习题

一、单项选择题

1. 能实现配送最后零米的零距离、零打扰的设备是（　　）。
   A. 智能小盒　　　B. 无人车　　　C. 自助收发箱　　　D. 无人机

2. 可全面感知关键区域中的所有障碍物，并可准确预测感知范围内的车辆及行人的运动状态的是无人车的（　　）技术。
   A. 规划决策系统　　　　　　　　B. 全自动驾驶感知系统
   C. 仿真云计算平台　　　　　　　D. 融合定位系统

二、多项选择题

1. 以下关于智能驿站塔的描述正确的是（　　）。
   A. 一天 24 小时皆可工作
   B. 满足人口密集、用地紧张的需求
   C. 提高投递效率
   D. 实现"人、柜、机、车、站"全面人工智能协同

2. 以下哪些为无人配送车的优点？（　　）
   A. 提高效率　　　B. 降低成本　　　C. 提高用户体验　　　D. 提高用户满意度

三、判断题

1. 飞行控制技术是无人机技术的核心技术，它主要负责采集数据、控制律的计算、航线的确定、飞行任务的完成、起落的控制、紧急情况的处置等。（　　）

2. 为降低"最后一公里"的配送成本，可引入自助收发箱模式，该模式适用于任何地区。（　　）

3. 无人机进入失控状态时将自动保持精确悬停，失控超时将就近飞往快递集散分点。（　　）

4. 送货上门模式不适用于订单量较大并且人口密度也较大的地区。（　　）

5. 智能驿站塔是一种智能送货设备。（　　）

第 9 章

物流信息设施与设备

> **学习目标**
> (1) 掌握条形码和二维码的工作原理和分类;
> (2) 掌握条形码识别系统、光点扫描器、POS 系统及其工作原理;
> (3) 熟悉射频识别系统工作原理,掌握其分类;
> (4) 掌握 GPS 和 GIS 的组成和结构,掌握其原理和主要功能,熟悉其在物流领域的应用;
> (5) 掌握北斗卫星导航系统的组成及其工作原理,熟悉其在物流领域的应用;
> (6) 掌握物联网的关键技术,熟悉其在物流领域的应用;
> (7) 能够运用所学知识对仓库、运输中的信息采集与传输设备进行选型。

9.1 物流信息概述

根据国家标准《物流术语》,物流信息是指反映物流各种活动内容的知识、资料、图像、数据和文件的总称。物流信息是物流活动中各个环节生成的信息,一般是随着生产到消费的物流活动的产生而产生的信息,与物流过程中的运输、储存、装卸、包装等各种职能有机结合在一起,是整个物流活动顺利进行不可缺少的。例如,一辆丰田轿车的零件有 3 万个之多,然而丰田公司却是零库存的,靠的就是畅通的物流信息在众多的上游企业运行。何时需要轮胎、需要什么型号的轮胎、需要多少等,这些数据都会准确传递到供应商那里,这些数据就是物流信息。

9.1.1 物流信息的作用

物流信息是伴随物流活动的发生而产生的,贯穿于物流活动的整个过程中,在物流活动中起着中枢神经系统的作用,控制着物流活动的时间、方向和流程。物流信息的作用具体表现在以下几个方面。

1. 物流信息将物流活动各环节有效地衔接起来

物流活动是一个有机的整体系统,采购、运输、储存以及销售等物流活动会在企业内部相互作用。物流各子系统之间是通过信息进行沟通的,而且系统内基本资源的调度也是通过信息的传递来实现的。例如,企业在接收到商品的订货信息后,要检查商品库存中是否存在该商品,如果库存足够,就可以发出配送指示信息,通知相关部门和人员开展配送活动,否则就需要开展采购活动。因此,物流信息的传送连接着物流活动的各个环节,并指导着各环节的工作,起着桥梁和纽带的作用。

2. 物流信息有助于物流活动各环节的协调与控制

物流活动的顺利进行必须依赖物流系统中物流信息的沟通,只有通过高效的信息传递和反馈,才能实现整个系统的合理有效运行。在整个物流活动过程中,每一个活动环节都会产生大量的物流信息,而物流系统通过合理应用现代信息技术,对这些信息进行挖掘和分析,得到每个环节下一步活动的指示性信息,从而对各个环节的活动进行协调与控制。

3. 物流信息有助于提高物流管理和决策水平

有效的物流管理可以提高客户服务水平,而物流管理需要大量准确、及时的信息。物流信息对企业决策的影响主要体现在决策支持上,企业的管理人员必须依靠准确的信息来制订计划、方案,并通过及时的信息反馈对计划、方案的实施进行有效控制,使企业的物流活动能够达到其预期目标。

9.1.2 物流信息技术

物流信息技术(Logistics Information Technology,LIT)是物流现代化的重要标志,指的是现代信息技术在物流各作业环节中的应用,包括条形码技术、地理信息系统、全球定位系统、EDI、智能交通系统等。物流信息技术是物流技术中发展最迅猛的领域,从数据采集技术到物流信息系统都发生了日新月异的变化。同时,随着物流信息技术的不断发展,产生了一系列新的物流理念和物流经营方式,推进了物流的变革。

据国外统计,物流信息技术的应用,可为传统的运输企业带来以下实效:降低空载率15%~20%;提高对在途车辆的监控能力,有效保障货物安全;无时空限制的客户查询功能,能有效满足客户对货物在运情况的跟踪监控;对各种资源的合理综合利用,可减少运营成本15%~30%。对传统的仓储企业带来的实效表现在以下几个方面:配载能力可提高20%~30%;库存和发货准确率可超过99%;数据输入误差减少,库存和短缺损耗减少;可降低劳动力成本约50%,提高生产力30%~40%;提高仓库空间利用率20%。

因此,物流信息技术在现代企业的经营战略中占有越来越重要的地位。建立物流信息系统,充分利用各种现代化信息技术,提供迅速、及时、准确、全面的物流信息是现代企业获得竞争优势的必要条件。

拓展阅读 9-1

9.2 条形码技术

条形码技术是在计算机技术与信息技术基础上发展起来的一门集编码、印刷、识别、数据采集和处理于一身的新兴技术。条形码技术的核心内容是利用光电扫描设备识读条形码符号，从而实现机器的自动识别，并快速准确地将信息输入计算机进行数据处理，以达到自动化管理的目的。

根据国家标准《物流术语》，条形码（Barcode）是指由一组规则排列的条、空及其对应字符组成的标记，用以表示一定的信息。条形码技术是研究如何把计算机所需要的数据表示成条形码形式，如何将条形码表示的数据和符号转变为计算机可以自动采集、识别的数据。因此，条形码技术就包括从编码到制作、识读、处理等一系列技术。

从20世纪60年代到21世纪，国内外研制出了种类多样的条形码。常见的有20多种码制，其中包括Code 25码（标准25码）、ITF25码（交叉25码）、UPC-A码、EAN-13码、中国邮政编码（矩阵25码的一种变体）、Code 93码、ISBN码、ISSN码、Code 128码、Code 39 EMS码（EMS专用39码）等一维码，以及PDF417、QR Code、汉信码等二维码。

9.2.1 一维码技术

1. 一维码的定义

一维码是由一组规则排列的条、空以及对应的字母组成的标记。"条"是指对光线反射率较低的部分，"空"是指对光线反射率较高的部分，这些条和空组成的数据可以表达一定的信息，能够用特定设备识读，并转换成与计算机兼容的二进制和十进制信息。通常对于某一种物品，其编码是唯一的。一维码需要通过数据库建立条形码与物品信息的对应关系。

一维码通常都是由两侧空白区、起始符、数据符、校验符（可选）、终止符组成的，如图9-1所示，一般下方还有供人识别的字符。

| 空白区 | 起始符 | 数据符 | 校验符 | 终止符 | 空白区 |

图9-1 一维码符号结构

2. 一维码的分类

（1）EAN/UPC码

EAN/UPC码包括UPC-A码、UPC-E码、EAN-13码、EAN-8码。EAN码是国际物品编码协会（EAN International）制定的一种商品用条形码，通用于全世界。UPC码是美国统一代码委员会（Uniform Code Council，UCC）制定的一种商品用条形码，主要用于北美（美国和加拿大）地区。人们日常购买的商品包装上所印的条形码一般就是EAN-13码。EAN/UPC码符号结构如图9-2所示。EAN-13码由13位数字组成，每一条形码的数字字符由2个条和2个空构成，每个条或空由1~4个模块组成，每个条形码字符的总模块数为7。条形码字符集可表示0~9共10个数字字符。不同国家（地区）的条形码组织对13位代码的结构有不同的划分。

（2）UCC/EAN-128码

UCC/EAN-128码由国际物品编码协会、美国统一代码委员会和自动识别制造商协会（AIM Global）共同设计而成。该种条形码主要应用在物流领域。UCC/EAN-128码是唯一能够表示应用标识的条形码符号，其符号结构如图9-3所示。

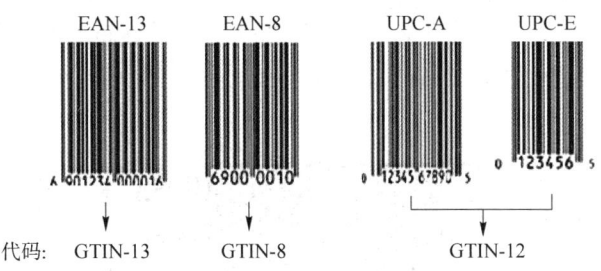

图 9－2　EAN/UPC 码符号结构

图 9－3　UCC/EAN－128 码符号结构

UCC/EAN－128 码的特点为：由 1 组平行的条空组成的长方形图案；除终止符是由 4 个条和 3 个空共 13 个模块组成之外，其他字符均由 3 个条和 3 个空共 11 个模块组成，条或空都有 4 个宽度单位，模块宽度可从 1～4 中选择；有 1 个由字符 STARTA（B 或 C）和字符 FNC1 构成的特殊双字符起始符；符号中通常使用符号校验符，符号校验符不属于条形码字符的一部分，也区别于数据代码中的任何校验符；符号的长度取决于编码字符个数，编码字符位数可从 3～48 中选择（含有应用标识符）；所有的 128 个 ASC 字符都可以编码。

（3）交叉 25 码

交叉 25 码是所有一维码中密度较高的条形码，广泛应用于商品批发、仓库、机场、生产、包装识别和工业中。交叉 25 码的符号结构如图 9－4 所示。

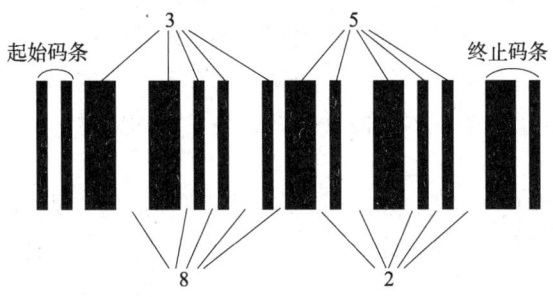

图 9－4　交叉 25 码的符号结构

交叉 25 码的特点为：可编码字符集，数字字符可以在 0～9 中选择；每 1 个条形码数字符由 5 个单元组成，其中 2 个是宽单元，其余是窄单元；起始符包括两个窄条和窄空，终止符包括两个条和窄空；组成条形码符号的条形码数据符个数为偶数，条形码符号从左到右，表示奇数位字符的条形码数据符由条组成，表示偶数位字符的条形码数据符由空组成，条形码数据符所表示的字符个数为奇数时，应在字符串左端添 "0"；条形码符号的校验位可选择。

（4）ITF 码

ITF 码的编码与交叉 25 码相同，都是以两个字符为单位进行编码，其中一个字符以条编码,另一个以空编码,每个字符由3个窄单元和2个宽单元组成。ITF码是在交叉25码的基础上形成的一种应用于储运包装上的条形码,ITF码有ITF-14码(如图9-5所示)和ITF-6码两种。

图9-5 ITF-14码符号结构

9.2.2 二维码技术

1. 二维码定义

一维码所携带的信息量有限,更多的信息只能依赖商品数据库的支持,因此在一定程度上限制了条形码的应用范围。20世纪90年代,日本人发明了二维码,二维码作为一种新的信息存储和传递技术,目前已应用于国防、公共安全、交通运输、医疗保健、工业、商业、金融、海关及政府管理等多个领域。

二维码又称二维条形码,用特定几何图形按照一定规律分布来记录数据、符号等信息。二维码可通过图像输入设备或光电扫描设备自动识读,以实现信息自动处理。

2. 二维码分类

二维码可以分为堆叠式/行排式二维码、矩阵式二维码和汉信码。堆叠式/行排式二维码形态上由多行截短的一维码堆叠而成;矩阵式二维码是以矩阵的形式组成的,在矩阵相应元素位置上用"点"和"空"的排列组成代码;汉信码是一种全新的二维矩阵码,由中国物品编码中心牵头组织相关单位合作开发,具有完全自主知识产权,和国际上其他二维码相比,更适合汉字信息的表示,而且可以容纳更多的信息。

(1) 堆叠式/行排式二维码

堆叠式/行排式二维码的编码原理建立在一维码基础之上,按需要堆积成2行或多行。它在编码设计、校验原理、识读方式等方面继承了一维码的一些特点,识读设备和条形码印刷与一维码技术兼容,但由于行数的增加,需要对行进行判定,其译码算法和软件与一维码的也不完全相同。有代表性的堆叠式/行排式二维码有PDF417码、Ultracode码、Code 49码、Code 16K码等,如图9-6所示。

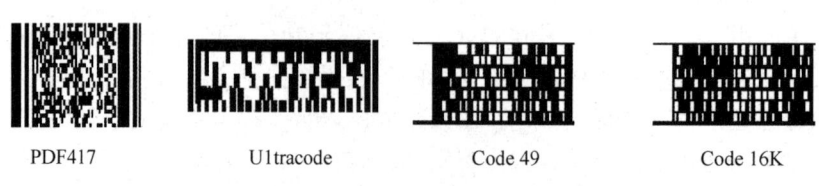

图9-6 堆叠式/行排式二维码

(2) 矩阵式二维码

矩阵式二维码,也称为QR码,是目前应用最广泛的二维码。它是在一个矩形空间通过黑、白像素在矩阵中的不同分布进行编码的。在矩阵相应元素位置上,用点(方点、圆点或其他形状)的出现表示二进制"1",点的不出现表示二进制的"0",点的排列组合确定了矩阵式二维码所代表的意义。有代表性的矩阵式二维码有 Data Matrix 码、Maxi Code 码、Aztec Code 码、OR Code 码、Vericode 码等,如图 9-7 所示。

Data Matrix　　　Maxi Code　　　Aztec Code　　　OR Code　　　Vericode

图 9-7　矩阵式二维码

(3) 汉信码

汉信码是目前我国唯一一个拥有完全自主知识产权的二维码。它已经被应用到了税务防伪、产品溯源监管等一些涉及信息安全的应用领域。汉信码有望成为我国发票领域的标准码制。

3. 二维码的特点

二维码有以下特点:
①信息容量大;
②编码范围广;
③保密、防伪性能好;
④译码可靠性高;
⑤修正错误能力强;
⑥易制作且成本低;
⑦符号形状、尺寸比例可变;
⑧可以使用激光或 CCD (Charge-coupled Device, 电荷耦合元件) 扫描器识读。

4. 一维码和二维码的区别

一维码和二维码在容量、保密性、抗污性等方面,均有所差异,如表 9-1 所示。

表 9-1　一维码与二维码的区别

项目	一维码	二维码
区别	可直接显示的内容为英文、数字、简单符号	可直接显示的内容为英文、中文、数字、符号、图形
	储存数据量不大,主要依靠数据库	储存数据量大,是一维码的几十到几百倍
	保密性不高	保密性高(可加密)
	损污后可读性差	安全级别最高时,损污 50% 仍可读取完整信息
	译码错误率约为 2%	译码错误率不超过千万分之一,可靠性极高

拓展阅读 9-2

9.3 条形码识别系统

9.3.1 条形码识别系统概述

1. 条形码识别系统的组成

条形码识别系统是条形码系统的组成部分，由扫描系统、信号整形和译码三部分组成，如图9-8所示。扫描系统由光学系统及探测器，即光电转换器组成，它对条形码符号进行光学扫描，并通过光电转换器将条形码空图案的光信号转换成为电信号。信号整形部分由信号放大、滤波、波形整形组成，它的功能在于将条形码的光电扫描信号整理成为标准电位的矩形波信号，其高低电平的宽度和条形码符号的条空尺寸相对应；译码部分由译码器组成，它的功能是对得到的条形码矩形波信号进行译码，并将结果输出到条形码应用系统中的数据采集终端。

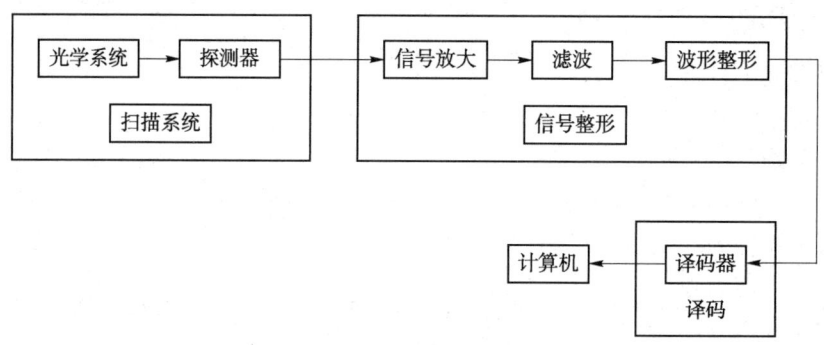

图9-8 条形码识别系统的组成

2. 条形码的识别原理

由于不同颜色的物体，其反射的可见光的波长不同，所以当条形码扫描器光源发出的光经过光阑及凸透镜，照射到黑白相间的条形码上时，反射光经凸透镜聚焦，照射到光电转换器上，于是光电转换器便接到与白条和黑条相应的强弱不同的反射光信号，并转换成相应的电信号输出到放大整形电路。由于不同的条形码白条、黑条的宽度不同，相应的电信号持续时间长短也不同。光电转换器将输出的电信号输送到放大器放大，为了避免由条形码中的疵点和污点导致错误信号，译码器需要对放大后的电信号及进行整形，把模拟信号转换成数字电信号，以便计算机系统能准确判读。计算机根据码制所对应的编码规则，便可将条形码符号换成相应的数字、字符信息，再通过接口电路送给计算机系统进行数据处理与管理，完成条形码辨读的全过程。

9.3.2 光电扫描器

1. 光电扫描器的结构

光电扫描器通常是一种有源（自身有光源）系统，它是由光学系统和电路系统两部分组成的。光学系统的主要作用是在扫描时获得瞬间光信号，电路系统的主要作用是将光学系统获取的光信号转换成电信号，并进行放大和整形，然后输出给译码器。

2. 光电扫描器的分类

光电扫描器按照不同的分类方式可分为以下几种。

（1）手动扫描和自动扫描

光电扫描器对条形码符号的扫描有两种方式，一种是手动扫描，另一种是自动扫描。

手动扫描比较简单，手持扫描器在条形码符号上相对移动，即完成了扫描过程。自动扫描比较复杂，最常见的有两种：第一种是选择自动扫描的光电转换器，如 CCD 扫描元件；第二种是在光电扫描器中增加扫描光束运动机构，如旋转棱镜等。

（2）有源和无源

光电扫描器通常是一种有源（自身有光源）系统，还有一种光电扫描器属于无源系统。它是利用外界光源照射条形码符号，但工作原理与有源系统大致相同。

（3）接触式和非接触式

根据扫描器与被扫描的条形码符号的相对位置，扫描器可分为接触式和非接触式两种。所谓接触式，即扫描时，扫描器直接接触被扫描的条形码符号。而非接触式，即扫描时，扫描器与被扫描的条形码符号之间可保持一定距离范围，这一范围称为扫描景深，如图9－9所示，通常用 DOF 表示。只有在这个范围内，扫描器才能对条形码符号进行有效的扫描。

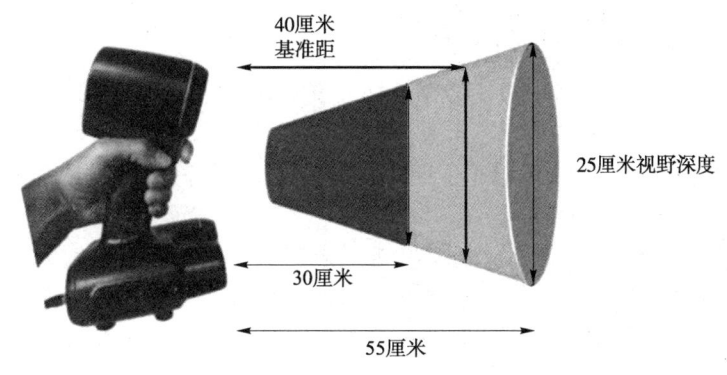

图9－9　扫描景深

扫描景深确定了一个最窄元素宽度可以使用的扫描距离范围，它是由扫描器的光学系统设计决定的。

3. 几种主要光电扫描器介绍

不同类型的光电扫描器可以满足不同场合的需要。光电扫描器按物理形式（如形状、操作方式等）可分为手持固定光束接触式扫描器、手持固定光束非接触式扫描器、手持移动光束式扫描器、固定安装固定光束式扫描器、固定安装移动光束式扫描器等；按扫描机理（如扫描方式、光电特性等）可分成普通光式光电扫描器、激光式光电扫描器、CCD 扫描器等。下面对几种主要的扫描器进行介绍。

（1）手持固定光束接触式扫描器

手持固定光束接触式扫描器的光束是相对固定的，靠手动接触条形码符号才能完成扫描动作。由于扫描器的光学系统设计都有一定的扫描景深，因此允许使用透明薄膜保护条形码符号。

这种扫描器没有固定的自动移动装置,光束相对于其物理基座是固定的,扫描动作是靠操作者手动来实现的。从外形上看,这种扫描器通常有杆状和手枪状。图9-10所示为杆状扫描器,又称光笔。

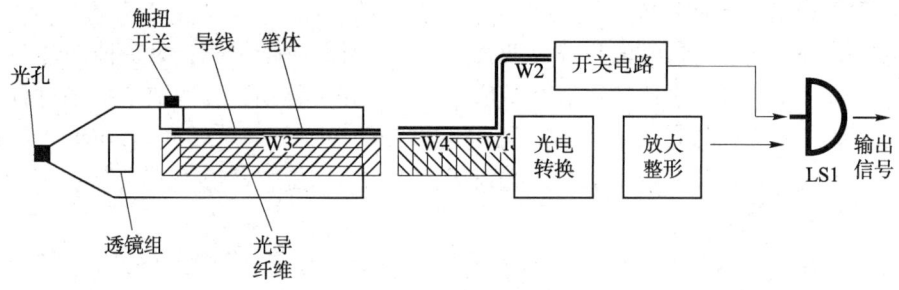

图9-10 光笔结构图

手枪状扫描器与杆状扫描器的工作原理相同,只是外形不同。它是将各种元器件都安装在一个类似手枪的装置中。这种扫描器由于其体积比光笔大一些,因此将译码器的阅读成功指示器安装在扫描器上也是常见的,如LED指示灯或微型蜂鸣器。每次扫描后,操作者都可以获取一个信息,即指示灯是否亮或蜂鸣器是否发出声响,以此可以判断扫描是否成功。这种扫描器的电路开关常设计成手枪的扳机,以便于操作。

(2) 手持固定光束非接触式扫描器

手持固定光束非接触式扫描器也是靠手动实现扫描的,其扫描光束相对于其物理基座是固定的。在扫描时,扫描器不直接与条形码符号接触,而是与条形码符号保持一定的距离,因此特别适合对软体物品或表面不平的物品上的条形码符号的扫描,同时也能对具有较厚保护膜的条形码符号进行扫描。

由于这种扫描器受扫描景深的限制,操作者在使用时必须使扫描器与被扫描的条形码符号保持在一定的距离范围内。与接触式扫描器相比,该扫描器操作难度要大一些。因此,操作者在使用该扫描器前都应进行培训。为便于操作,通常将这种扫描器设计成手枪形,如图9-11所示。

(3) 固定安装固定光束式扫描器

固定安装固定光束式扫描器是一种安装在某一固定位置的扫描器,一般采用非接触式扫描。工作方式是利用条形码符号面对扫描器进行相对运动来实现扫描。由于它是非接触式扫描,因而具有一定的工作距离和扫描景深。被扫描的条形码需要在有效的扫描景深和距离范围内从扫描窗口前移动,才能有效地实现扫描,如图9-12所示。

图9-11 手持固定光束　　　图9-12 固定安装固定光束扫描器

固定安装固定光束式扫描器常用于自动流水线上，用来扫描传送带上运动的物品。在这种工作条件下，由于扫描机会只有一次，因此要求首读率高。

（4）固定安装移动光束式扫描器

固定安装移动光束式扫描器要安装在固定的位置上，其工作方式类似于手持移动非接触式扫描器，扫描动作由其内部的机电系统提供，通常是利用转动或振动多边棱镜而实现自动扫描的。扫描频率一般为每秒40次左右。这种扫描器常用于无人操作的环境中，用来对流水生产线和自动传送带上的物品进行分类或对数据进行自动采集。它通过扫描器内扫描机构的高速运动，实现对条形码符号的扫描。

这种扫描器的扫描光束可以横向扫描，也可以纵向扫描。当条形码符号采用"栅栏式"印刷时可以横向扫描，如图9-13（a）所示；当条形码符号采用"阶梯式"印刷时可以纵向扫描，如图9-13（b）所示。

图9-13 固定安装移动光束式扫描器的扫描光束的扫描方向

还有一种被称为全角度的固定安装移动光束式扫描器，它利用了光的反射现象，对面向扫描光束的、不同角度的条形码符号都能阅读。在这种扫描器前边，通常安装有一个物品光电感应器，如图9-14所示。当光电感应器探测到有运动过来的物品时，便能触发扫描器工作，直到扫描成功或内部计时器关闭电路为止。

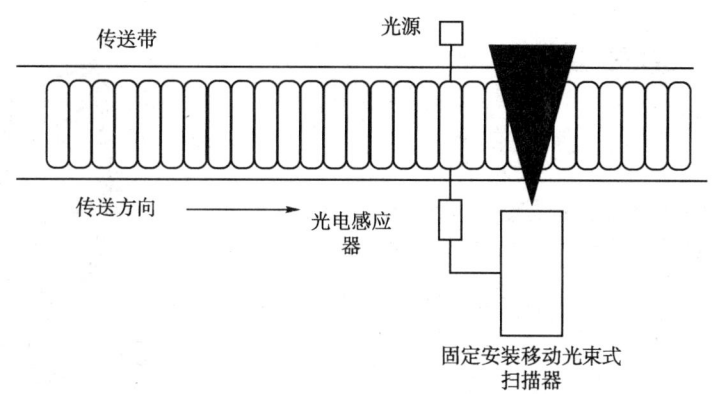

图9-14 在自动传送系统中物品光电感应器的设置

固定安装移动光束式扫描器一般采用激光作光源，所用光源一般为可见光。使用这种扫描器，操作人员应调整好扫描距离，并要求条形码符号印刷在物品的合适位置上，这样才能保证实现有效的扫描。

(5) CCD 扫描器

CCD 扫描器是采用了 CCD 元件的一种扫描器。CCD 元件是一种电子自动扫描的光电转换器，也叫 CCD 图像感应器，它可以代替移动光束的扫描运动装置，不需要增加其他任何运动装置，便可以实现对条形码符号的自动扫描。

CCD 扫描器通常有两种类型：一种是手持式 CCD 扫描器（如图 9-15 所示）；另一种是固定式 CCD 扫描器。这两种扫描器均属于非接触式，其扫描景深和操作距离取决于照射光源的强度和成像镜头的焦距。

图 9-15 手持式 CCD 扫描器

CCD 扫描器的工作原理如下：使用多个发光二极管固定泛光源照射系统来照明条形码符号；通过平面镜改变光的方向，再经透镜和光阑等光学系统将条形码符号映像到 CCD 元件上，当条形码符号映像到光电二极管阵列上时，由于条和空的反光强度不同，产生的电信号强度也不同；通过采集光电二极管阵列中每个光电二极管的电信号，可实现对条形码符号的自动扫描。

9.3.3 便携式数据采集终端

1. 定义

便携式数据采集终端也称便携式数据采集器或手持终端，又因其用于自动识别条形码，故也称作便携式条形码扫描终端（以下统称为便携式数据采集器）。便携式数据采集器是集激光扫描、汉字显示、数据采集、数据处理、数据通信等功能于一体的高科技产品，如图 9-16 所示。它相当于一台微型计算机，将电脑技术与条形码技术完美结合，利用物品上的条形码作为信息快速采集手段。简单地说，它兼具了掌上电脑和条形码扫描器的功能。

图 9-16 便携式数据采集器

2. 工作原理

便携式数据采集器首先按照用户的应用要求，将应用程序经过计算机编制后下载到便携式数据采集器中。便携式数据采集器中的基本数据信息必须通过计算机的数据库获得，而存储的操作结果也必须及时地导入数据库中。其作为电脑网络系统的功能延伸，满足了日常工作中人们各种信息移动采集、处理的任务要求。

3. 特点

便携式数据采集器硬件上具有计算机设备的基本配置，即 CPU、内存、电池、各种的应用程序。它可以将电脑网络的部分程序和数据下载至手持终端，并可以脱离电脑网络系统独立进行某项工作。

9.3.4 无线数据采集器

1. 无线数据采集器的特点

无线数据采集器有如下特点。

①无线数据采集器一般为便携式，除了具有一般便携式数据采集器的优点外，它可以通过无线电波来实现与计算机间的通信，把现场采集到的数据实时地传输给计算机。

②使用无线数据采集器的前提是建立无线网络。无线网络设备登录点相当于一个连接有线局域网和无线网的网桥，无线数据采集器通过与登录点的无线通信服务器和局域网的服务器进行数据交换。

③无线数据采集器通信数据实时性强、效率高。无线数据采集器可以直接和服务器进行数据交换，数据以实时方式传输，将数据库信息系统延伸到每一个操作人员的手上。

④与便携式数据采集器的硬件技术特点一样，无线数据采集器包括 CPU、内存、屏幕显示、输入设备、输出设备等。除此之外，比较关键的就是无线通信机制。

2. 无线数据采集器与计算机系统的连接方式

无线数据采集器与计算机系统的连接，基本上采用以下三种方式。

①Telnet 终端仿真连接。在这种方式下，无线数据采集器本身不需要开发应用程序，只是通过 Telnet 服务登录到应用服务器上，应用远程运行服务器上的程序。在这种方式下工作，由于大量的终端仿真控制数据流在无线采集器和服务器之间交换，通信的效率相对会低一些，但是由于数据采集器无须开发应用程序，在系统更新升级方面会相对简单、容易。

②传统的 Client Server（C/S）结构。将无线数据采集器作为系统的客户端，采集器根据用户的应用流程要求进行程序的开发。开发平台与便携式数据采集器一样，根据产品的不同而有所不同。在这种方式下工作，数据采集器与通信服务器之间只需要交换所采集的数据信息，数据交换量小，通信效率比较高，但是像便携式数据采集器一样，每台无线数据采集器都要安装应用程序，后期的应用升级显得十分麻烦。

③Browse Server（B/S）结构。在无线数据采集器上内嵌浏览器，通过 HTTP 协议与应用服务器进行数据交换，这种方式对无线数据采集器的系统要求较高，而基于 WinCE 平台下的产品相对来讲比较容易实现，如日本 CASIO 公司生产的几款设备。

通过以上内容可以看出，在应用无线数据采集器时，具体采用何种方式，应该根据实际情况而定。

3. 无线数据采集器的性能指标

使用无线数据采集器需考虑以下性能指标。

①由于无线数据采集器大都是在室外使用，周围的湿度、温度等环境因素对作业的影响比较大，尤其是液晶屏幕、芯片等关键部件工作时，在低温、高温条件下都要受到限制，因此，用户要根据自身的使用环境选择无线数据采集器。

②因为作业环境比较恶劣，无线数据采集器要经过严格的防水测试。对饮料泼溅、雨水浇淋等常见情况的测试结果，都应该是用户选择产品时要考虑的因素。针对便携产品防水性的考核，国际上有 IP 标准认证，对通过测试的产品，才会发给证书。

③抗震、抗摔性能也是无线数据采集器的一项操作性能指标。作为便携使用的数据采集产品，操作人员的失手跌落是难免的，因此无线数据采集器要具备一定的抗震、抗摔性。目前大多数产品能够满足 1 米以内的跌落高度。

9.4 射频设备

9.4.1 射频识别概述

1. 射频识别的概念

射频识别（Radio Frequency Identification，RFID）是一种非接触式的自动识别技术，是一项利用射频信号通过空间耦合（交变磁场或电磁场）实现无接触信息传递并通过所传递的信息达到识别目的的技术。它通过射频信号自动识别目标对象并获取相关数据，识别工作无须人工干预，可工作于各种恶劣环境。RFID 可识别高速运动物体并可同时识别多个标签，操作快捷方便。短距离 RFID 产品不怕油渍、灰尘等恶劣的环境，可在这样的环境中替代条形码，如用在工厂的流水线上跟踪物体。长距离 RFID 产品多用于交通上，识别距离可达几十米，如自动收费或车辆身份识别等。

RFID 系统通常由电子标签（应答器，Tag）和阅读器（读头，Reader）组成，如图 9-17 所示。

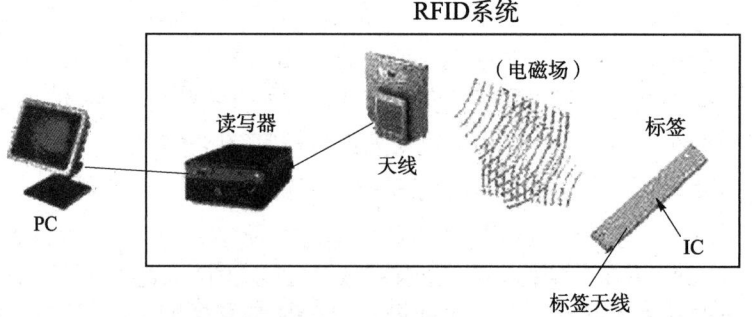

图 9-17 RFID 系统

2. RFID 的特点

RFID 是一项易于操控、简单实用且特别适合用于自动化控制的灵活性应用技术，其所具备的独特优越性是其他识别技术无法企及的。它既可支持只读工作模式，也可支持读写工作模式，且无须接触或瞄准；可在各种恶劣环境下自由工作；可进行高度的数据集成。另外，由于该技术很难被仿冒、侵入，使 RFID 具备了极高的安全防护能力。和传统条形码识别技术相比，RFID 有以下优势：

①快速扫描。条形码一次只能扫描一个条形码；RFID 辨识器可同时辨识读取多个 RFID 标签。

②体积小型化、形状多样化。RFID 标签在读取上并不受尺寸大小与形状限制，无须为了读取精确度而配合纸张的固定尺寸和印刷品质。此外，RFID 标签可以向小型化与多样形态发展，以应用于不同产品。

③抗污染能力和耐久性强。传统条形码的载体是纸张，因此容易受到污染，但 RFID 标签对水、油和化学药品等物质具有很强抵抗性。此外，条形码由于是附于塑料袋或外包装纸箱上，所以特别容易受到折损，RFID 卷标将数据存在芯片中，因此可以免受污损。

④可重复使用。现今的条形码印刷之后就无法更改，RFID 标签则可以重复地新增、修改、删除 RFID 卷标内储存的数据，方便信息的更新。

⑤穿透性强和无屏障阅读。在被覆盖的情况下，RFID 能够穿透纸张、木材和塑料等非金属或非透明的材质，进行穿透性通信。

⑥数据的记忆容量大。一维码的容量是 50 字符，二维码最大的容量可存储 2000～3000 字符，RFID 最大的容量则有数兆个字符。

⑦安全性高。由于 RFID 承载的是电子信息，其数据内容可以由密码保护，不易被伪造及变造。

3. RFID 系统的组成

RFID 在具体的应用过程中，根据不同的目的和环境，RFID 系统的组成会有所不同，但从其工作原理来看，RFID 系统一般都由信号发射机、信号接收机和发射接收天线三部分组成。

（1）信号发射机

在 RFID 系统中，信号发射机为了不同的应用目的，会以不同的形式存在，典型的形式是标签。标签相当于条形码技术中的条形码符号，用来存储需要识别传输的信息。与条形码不同的是，标签必须能够自动或在外力的作用下，把存储的信息主动发射出去。RFID 标签一般是带有线圈、天线、存储器与控制系统的低电集成电路。

（2）信号接收机

在 RFID 系统中，信号接收机一般称为阅读器。阅读器的基本功能就是提供与 RFID 标签进行数据传输的途径。另外，阅读器还可提供相当复杂的信号状态控制、奇偶错误校验与更正功能等。

(3) 发射接收天线

发射接收天线是标签与阅读器之间传输数据的发射、接收装置。RFID 技术用于需要跟踪众多货物资源而人手又有限的仓库管理是非常实际的。RFID 系统基于人们熟悉的 Windows 或 UNIX 平台,所以更易于管理。

9.4.2 RFID 系统的主要技术及分类

1. RFID 系统的主要技术

当前,RFID 系统的技术主要集中在工作频率选择、RFID 天线、防冲突技术、安全与隐私保护等方面。

(1) 工作频率选择

工作频率选择是 RFID 技术的一个关键问题。工作频率的选择既要满足应用需求,还要考虑各国对无线电频段使用和发射功率的规定。当前 RFID 工作频率分为多个频段(如图 9-18 所示),不同频段具有各自优缺点。

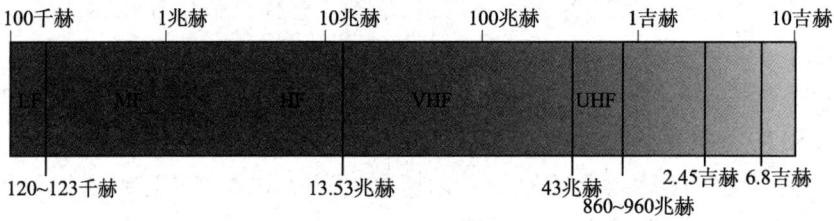

图 9-18 RFID 频率划分

低频频段能量相对较低,数据传输率较小,无线覆盖范围受限。为扩大无线覆盖范围,必须扩大 REID 标签的天线尺寸。尽管低频无线覆盖范围比高频无线覆盖范围小,但天线的方向性不强,具有相对较强的绕开障碍物能力。低频频段可采用 1~2 个天线,以实现无线作用范围的全区域覆盖。此外,低频频段 RFID 标签的成本相对较低,且具有卡状、环状、纽扣状等多种形状。

高频频段能量相对较高,适于长距离应用。低频功率损耗与传播距离的立方成正比,而高频功率损耗与传播距离的平方成正比。由于高频以波束的方式传播,高频频段数据传输率相对较高,且通信质量较好,因此可用于智能标签定位。其缺点是容易被障碍物所阻挡,易受反射和人体扰动等因素影响,不易实现无线作用范围的全区域覆盖。表 9-2 所示为 RFID 频段的特性。

表 9-2 RFID 频段特性

频段	描述	作用距离	穿透能力
125~134 千赫	低频(LF)	45 厘米	能穿透大部分物体
12.553~13.567 兆赫	高频(HF)	10~30 厘米	勉强能穿透金属和液体
400~1000 兆赫	超高频(UHF)	3~9 厘米	穿透能力较弱
2.45 吉赫	微波(Microwave)	3 厘米	穿透能力最弱

（2）RFID 天线

REID 天线是一种以电磁波形式把无线电收发机的射频信号功率接收或辐射出去的装置。REID 天线按工作频段可分为短波天线、超短波天线、微波天线等；按方向性可分为全向天线、定向天线等；按外形可分为线状天线、面状天线等。

（3）防冲突技术

鉴于多个 RFID 标签在同一频率工作，当它们处于同一个读写器作用范围内且没有采取多址访问控制机制情况下，信息传输过程将产生冲突，导致信息读取失败。同时，多个阅读器之间工作范围重叠也将造成冲突。有学者提出了 Colorwave 算法以解决阅读器冲突问题。根据 RFID 标签工作频段的不同，人们提出了不同的防冲突算法。

（4）安全与隐私保护

RFID 安全问题集中体现在对个人用户的隐私保护、对企业用户的商业秘密保护、防范对 RFID 系统的攻击以及利用 RFID 技术进行安全防范等多个方面。

RFID 技术面临的挑战如下。

①保证用户对 RFID 技术标签的拥有信息不被未经授权访问，以保护用户在消费习惯、个人行踪等方面的隐私。

②避免由于 RFID 系统读取速度快，用来迅速对超市中所有商品进行扫描并跟踪变化，来窃取用户商业机密。

③防护对 RFID 系统的各类攻击，如重写标签以窜改物品信息；使用特制设备伪造标签应答欺骗读写器以制造物品存在的假象；利用 RFID 前后向信道的不对称性远距离窃取标签信息；通过干扰 RFID 工作频率实施拒绝服务攻击；通过发射特定电磁波破坏标签等。

④把 RFID 的唯一标识特性用于门禁安防、支票防伪、产品防伪等。

2. RFID 系统的分类

（1）按照电子标签中存储器数据存储能力分类

根据电子标签中存储器数据存储能力的不同，可以把电子标签分成仅用于标识目的的标识标签与便携式数据文件两种。

（2）按电子标签的工作频率不同分类

通常阅读器发送信号时所使用的频率被称为 RFID 系统的工作频率，基本上可以划分为以下主要范围：低频（30～300 千赫）、高频（3～30 兆赫）和超高频（300 兆赫～3 吉赫）以及微波（2.45 吉赫以上）。电子标签的工作频率是其最重要的特点之一，据此可以将电子标签分为低频电子标签、高频电子标签、超高频电子标签、微波电子标签四类。

（3）按电子标签的供电形式分类

RFID 系统根据电子标签内是否装有电池为其供电，可将其分为有源系统和无源系统两大类。

（4）根据电子标签的数据调制方式分类

RFID 系统根据电子标签的数据调制方式的不同可分为主动式、被动式和半主动式。

（5）按电子标签的可读写性分类

根据电子标签内部使用存储器类型的不同可分为可读写卡、一次写入多次读出卡和只读卡。

拓展阅读 9-3

9.5 POS 及 POS 系统的应用

9.5.1 POS 结构与功能

POS（Point Of Sale）指的是销售终端，它是由银行设置在商业网点或特约商户处的信用卡授权终端机。POS 终端的外形和内部结构都很像一台微型计算机，但在组成部件上又与计算机略有不同。

POS 终端一般由主控机、凭证打印机和密码键盘三部分构成，如图 9 – 19 所示（图中 POS 终端没有客户密码键盘）。

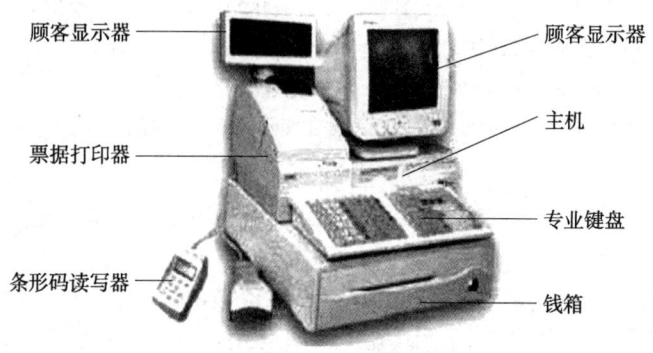

图 9 – 19　POS 终端

POS 终端的主控机就是一台微型计算机，包括显示器、键盘、卡读写设备、网络接口等。卡读写设备用于读取用户银行卡信息，网络接口用于和银行网络之间传输信息。

许多 POS 终端还配有条形码扫描器部件，通过该设备扫描条形码来识别、分辨商品，既准确又可靠。

先进的 POS 终端会在 POS 软件中加入库存管理、进货管理和销售管理等功能，使 POS 终端从单一的收款机变成融收款和管理于一体的高性能系统。

POS 终端根据安装的软件不同，可提供多种功能，如读卡、显示、接收交易金额和密码、与银行计算机联网、存储交易信息以及商店自动化管理等。消费者可持卡购物消费、查询和转账。商户可以通过 POS 终端，简化商户与银行之间资金清算的手续，加快资金周转速度，提高效率。

9.5.2 POS 终端的类型

POS 终端分为三种类型：简易授权型专用终端、转账终端和收银式 POS。

1. 简易授权型专用终端

简易授权型专用终端包括读卡器、键盘、显示器和内置 Modem（调制解调器），起沟通银行主机和持卡人的作用。这种终端操作简单，能有效防止人工输入。通过自动拨号即可将磁卡上的资料及键盘输入的金额输送至银行主机，银行主机处理后授权 POS 终端进行交易，通过联机方式提高了系统的可靠性和保密性。

2. 转账终端

转账终端除用作信用卡授权以外，还具有查询余额、转账、冲正等多种功能。转账终端一般带有密码键盘和收据打印机，比起简易授权型专用终端，保密性和灵活性提高了许多。目前，转账终端正逐渐代替简易授权型专用终端。

3. 收银式 POS

收银式 POS 是最高档的 POS 终端，它本身是一台微机，还配有钱箱、读卡器、收据打印机及流水账打印机。它可以将现金账和信用卡账同时汇总，在完成每一笔交易的同时，将库存、销售、会计等项目同时更新，给商户带来更大的方便。这种 POS 终端，综合了计算机技术、通信技术和机械技术，使收款机从早期单纯的信息采集工具进化为多功能的信息处理工具，因此对 POS 终端本身、对商户的自动化水平都提出了比较高的要求。目前，这种收银式 POS 正逐渐占领市场，性能也越来越好。

以上三种类型的 POS 终端，从简单授权型终端到收银式 POS，结构越来越复杂，功能也越来越齐全，反映了 POS 终端发展的一个趋势。同时，随着 POS 终端提供功能的增多，持卡用户或普通现金、支票用户到商户购物消费也会更加方便。

9.5.3　POS 系统的构成与应用

1. POS 系统分类与组成

（1）根据商户的自动化水平、银行金融网的发展状况及用途分类，POS 系统可分为独立型 POS 系统和联机型 POS 系统两种方式。

独立型 POS 系统由 POS 终端和外围设备构成，这种 POS 系统只是起到电子收款机的作用，自动化程度较低。用户将现金、银行卡或支票交给收款人，收款人通过 POS 终端打印一个收款凭据交给用户作为收费完成的标志。POS 终端具有清算功能，可将当天交易的流水账打印出来，报告给商户和银行对账。

联机型 POS 系统是一种销售点电子资金转账服务系统，是指利用银行、商业网点或特约商户的信用卡授权机，由银行计算机通过公用数据交换网构成的电子转账服务系统。其功能是使持卡人在指定销售点购物或消费后，可以进行电子扣款或信用记账，如图 9-20 所示。

（2）根据应用场合不同，POS 系统可分为商业用 POS 系统和银行用 POS 系统。商业用 POS 系统又由前台 POS 系统和后台 MIS 系统组成。下面对商业用 POS 系统及其组成系统进行介绍。

商业用 POS 系统是由电子收款机和计算机联网构成的商业前后台网络系统。

前台 POS 系统是指利用自动读取设备（如条形码扫描枪），读取商品销售信息，实现前台销售业务的自动化，对商品交易进行实时服务和管理，并通过通信网络和计算机系统传送至后台。

后台 MIS 系统用来统计和分析商品销售相关信息，负责商品的进、销、调、存系统的管理以及财务、库存考勤等。

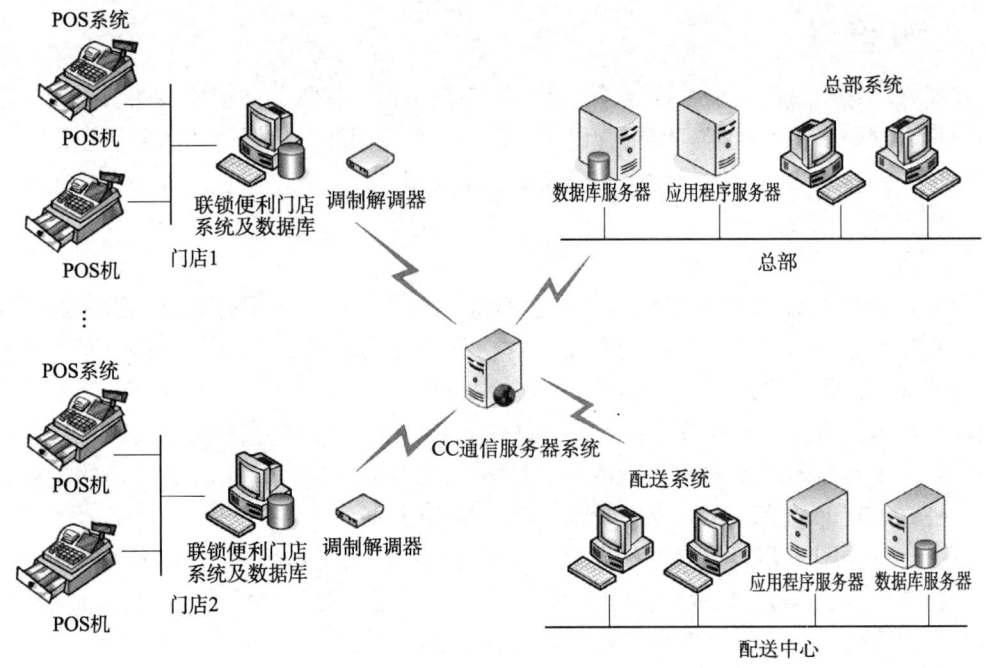

图 9-20 联机 POS 系统

2. POS 系统运行步骤

商店中待销售商品都贴有条形码或光学识别（OCR）标签，用以表示该商品信息。当顾客购买商品结账时，收银员使用扫描设备读取商品的信息，通过店铺内的微型计算机向后台联机数据库确认商品的销售信息，计算顾客购买总金额等，并将信息返回给收银机，打印出顾客购买清单和付款总金额。当多台 POS 联网时，各个店铺的 POS 信息可以通过网络即时传送给总部或物流中心。

9.5.4 虚拟 POS 系统

POS 系统不仅是商用收款业务处理系统，同时也是商业自动化系统数据采集的前端。因此，要保证营业过程中大量原始数据准确、及时输入系统，POS 是底层关键设备，也是建立商业自动化系统中用量最大、投资最多的设备。

1. 虚拟 POS 的概念

POS 终端的大部分时间是在等待顾客到达或处理数据的输入与输出，而进行信息存取和信息加工的时间极短，因此 POS 终端的 CPU、存储器等主要硬件和软件资源的利用率很低。

通过把处理数据输入/输出功能的 PC 机做成体积小、高度简化的专用终端，然后通过网络把 POS 机与 PC 机相连，使一台 POS 终端变成多台 POS 终端，可大大提高 POS 终端的利用率，降低 POS 机的使用成本。

虚拟 POS 综合采用了网络计算机和虚拟存储等新的信息处理技术，并通过成本低、体积小的多种虚拟 POS 终端,使一台 PC 机或 PC-POS 机变成由多台 POS 机组成的分布式收款系统。此外,虚拟 POS 通过不同类型的虚拟 POS 终端,可分别组成适用于柜台售货、连锁超市和餐饮娱乐等多种经营模式的商业自动化系统,从而大大降低了系统的投资,增加了 POS 的适用性。

2. 虚拟 POS 的基本构成

虚拟 POS 由虚拟 POS 主机、多种类型的虚拟 POS 终端、虚拟 POS 网络和虚拟 POS 软件系统构成,每台虚拟 POS 主机最多可以连接 32 个不同类型的虚拟 POS 终端。

虚拟 POS 主机既是虚拟 POS 终端的主机,又实时兼作后台商品管理。虚拟 POS 终端由单片机、键盘、微型打印机、显示器、控制电路和通信驱动电路等设备组成,并可同条形码、收银箱、顾客显示器、磁卡及 IC 卡读写装置等外部设备相连接。虚拟 POS 终端分为两大类,即收款员终端和售货员终端,分别用于前台收款、柜台售货和柜台自收款。每一类别的终端又依据不同的应用要求分为多种型号。

虚拟 POS 网络由虚拟 POS 智能网卡、虚拟 POS 主机的通信接口及网卡驱动程序、虚拟 POS 终端的通信接口及通信程序和网络通信线路等组成,用于虚拟 POS 主机与虚拟终端及各虚拟终端之间的实时通信和数据交换,保证各虚拟终端实时共享一台 PC 机或 PC-POS 机的所有软、硬件资源和信息资源。

虚拟 POS 软件在 Windows、数据库构成的软件运行平台支持下,由虚拟 POS 主机的销售实时处理和系统运行管理软件、虚拟 POS 终端的实时控制软件、虚拟 POS 网络的通信与管理软件以及销售管理、商品管理、结存管理、库存管理和职员管理等应用软件系统所构成,如图 9-21 所示。

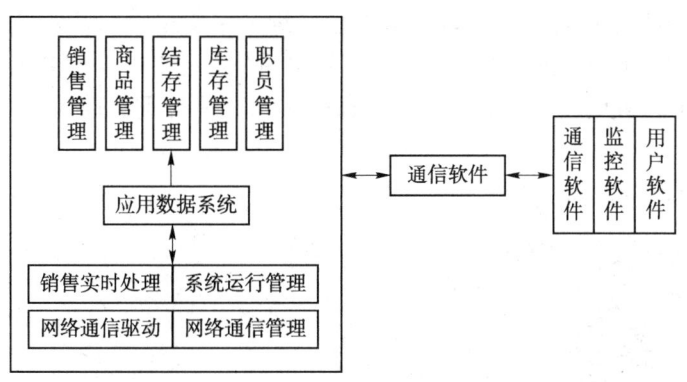

图 9-21 虚拟 POS 软件系统结构

9.6 GPS 与 GIS

9.6.1 GPS 的定义和工作原理

1. GPS 定义

全球定位系统(Global Positioning System,GPS)是美国国防部于 1973 年批准建立的导航卫星定时测距全球定位系统。它是一种可以定时和测距的空间定点导航系统,可向全球用户提供连续、实时、高精度的三维位置、三维速度和时间信息,为陆、海、空三军提供精密导航,还可用于情报收集、核爆监测、应急通信和卫星定位等军事目的。

GPS 是美国 1973 年 11 月开始研制的第二代星基被动式无线电导航系统,是美国继阿波罗登月飞船和航天飞机之后的第三大航天工程,经历 20 年,耗资 300 多亿美元,于 1994 年 7 月完成全部系统。美国政府宣布从 2000 年 5 月 1 日起,GPS 向全球用户免费开放。

作为美国第二代卫星导航系统,GPS 是在子午仪卫星导航系统的基础上发展起来的。和子午仪卫星导航系统一样,GPS 由空间部分、地面监控部分和用户接收机三大部分组成。GPS 空间部分由 24 颗卫星形成,其中 21 颗作为工作卫星,3 颗为备用卫星。GPS 卫星星座如图 9-22 所示。GPS 具有性能好、精度高、应用广的特点,从覆盖范围、信号可靠性、数据内容、准确度及多用性这五项指标来看,GPS 都远比先前的子午卫星导航系统优越。随着 GPS 硬、软件的不断完善,应用领域正在不断地开拓,目前已遍及国民经济各部门和人们日常生活。

2. GPS 的工作原理

GPS 进行定位的基本原理,是以 GPS 卫星和用户接收机天线之间距离(或距离差)的观测量为基础,并根据已知的卫星瞬间坐标来确定用户接收机所对应的点位,即待定点的三维坐标 (x, y, z)。首先假定卫星的位置为已知,准确地测定所在地点 A 至卫星之间的距离,那么点 A 一定是位于以卫星为中心所测得距离为半径的圆球上。进一步测得点 A 至另一卫星的距离,则点 A 一定处在前后两个圆球相交的圆环上。还可测得点 A 与第三个卫星的距离,就可以确定点 A 只能是在三个圆球相交的两个点上。由于用户接收机使用的时钟与星载时钟不可能总是同步,所以除了用户的三维坐标 (x, y, z) 外,还要引进一个 Δt,即卫星与接收机之间的时间差作为未知数,然后用 4 个方程将这 4 个未知数解出来。所以,如果想知道接收机所处的位置,至少要能接收到 4 个卫星的信号,GPS 定位的基本原理如图 9-23 所示。

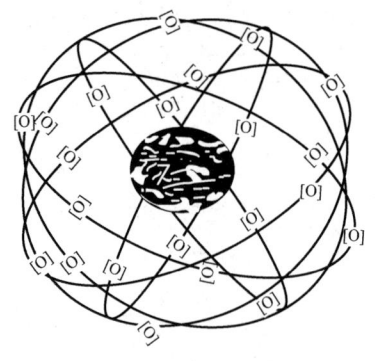

图 9-22 GPS 卫星星座

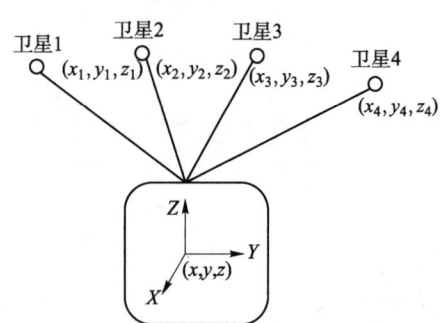

图 9-23 GPS 定位基本原理

9.6.2 GPS 的组成

GPS 包括三大部分:空间部分——GPS 卫星星座;地面控制部分——地面监控系统;用户设备部分——GPS 信号接收机。

1. GPS 卫星星座

GPS 工作卫星及其星座由 21 颗工作卫星和 3 颗在轨备用卫星组成 GPS 卫星星座，记作（21+3）GPS 星座。24 颗卫星均匀分布在 6 个轨道平面内，轨道倾角为 55°。各个轨道平面之间相距 60°，即轨道的升交点赤经各相差 60°。每个轨道平面内各颗卫星之间的升交角距相差 90°，一轨道平面上的卫星比西边相邻轨道平面上的相应卫星超前 30°。

位于地平线以上的卫星颗数随着时间和地点的不同而不同，最少可见到 4 颗，最多可见到 11 颗。在用 GPS 信号导航定位时，为了计算测站的三维坐标，必须观测 4 颗 GPS 卫星，称为定位星座。这 4 颗卫星在观测过程中的几何位置分布对定位精度有一定的影响。对于某地某时，甚至不能测得精确的点位坐标，这种时间段称为间隙段，但这种间隙段是很短暂的，并不影响对 GPS 的正常使用。

2. 地面监控系统

GPS 工作卫星的地面监控系统包括 1 个主控站、3 个注入站和 5 个监测站。监控站设有 GPS 用户接收机、原子钟、收集当地气象数据的传感器和进行数据初步处理的计算机。监控站的主要任务是取得卫星观测数据并将这些数据传送至主控站，主控站对地面监控站实行全面控制。主控站的主要任务是收集各监控站对 GPS 卫星的全部观测数据，利用这些数据计算每颗 GPS 卫星的轨道和卫星钟改正值。注入站的主要任务是在每颗卫星运行至上空时把这类导航数据及主控站的指令注入卫星中，每颗 GPS 卫星每天进行一次。

3. GPS 信号接收机

GPS 信号接收机用来接收导航卫星发射的信号，并跟踪这些卫星的运行，对所接收到的 GPS 信号进行变换、放大和处理，以便测量出 GPS 信号从卫星到接收机天线的传播时间，解译出 GPS 卫星所发送的导航电文，实时地计算出测站的三维坐标，甚至三维速度和时间。GPS 接收机的基本结构如图 9-24 所示。

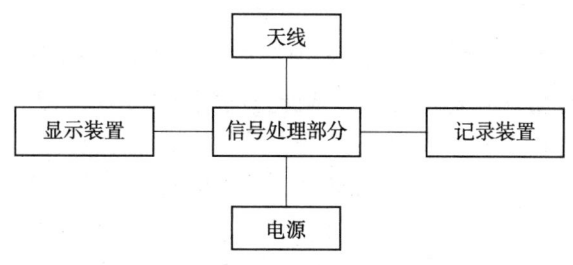

图 9-24 GPS 接收机的基本结构

在静态定位中，GPS 接收机在捕获和跟踪 GPS 卫星的过程中固定不变，接收机高精度地测量 GPS 信号的传播时间，利用 GPS 卫星在轨的已知位置，算出接收机天线所在位置的三维坐标。而动态定位则是用 GPS 接收机测定一个运动物体的运行轨迹。GPS 信号接收机所位于的运动物体称为载体（如空中的飞机、行驶的车辆等）。载体上的 GPS 接收机天线在跟踪 GPS 卫星的过程中相对地球而运动，接收机用 GPS 信号实时地测得运动载体的状态参数（瞬间三维位置和三维速度）。

9.6.3 GIS 的定义和工作原理

1. GIS 的定义

（1）地理信息

地理信息是指与研究对象的空间地理分布有关的信息，包括数量、质量、空间位置、空间分布特征、相互联系和变化规律等，是对表达地理特征与地理现象之间关系的地理数据的解释。

地理信息与一般信息的区别在于它具有区域性、多维性、动态性和地域性。

①区域性指的是地理信息的定位特征，且这种定位特征是通过公共的地理基础体现出来的。例如，用经纬坐标确定空间位置，指定区域。

②多维性是指在二维空间的基础上实现第三维结构，获得多方面的信息。例如，在一个地面点上，可取得污染、交通、气候等多种信息。

③动态性是指地理信息需要实时更新采集到的信息，并根据变化规律进行分析，做出及时预报。

④地理数据则是各种地理特征和现象之间关系的符号化表示，是由地理位置所决定的，因此具有地域性。

（2）GIS 的含义

根据各行业对 GIS 的定义，我们把它定义为：GIS 是在计算机硬件、软件系统的支持下，以地理空间数据库为基础，采集、存储、管理、运算、分析、描述和显示整个或部分地球表面（包括大气层在内）与空间和地理分布有关的各种数据，为地理研究和地理决策提供服务的空间信息系统。

1963 年，加拿大土地调查局为了处理大量的土地调查资料，由测量学家汤姆林森（R. F. Tomlinson）首次提出地理信息系统这一术语。不久，美国哈佛大学的计算机图形与空间分析实验室，又开发了比较完整的 SYMAP 系统软件。进入 20 世纪 70 年代后，计算机大容量存储磁盘的使用，为地理数据的采集、录入与处理提供了有力的支持，巩固了地理信息的发展。例如，从 1970 年到 1976 年，美国国家地质调查局就建成 50 多个地理信息系统。从 20 世纪 80 年代开始，GIS 技术被普遍地推广并得到了广泛的应用。GIS 的应用从基础数据的处理与信息规划转向更复杂的空间实体数据及其关系的综合性分析管理，被多个用户共同享用。作为一种辅助决策的工具，它促进了地理信息产业的形成，并使 GIS 技术逐步走向了成熟。到了 20 世纪 90 年代，GIS 已经步入了稳定发展的阶段，各个行业都根据本行业的特征，相继开发出了独具特色的 GIS，每两至三年就更新一次。在这一阶段，我国的地理信息技术也得到了迅猛的发展，一批高等院校已设立了一些与 GIS 有关的专业或学科，一批专门从事 GIS 产业活动的高新技术产业也相继成立。此外，我国还成立了"中国 GIS 协会"和"中国 GPS 技术应用协会"等。

2. GIS 的工作原理

GIS 就是用来存储有关世界的信息的，这些信息是通过地理关系连接在一起的所有主题层集合。这个简单却非常有力和通用的概念，对于解决许多真实世界的问题具有无价的作用。

GIS 地理信息包含明确的地理参照系统，如经度和纬度坐标，或者是国家网格坐标；也可以包含间接的地理参照系统，如地址、邮政编码、人口普查区名、森林位置识别、路名等。一种称为地理编码的自动处理系统用来将间接的参照系统（如地址描述）转变成明确的地理参照系统（如多重定位）。这些地理参考系统可以定位一些特征，如商业活动、森林位置，也可以定位一些事件，如在地震后用于地表分析，还可以跟踪运输工具、模拟全球的大气循环等。

GIS 工作有两种不同的基本地理模式——矢量模式和栅格模式。在矢量模式中，关于点、线和多边形的信息被编码并以 X、Y 坐标形式存储。一个点特征的定位，如一个钻孔，可以被一个单一的 X、Y 坐标所描述；线特征，如公路和河流，可以被存储于一系列的点坐标；多边形特征，如销售地域或河流聚集区域，可以被存储于一个闭合循环的坐标系。矢量模式非常有利于描述一些离散特征，但对连续变化的特征，如土壤类型或医院的开销等，就不太有用。栅格模式为连续特征的模式，栅格图像包含有网格单元，有点像扫描的地图或照片。无论是矢量模式还是栅格模式，用来存储地理数据都有优点和缺陷。现代的 GIS 都可以处理这两种模式。

随着信息及网络技术不断地发展，GIS 已在许多部门和领域得到应用，并引起了社会的高度重视。从应用方面看，GIS 已在资源开发、环境保护、城市规划建设、土地管理、农作物调查、交通、能源、通信、地图测绘、林业、房地产开发、自然灾害的监测与评估、金融、保险、石油与天然气、军事、犯罪分析、运输与导航、110 报警系统、公共汽车调度等方面得到了具体应用。

9.6.4 GIS 的组成、分类和功能

1. GIS 的基本组成

GIS 的应用系统主要由五部分组成，即计算机硬件系统、计算机软件系统、地理空间数据、应用分析模型、系统开发及使用人员，如图 9-25 所示。

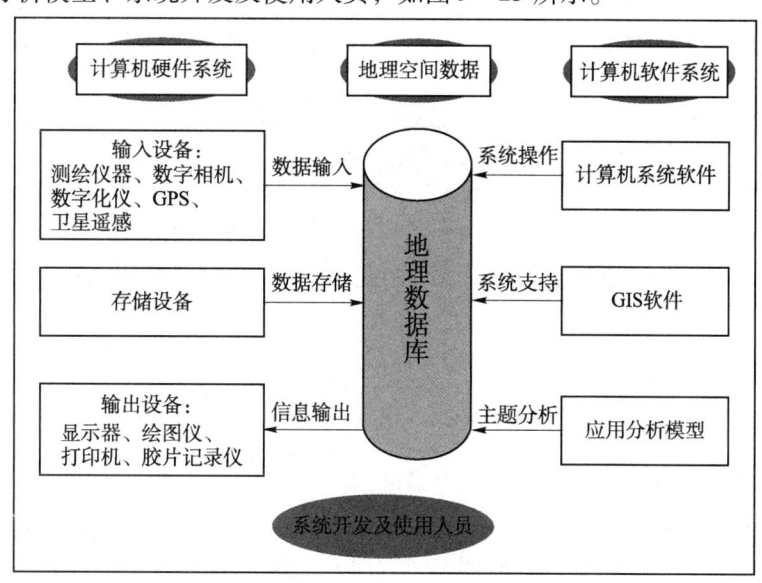

图 9-25 GIS 应用系统组成

(1) 计算机硬件系统

GIS 的计算机硬件系统一般由计算机与一些外围设备组成（如图 9-26 所示）。计算机是硬件系统的核心，用作数据和信息的处理、加工与分析。外围设备包括数据的采集设备，如数字化仪、扫描仪、解析测图仪、测绘仪器及光笔和手写笔等。数字化仪用来将地图转换成数字形式（矢量格式）；扫描仪用来扫描输入栅格数据，再经计算机矢量化处理后成为数字形式；解析测图仪可从遥感影像上采集空间数据。数据可以通过以上这些外围设备以计算机联机方式输入，也可由数字测图部门直接提供。GIS 的输出和存储设备也是标准的计算机外围设备。输出设备有绘图仪及打印机等，而磁带机、大容量移动硬盘或光盘则可以用来存储大量的空间地理数据。

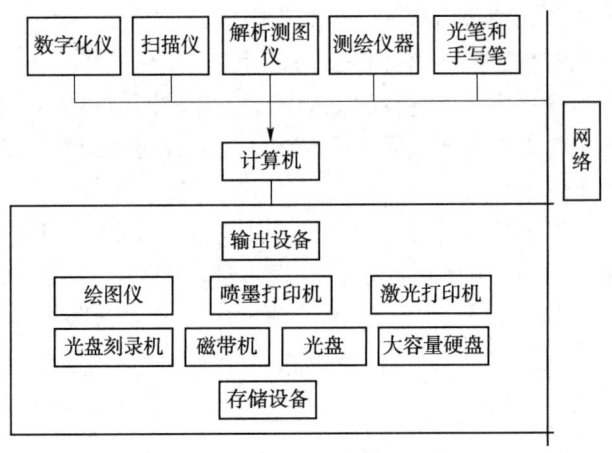

图 9-26　GIS 系统的组成

(2) 计算机软件系统

GIS 的计算机软件系统是指系统运行所必需的各种程序，是 GIS 的核心组成部分，并且直接关系到 GIS 的功能。它主要包括计算机系统软件和地理信息系统软件两大部分。按照 GIS 对数据的采集、加工、管理、分析和表达，可将 GIS 软件系统中与用户有关的软件分为五大子系统，即数据输入与转换、图形及文本编辑、数据存储与管理、空间查询与分析及数据输出与表达，如图 9-27 所示。

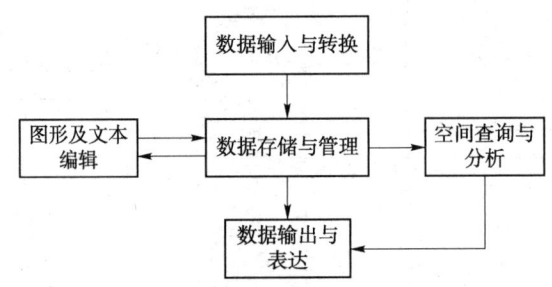

图 9-27　GIS 软件系统的组成

(3) 地理空间数据

GIS 必须建立在准确地理空间数据的基础上，数据来自室内地图数字化、专业采集、遥感图像解析或从其他数据转换。地理空间数据可分为空间数据和属性数据，并与关系数据库相互连接。

(4) 应用分析模型

应用分析模型是关系 GIS 应用系统成败的至关重要的因素。它是在对专业领域的具体对象与过程进行大量研究的基础上总结出的规律。GIS 应用就是利用这些模型对大量空间数据进行分析综合来解决实际问题的模型,如基于 GIS 的物流系统分析模型、运输系统规划模型等。

(5) 系统开发及使用人员

系统开发及使用人员是 GIS 中最重要的组成部分。系统开发人员必须定义 GIS 中被执行的各种任务,并开发处理程序。系统使用人员,即用户,用户的类型、数量及研究领域和要求等都影响了系统的功能设计。

2. GIS 的分类

与地图相比,GIS 的先天优势是将数据的存储与数据的表达进行分离,因此基于相同的基础数据能够产生出各种不同的产品。常见的 GIS 是从功能、内容等角度进行分类的。

①按功能分类。GIS 可分为专题地理信息系统(Thematic GIS)、区域地理信息系统(Regional GIS) 和地理信息系统工具(GIS Tools)。

②按内容分类。GIS 可分为城市信息系统、自然资源查询信息系统、规划与评估信息系统和土地管理信息系统。

3. GIS 的功能

GIS 的基本功能主要是对空间信息及其相关的属性信息的处理,将各种详细的地理资料整合成综合性的地理信息资料库,通过应用软件将各种相关信息以文字、数字、图表、声音、图形或配以地图的形式,提供给规划者及决策者使用。GIS 显示的范围具有比较大的灵活性,可以根据使用者提出的要求选择区域,显示出区域内人口的数量和分布情况、商品的销售情况、运输路线的设置、资源的分布情况等内容。

大多数 GIS 软件都具备五项基本功能,即数据输入、数据编辑、数据存储与管理、空间查询与分析、可视化表达与输出。图 9-28 是一个典型的 GIS 功能示意图。

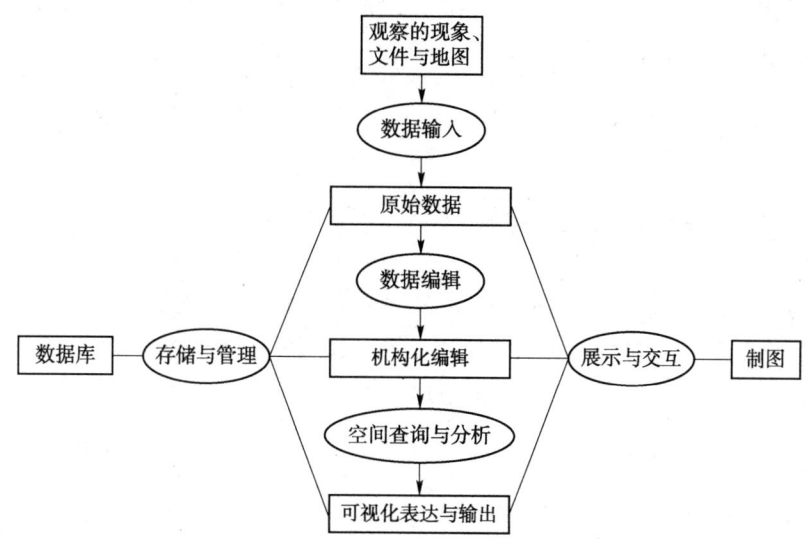

图 9-28 GIS 的功能示意图

(1) 数据输入

数据输入是建立地理数据库的基础过程，主要是将图形数据、栅格数据（包括各种遥感数据、航测数据、摄影图像数据、航空雷达数据等）、属性数据（用来描述对象特征的，通常用关系数据库管理系统进行管理）等输入，转换成计算机可处理的数字形式。对于不同种类的数据，可以采取不同的输入形式。例如，图形数据可以采用数字化输入和扫描仪输入。

(2) 数据编辑

数据编辑主要是包括图形编辑和属性编辑。图形编辑主要包括多边形拓扑关系的建立与校正、图形编辑、图形整饰、图形拼接、投影变换等功能。而属性数据的编辑往往与数据管理结合在一起。

(3) 数据的存储与管理

数据能否有效存储与管理，是 GIS 系统应用成功与否的关键。该功能主要用于对空间与非空间数据的存储、查询检索、修改和更新。矢量数据结构、栅格数据结构是 GIS 存储的主要数据结构。数据结构确定后，在空间数据的存储与管理中，关键是确定应用系统空间与属性数据库的结构以及空间与属性数据的连接。目前广泛采用的 GIS 管理空间数据，使用的是关系数据库管理属性数据。

(4) 空间查询与分析

空间查询与分析是 GIS 最重要的功能，也是 GIS 区别于其他信息系统的本质特征，它使地图图形信息及各种专业信息的利用深度和广度大大增强。空间数据查询，即 GIS 具有的丰富的查询功能，既具有属性查询功能，也有图形查询功能，还可以实现图形与属性之间的交叉查询。空间数据分析就是对空间数据进行一系列的运算和查询。不同的应用具有不同的模型，通常 GIS 只提供几种最基本的分析模型，如地形分析、矢量分析、缓冲分析、网络分析等。

(5) 可视化表达与输出

GIS 通常以人机交互方式来选择显示的对象与形式，对于图形数据，根据要素的信息密集程度，可选择放大或缩小显示。它还可以输出全要素地图，也可以根据用户需要，分层输出各种专题图、统计图、图表以及数据等。

9.7 北斗卫星导航系统

9.7.1 北斗卫星导航系统概述

中国北斗卫星导航系统（BeiDou Navigation Satlite System，BDS）是中国自行研制的全球卫星导航系统。北斗卫星导航系统（BDS）和美国 GPS、俄罗斯 GLONASS、欧盟 GALILEO，是联合国卫星导航委员会已认定的供应商。

1. 概述

北斗卫星导航系统是中国着眼于国家安全和经济社会发展需要，自主建设运行的全球卫星导航系统，是为全球用户提供全天候、全天时、高精度的定位、导航和授时服务的国家重要时空基础设施。

北斗卫星导航系统提供服务以来，已在交通运输、农林渔业、水文监测、气象测报、通信授时、电力调度、救灾减灾、公共安全等领域广泛应用，服务于国家重要基础设施，产生了显著的经济效益和社会效益。基于北斗卫星导航系统的导航服务已被电子商务、移动智能终端制造、位置服务等厂商采用，广泛进入中国大众消费、共享经济和民生领域，应用的新模式、新业态、新经济不断涌现，深刻改变着人们的生产生活方式。中国将持续推进北斗卫星导航系统的应用与产业化发展，服务国家现代化建设和百姓日常生活，为全球科技、经济和社会发展做出贡献。

2. 发展历程

20世纪后期，中国开始探索适合国情的卫星导航系统发展道路，逐步形成了三步走发展战略：2000年年底，建成北斗一号系统，向中国提供服务；2012年年底，建成北斗二号系统，向亚太地区提供服务；2020年，建成北斗三号系统，向全球提供服务。

9.7.2 北斗卫星导航系统的构成和特点

北斗卫星导航系统由空间段、地面段和用户段三部分组成：空间段包括5颗静止轨道卫星和30颗非静止轨道卫星；地面段包括主控站、注入站和监测站等若干个地面站；用户段包括北斗用户终端以及与其他卫星导航系统兼容的终端。北斗卫星导航系统的卫星布局图如图9-29所示。

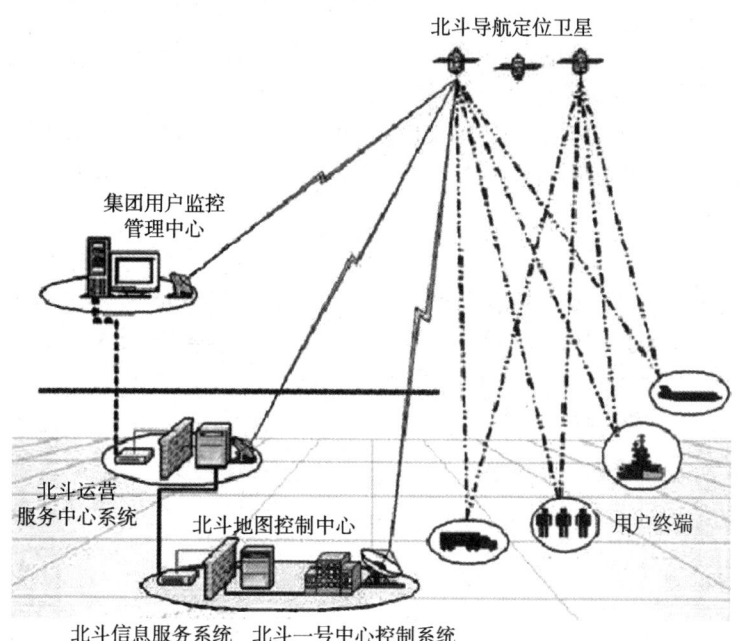

图9-29 北斗卫星导航系统的卫星布局图

北斗卫星导航系统的建设实践，走出了在区域快速形成服务能力、逐步扩展为全球服务的中国特色发展路径，丰富了世界卫星导航事业的发展模式。

北斗卫星导航系统具有以下特点：一是北斗卫星导航系统空间段采用三种轨道卫星组成的混合星座，与其他卫星导航系统相比高轨卫星更多，抗遮挡能力强，尤其低纬度地区性能优势更为明显。二是北斗系统提供多个频点的导航信号，能够通过多频信号组合使用等方式提高服务精度。三是北斗系统创新融合了导航与通信能力，具备定位导航授时、星基增强、地基增强、精密单点定位、短报文通信和国际搜救等多种服务能力，其定位精度优于10米，测速精度优于0.2米/秒，授时精度优于10纳秒。

9.8 物联网技术

9.8.1 物联网的概念

1. 物联网的起源

物联网概念最早出现于比尔·盖茨1995年《未来之路》一书。在《未来之路》中，比尔·盖茨虽然已经提及物联网概念，但由于当时受限于无线网络、硬件及传感设备的发展，未被世人的重视。

1998年，美国麻省理工学院创造性地提出了当时被称作EPC系统的"物联网"的构想。1999年，美国Auto-ID首先提出"物联网"的概念，主要建立在物品编码、RFID技术和互联网的基础上。中科院早在1999年就启动了传感网（中国早前对物联网的称呼）的研究，并已取得了一些科研成果，建立了一些适用的传感网。同年，在美国召开的移动计算和网络国际会议提出了"传感网是下一个世纪人类面临的又一个发展机遇"。

2005年11月17日，在信息社会世界峰会（WSIS）上，国际电信联盟（ITU）发布了《ITU互联网报告2005：物联网》，正式提出了"物联网"的概念。报告指出，无所不在的"物联网"通信时代即将来临，世界上所有的物体从轮胎到牙刷、从房屋到纸巾都可以通过因特网主动进行交换。射频识别技术（RFID）、传感器技术、纳米技术、智能嵌入技术将到更加广泛的应用。

半个多世纪以来，从计算机诞生到互联网的大规模应用，信息技术给人们的工作和生活带来了巨大变化，通信、控制和感知等技术快速发展，信息技术突破了传统的人机交互领域，向物理世界扩展和延伸。人与物、物与物之间构成信息传输和控制的平台——物联网，成为继计算机、互联网之后的第三次信息化浪潮。

2006年1月9日，胡锦涛主席在全国科技大会上提出：抓住信息科技更新换代和新材料科技迅猛发展的难得机遇，把掌握装备制造业和信息产业核心技术的自主知识产权作为提高我国产业竞争力的突破口。

2. 物联网的定义

物联网（Internet of Things，IoT）即"万物相连的互联网"，是将各种信息、传感设备与互联网结合起来而形成的一个巨大网络，能够实现在任何时间、任何地点，人、机、物的互联互通。

物联网是新一代信息技术的重要组成部分，IoT行业又叫泛互联，意指物物相连、万物万联。这里包含两层意思：第一，物联网的核心和基础仍然是互联网，是在互联网基础上的延伸和扩展；第二，用户端延伸和扩展到了任何物品与物品之间。因此，物联网的定义是通过射频识别、红外感应器、全球定位系统、激光扫描器等信息传感设备，按约定的协议，把任何物品与互联网相连接，进行信息交换和通信，以实现对物品的智能化识别、定位、跟踪、监控和管理的一种网络。

从以上定义不难看出，狭义的物联网是指从物联网的实现技术出发，通过传感器技术和识别技术，实现人与物、物与物信息交流的网络，无论是否接入互联网都属于物联网的范畴。广义的物联网是指能够实现任何时间、任何地点、任何人与任何物之间进行信息交互的网络，这是对互联网未来技术的延伸，也被称为未来的互联网或泛在网络。

物联网有以下三个主要特征：

①物联网仍以互联网为基础和核心，其用户端由互联网中的人扩展为一般物品；

②物联网在互联网的接入方式和终端系统上进行了延伸，利用射频识别技术、传感器、网络等使物品具有自我表达能力，从而实现人与物、物与物间的信息交流和资源共享；

③物联网的本质是将世界上的人、物、网与社会融合为一个整体，将人类社会的所有活动，包括经济活动、社会活动、生产活动和个人活动等融合到统一的物联网基础上运行，构成一个动态全球信息基础设施。

这里的"物"要满足以下条件才能够被纳入"物联网"的范围：

①要有相应信息的接收器；

②要有数据传输通路；

③要有一定的存储功能；

④要有CPU；

⑤要有操作系统；

⑥要有专门的应用程序；

⑦要有数据发送器；

⑧要遵循物联网的通信协议；

⑨在世界网络中有可被识别的唯一编号。

9.8.2 物联网的基本特征和功能

1. 物联网的基本特征

物联网的基本特征从通信对象和过程来看，物与物、人与物之间的信息交互是物联网的核心。物联网的基本特征可概括为整体感知、可靠传输和智能处理。

①整体感知。整体感知是指利用射频识别、二维码、智能传感器等感知设备感知获取物品的各类信息。

②可靠传输。可靠传输是指通过对互联网、无线网络的融合，将物品的信息实时、准确地传送，以便信息交流、分享。

③智能处理。智能处理是指使用各种智能技术，对感知和传送到的数据、信息进行分析处理，实现监测与控制的智能化。

2. 物联网的功能

根据物联网的以上特征，结合信息科学的观点，围绕信息的流动过程，可以归纳出物联网的功能包括以下几种：

①获取信息的功能。获取信息主要是指信息的感知、识别。信息的感知是指对事物属性状态及其变化方式的知觉和敏感;信息的识别指能把所感受到的事物状态用一定方式表示出来。

②传送信息的功能。传送信息主要是指通过信息发送、传输、接收等环节,最终把获取的事物状态信息及其变化的方式从时间(或空间)上的一点传送到另一点的任务,这就是常说的通信过程。

③处理信息的功能。处理信息是指信息的加工过程,利用已有的信息或感知的信息产生新的信息,实际上是制定决策的过程。

④施效信息的功能。施效信息是指使信息最终发挥效用的过程,有很多的表现形式,比较重要的是通过调节对象事物的状态及其变换方式,始终使对象处于预先设计的状态。

9.8.3 物联网体系的结构

物联网体系结构主要由三个层次组成:感知层(感知控制层)、网络层和应用层组成,模型如图9-30所示。

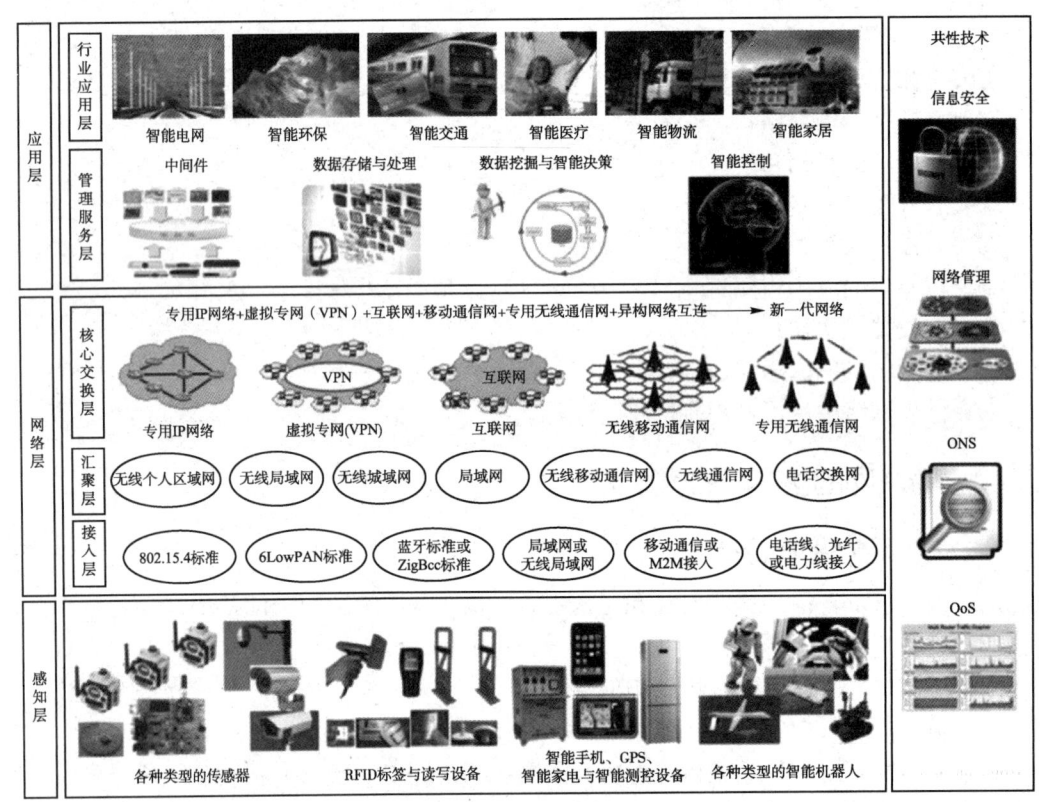

图9-30 物联网体系结构模型

1. 感知层

感知层主要分为两类:第一类是自动感知设备,能够自动感知外部物理信息,包括RFID标签,传感器,智能家电等;第二类是人工生成信息设备,包括智能手机、计算机等。

2. 网络层

网络成又称为传输层，包括接入层、汇聚层和核心交换层。

接入层相当于计算机网络的物理层和数据链路层，接入层设备构成了物联网感知网络的基本单元。接入层网络技术分为无线接入和有线接入，无线接入包括无线局域网、4G/5G 移动通信等；有线接入包括现场总线、电力线接入、电视电缆和电话线等。

汇聚层位于接入层和核心交换层之间，进行数据分组汇聚、转发和交换。汇聚层技术也分为无线和有线两类。

核心交换层为物联网提供高速、安全和具有服务质量保障能力的数据传输。

3. 应用层

应用层分为管理服务层和行业应用层。

管理服务层通过中间软件实现感知硬件和应用软件之间的物理隔离和无缝连接，提供海量数据的高效汇聚、存储，通过数据挖掘、智能数据处理计算等，为行业应用层提供安全的网络管理和智能服务。管理服务层主要通过中间件技术、海量数据存储和挖掘技术和云计算平台来支持。

行业应用层为不同行业提供物联网服务，如智能医疗、智能交通、智能家居、智能物流等。行业应用层主要由应用层协议组成，不同的行业需要制定不同的应用层协议。在物联网整个体系结构中，信息安全、网络管理、对象名字服务和服务质量保证是用到的共性技术。

9.8.4 物联网的关键技术

物联网涉及的技术种类众多，主要包括如下关键技术：自动感知技术（射频识别技术、传感器设计，中间件与数据处理软件设计）、嵌入式技术、移动通信技术、计算机网络技术、智能数据处理技术、中间件与应用软件设计、海量数据存储与计算（云计算）、数据挖掘、智能控制技术、信息安全技术等。下面对其中的射频识别技术和云计算做简要介绍。

1. 射频识别技术

射频识别（Radio Frequency Identification，RFID），是一种简单的无线系统，由一个询问器（或阅读器）和很多应答器（或标签）组成。RFID 技术让物品能够"开口说话"。关于射频识别的详细内容见本书 9.4 节。

据 Sanford C. Bernstein 公司的零售业分析师估计，关于物联网 RFID 技术带来的这一特性，可使沃尔玛每年节省 83.5 亿美元，其中大部分是因为不需要人工查看进货的条形码而节省的劳动力成本。RFID 技术帮助零售业解决了商品断货和损耗两大难题。

2. 云计算

云计算旨在通过网络把多个成本相对较低的计算实体整合成一个具有强大计算能力的系统，并借助先进的商业模式让终端用户可以享受到这些强大计算能力带来的服务。如果将计算能力比作发电能力,那么从古老的单机发电模式转向现代电厂集中供电的模式,就类似于单机计算模式转向云计算模式,而"云"就好比发电厂,具有单机所不能比拟的强大计算能力。这意味着计算能力也可以作为一种商品进行流通,就像煤气、水、电一样,取用方便、费用低廉,以至于用户无须自己配备。

云计算的核心理念就是通过不断提高"云"的处理能力,不断减少用户终端的处理负担,最终使其简化成一个单纯的输入输出设备,并能按需享受"云"强大的计算处理能力。物联网感知层获取的大量数据信息,在经过网络层传输以后,放到一个标准平台上,再利用高性能的云计算对其进行处理,赋予这些数据智能,最终才能转换成对终端用户有用的信息。

9.8.5 物联网的应用

物联网的应用领域涉及广泛,在工业、农业、环境、交通、物流、安保等基础设施领域均有应用,有效地推动了不同行业的智能化发展,使有限的资源得到更加合理的使用分配,从而提高了行业效率、效益。下面对物联网在智能交通、智能家居、公共安全方面的应用做简要介绍。

1. 智能交通

物联网技术在道路交通方面的应用比较成熟。随着社会车辆的普及,交通拥堵已成为很多城市的一大问题。对道路交通状况实时监控并将信息及时传递给驾驶人,让驾驶人及时调整路线,不仅可以提高出行效率,也可以有效缓解交通压力;在高速路口设置道路自动收费系统(ETC),可以提高车辆的通行效率;在公交车上安装定位系统,可以让乘客及时了解公交车行驶路线及到站时间,方便乘客根据搭乘路线确定出行时间。

2. 智能家居

智能家居就是物联网在家庭中的基础应用,如图 9-31 所示。家中无人时,用户可利用手机等产品客户端远程操作智能空调调节室温,智能空调甚者还可以学习用户的使用习惯,从而实现全自动的温控操作,另外,用户还可以通过客户端实现智能灯泡的开关、调控灯泡的亮度和颜色等。智能摄像头、窗户传感器、智能门铃、烟雾探测器、智能报警器等都是家庭不可少的安全监控设备。即使出门在外,人们也可以在任意时间、地点查看家中任何一角的实时状况,以保证无安全隐患。

3. 公共安全

近年来全球气候异常情况频发,灾害的突发性和危害性进一步加大,物联网技术可以实时监测环境的不安全性情况,提前预防、实时预警、及时采取应对措施,可以降低灾害对人类生命财产的威胁。美国布法罗大学早在 2013 年就提出研究深海物联网项目,通过将特殊处理的感应装置置于深海处,分析水下相关情况,这样对海洋污染的防治、海底资源的探测、甚至对海啸也可以提供更加可靠的预警。该项目在当地湖水中进行试验,获得成功,为进一步扩大使用范围提供了基础。可见,利用物联网技术可以智能感知大气、土壤、森林、水资源等方面各项指标数据,对于改善人类生活环境发挥巨大作用。

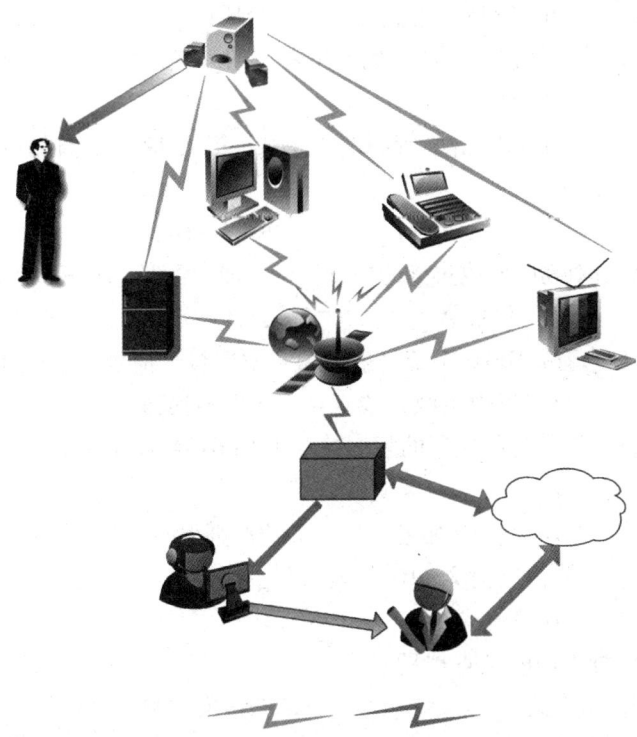

图 9-31 物联网技术的智能家居中的应用

本章小结

本章主要介绍了物流信息与传输设备中的条形码技术与设备、条形码数据采集设备、射频设备、POS 与 POS 系统、GPS 和 GIS、北斗卫星导航系统和物联网技术等。条形码数据采集设备具有快速、准确、易于操作的特点,被广泛应用于物流领域的出库、入库、上架、分拣、运输和仓储管理等过程中。条形码技术包含编码技术、扫描技术、译码技术和计算机自动识别系统设计的综合技术。POS 指前台销售的终端,作为数据采集系统,为后台信息管理提供完整的数据,提高了收款速度,减轻了收款员的劳动强度,减少了工作差错。GPS 和 GIS 在物流领域中,为物流运输的实时监控、车辆定位等起到了至关重要的作用。北斗卫星导航系统是由我国自主研发全球定位系统,共由 55 颗卫星组成,目前已组网成功,这标志着中国北斗卫星导航系统向全球组网完成又迈出重要一步。物联网是"万物相连的互联网",是互联网基础上的延伸和扩展,具有整体感知、互联互通和智能处理的特征。

习题

一、单项选择题

1. 一维码是由一组规则排列的条、空以及对应的字母组成的标记,"条"是指对光线反射率（　　）的部分，"空"是指对光线反射率（　　）的部分。
　　A. 较低；较高　　　B. 较高；较低　　　C. 较低；较低　　　D. 较高；较高
2. 人们日常购买的商品包装上所印的条形码一般就是（　　）商品条形码。
　　A. Code 25　　　　B. ITF25　　　　C. EAN-13　　　　D. EAN-128
3. （　　）是所有一维码中密度较高的条形码，广泛应用于商品批发、仓库、机场、生产、包装识别和工业中。
　　A. Code 25 码　　　B. 交叉 25 码　　　C. EAN-13 码　　　D. EAN-128 码
4. （　　）是负责对物联网收集到的信息进行处理、管理、决策的后台计算处理平台。
　　A. 感知层　　　　　B. 网络层　　　　　C. 云计算平台　　　D. 传输层
5. 从其工作原理来看，RFID 系统一般由信号发射机、信号接收机和（　　）组成。
　　A. 扫描器　　　　　B. 发射接收天线　　C. 光电转换器　　　D. 译构器
6. 通常阅读器发送信号时所使用的频率被称为 RFID 系统的工作频率，其高频的频率为（　　）。
　　A. 30~300 千赫　　 B. 3~30 兆赫　　　 C. 300 兆赫~3 吉赫　D. 2.45 吉赫
7. GPS 由（　　）颗高度为 2×10^4 公里的卫星形成空间部分。
　　A. 18　　　　　　　B. 19　　　　　　　C. 21　　　　　　　D. 24
8. GIS 工作于两种不同的基本地理模式（　　）。
　　A. 矢量模式和栅格模式　　　　　　　　B. 矢量模式和极坐标模式
　　C. 栅格模式和极坐标模式　　　　　　　D. 极坐标模式和球坐标模式
9. GIS 的应用系统由五个主要部分组成，即计算机硬件系统、计算机软件系统、（　　）、应用分析模型和系统开发及使用人员。
　　A. 操作系统　　　　B. 资源数据　　　　C. 信息中心　　　　D. 地理空间数据
10. 北斗卫星导航系统的组成包括地面段、用户段及（　　）。
　　A. 空间段　　　　　B. 地面监控部分　　C. 信号发射机　　　D. 天线

二、多项选择题

1. 属于物流信息技术的是（　　）。
　　A. Bar CodeE　　　B. GIS　　　　　　C. GPS
　　D. EDI　　　　　　E. ITS
2. 条形码识读系统是条形码系统的组成部分，由（　　）组成。
　　A. 光源　　　　　　B. 扫描系统　　　　C. 信号整形
　　D. 译码　　　　　　E. 光电转换器
3. 条形码扫描器选择需考虑的指标有（　　）。
　　A. 条形码符号长度
　　B. 首读率
　　C. 工作距离和扫描景深
　　D. 光电扫描器的分辨率与条形码符号的密度
　　E. 扫描速度

4. POS 终端分为（　　）类型。

A. 简易授权型专用终端

B. 购物卡终端

C. 转账终端

D. 收银式 POS

E. 后台管理终端

5. 虚拟 POS 由（　　）组成。

A. 虚拟 POS 主机

B. 虚拟 POS 终端

C. 虚拟 POS 操作系统

D. 虚拟 POS 网络

E. 虚拟 POS 软件

6. 关于二维码技术，下列说法正确的有（　　）。

A. 目前应用较为普遍的 QR 码属于堆叠式/行排式二维码

B. 二维码拥有一维码没有的"定位标记"和"容错机制"

C. 汉信码是目前我国唯一一个拥有完全自主知识产权的二维码

D. QR 码呈正方形，在正方形的其中 3 个角印有较小的"回"样图案

E. 二维码有彩色和黑白两种格式

三、简答题

1. 物流信息的定义是什么？
2. 简述条形码识别系统的组成和识别原理。
3. 简述 CCD 扫描器的工作原理。
4. 无线数据采集器与计算机系统的连接，采用的基本方式是什么？
5. RFID 系统的分类有哪些？
6. POS 的功能是什么？
7. 简述虚拟 POS 系统的基本构成。
8. GPS 包括哪些部分？
9. 简述 GIS 的组成。
10. 简述物联网的定义，分析物联网的"物"的条件。
11. 论述云计算和物联网的关系。

第 10 章

包装与流通加工设备

学习目标
(1) 了解包装与流通加工设备的含义、特点和作用；
(2) 掌握包装机械设备的种类和功能；
(3) 熟悉常见的包装容器；
(4) 掌握流通加工设备的种类和用途。

10.1 包装与流通加工设备概述

10.1.1 包装设备概述

包装是产品进入流通领域的必要条件，主要通过包装设备实现。包装设备是指完成全部或部分包装过程的一类机器。运用高效率的包装设备，可以实现自动化和提高作业效率。随着时代的发展和技术的进步，包装设备在流通领域所起的作用越来越大。

1. 包装设备的概念

在产品流通的过程中，为了有效地保护商品、方便输运、促进销售，需要对产品进行合理的包装。包装过程包括成型、充填、封口、裹包等主要包装程序，以及清洗、干燥、杀菌、贴标、捆扎集装、拆卸等其他辅助包装工序。完成全部或部分包装过程的机械称为包装机械设备。

2. 包装设备的特点

包装设备多属于自动机，因此，它既有一般自动机的共性，也有其自身的特点，主要体现在以下几个方面：
①包装机械一般结构复杂、运动速度快、动作精度高；
②用于食品和药品的包装机械要便于清洗；
③包装机械的电动机功率较小；
④包装机械应该在标准卫生条件下工作，不能有任何污染产品的现象；
⑤包装机械一般采用无级变速装置，便于灵活调整速度等指标；
⑥包装机械属于特殊类型的专业机械，种类多，生产数量有限。

3. 包装设备的作用

包装设备在物流领域起着相当重要的作用，主要体现在以下几个方面：

（1）大幅度地提高生产效率

采用手工包装劳动强度大，效率低，采用机械化操作后，能够改善工人的劳动条件，大大提高生产效率。

（2）极大地提高包装的技术水平

采用机械设备包装，可以减少污染机会，保证了产品的质量。例如，采用真空、充气和无菌包装设备，可以延长食品的保质期。机械设备包装易于实现包装的规格化、标准化，被包装物品外观整齐、美观。

（3）减少物料损耗从而降低成本

采用机械设备包装能防止物品散失，节约原材料。对于松散产品，如棉花、烟叶等，采用设备压缩包装，可减小体积，降低包装成本，有利于装卸、运输和保管作业，节约储运费用。

10.1.2 流通加工设备概述

1. 流通加工设备的含义

流通加工是为了提高物流速度和物品的利用率，在物品进入流通领域以后，按照客户的要求进行的加工活动。流通加工的内容一般包括袋装、定量化小包装、拴牌子贴标签、配货、拣选、分类、混装、刷标记等。生产的外延流通加工包括剪断、打孔、折弯、拉拔、组装、改装、配套以及混凝土搅拌等。

流通加工设备是指完成流通加工任务的专门机械设备。在流通加工过程中，尽管流通加工设备的使用会发生商品实体损耗和价值转移，但通过对流通中的商品进行加工，可以改变或完善商品的原有形态来实现生产与消费的桥梁和纽带作用，并使商品在流通过程中增值。

2. 流通加工的作用

流通加工大多是简单加工，而不是复杂加工，它是对生产加工的一种辅助及补充，是为流通创造条件的，这种为流通所进行的加工与直接为消费所进行的加工在目的上是有所区别的。这也是流通加工不同于一般生产加工的特殊之处，具体有以下几个方面。

（1）提高原材料的利用率

通过流通加工进行集中下料，将生产厂直接运来的简单规格产品，按照用户的要求进行下料。例如，对钢板进行剪裁、切裁，将木材加工成各种长度及大小的板材、方型材等。集中下料可以优材优用、小材大用、合理套裁，能明显地提高原材料的利用率，有很好的技术经济效果。

（2）方便用户

用量小或有临时需要的用户，不具备进行高效率初级加工的能力，通过流通加工可以使用户省去进行初级加工的投资、设备、人力，方便了用户。

（3）提高加工效率和设备利用率

在分散加工的情况下，加工设备由于生产周期和生产节奏的限制，设备利用时紧时松，使加工过程不均衡，设备加工能力不能得到充分发挥。流通加工面向全社会，加工数量大，加工范围广，加工任务多，可以通过建立集中加工点，采用一些效率高、技术先进、加工量大的专门机械和设备，一方面提高了加工效率和加工质量，另一方面也提高了设备利用率。

（4）充分发挥各种输送手段的最高效率

流通加工环节将实物的流通分成两个阶段，一般来说，由于流通加工环节设置在消费地，因此，从生产厂到流通加工的第一阶段输送距离较长，从流通加工到消费环节的第二阶段距离较短。第一阶段是在生产厂与流通加工点之间进行定点、直达、大批量的远距离输送，因此，可以采用船舶、火车等运输手段；第二阶段则可利用汽车和其他小型车辆来输送流通加工后的多规格、小批量、多用户产品，这样可以充分发挥各种输送手段的最高效率，加快输送速度，节省运力和费用。

（5）改变功能，提高收益

在流通过程中进行一些改变产品某些功能的简单加工，其目的除上述几点外，还在于提高产品销售的经济效益。例如，许多出口的制成品（如洋娃娃、时装、轻工纺织产品、工艺美术品等）在深圳进行简单的包装加工，改变了产品的外观功能，仅此一项就可使产品售价提高20%以上。

3. 流通加工的种类

随着流通加工对物流服务功能的增强，流通加工的种类已经越来越多，服务范围也更加广泛，具体包括以下几个方面。

（1）为弥补生产领域加工不足的深加工

例如，在生产领域只能加工到圆木、板、方材这个程度的情况，进一步的下料、切材、处理等加工可以由流通加工完成。

（2）为满足需求多样化而进行的服务性加工

例如，对钢材卷板进行的舒展、剪切加工，对平板玻璃按需要规格进行的开片加工。

（3）为保护产品进行的加工

例如，水产品、肉类、蛋类的保鲜、保质的冷冻加工、防腐加工等；丝、麻、棉织品的防虫、防霉加工等。还有，为防止金属材料的锈蚀而进行的喷漆、涂防锈油，运用手工、机械或化学方法除锈等；木材的防腐朽、防干裂加工等。

（4）为提高物流效率，方便物流进行的加工

有些商品本身的形态使之难以进行物流操作，而且商品在运输、装卸搬运过程中极易受损，因此需要进行适当的流通加工加以弥补，从而使物流各环节易于操作，提高物流效率，降低物流损失。例如，把造纸用的木材磨成木屑的流通加工。

（5）为促进销售的流通加工

例如，对贝类进行挑选、除杂；使用粮食加工除杂机去除粮食中的杂质；将过大包装的散装物分装成适合依次销售的小包装的分装加工。

（6）为提高加工效率的流通加工

许多生产企业的初级加工由于数量有限、加工效率不高，难以投入先进科学技术，流通加工以集中加工的形式，解决了单个企业加工效率不高的弊病。

（7）为提高原材料利用率所进行的流通加工

在一些生产企业的初级加工中原材料加工利用率不高，而流通加工解决了单个企业加工利用率不高的弊病。例如，将鱼类的内脏加工成某些药物或饲料、将鱼鳞加工成高级黏合剂等。

（8）为衔接不同的运输方式，使物流合理化的流通加工

例如，散装水泥中转仓库把散装水泥装袋、将大规模散装水泥转化为小规模散装水泥的流通加工，就衔接了水泥厂大批量运输和工地小批量装运的需要。

（9）以提高经济效益，追求企业利润为目的的流通加工

流通加工的一系列优点，可以形成一种"利润中心"的经营形态，这种类型的流通加工是经营的一环，在满足生产和消费要求的基础上取得利润，同时在市场和利润引导下使流通加工在各个领域中有效发展。

（10）为生产与流通一体化的流通加工

例如，混凝土搅拌车可以根据客户的要求，把沙子、水泥、石子、水等各种不同材料按比例要求装入可旋转的罐中，在配送路途中，汽车边行驶边搅拌，到达施工现场后，混凝土已经均匀搅拌好了。

10.2 常用的包装设备

10.2.1 常用的包装技术

常用的包装技术包括以下几种。

1. 防震包装技术

防震包装又称缓冲包装，在各种包装方法中占有重要的地位。产品从生产出来到开始使用要经过一系列的运输、保管、堆码和装卸过程，并置于一定的环境之中。在任何环境中都会有力作用在产品之上，使产品发生机械性损坏。为了防止产品遭受损坏，就要设法减小外力的影响，所谓防震包装就是指为减缓内装物受到冲击和振动，保护其免受损坏所采取的一定防护措施的包装，具体的防震方法有以下几种。

（1）全面防震法

①压缩包装法。压缩包装法是指用弹性材料把易碎物品填塞起来或进行加固的包装方法，这样可吸收振动或冲击的能量。所谓弹性材料一般为丝状、薄片状和粒状，以便于对形状复杂的产品也能很好地填塞，防震时能有效地吸收能量，分散外力，有效保护内装物。

②浮动包装法。浮动包装法和压缩包装法基本相同，所不同之处在于所用弹性材料为小块衬垫，这些材料可以位移和流动，这样可以有效地充满直接受力部分的间隙，分散内装物所受的冲击力。

③裹包包装法。裹包包装法采用各种类型的片材把单件内装物裹包起来放入外包装箱盒内。这种方法多用于小件物品的防震包装，如图10-1所示。

④模盒包装法。模盒包装法是利用模型将聚苯乙烯、树脂等材料做成和制品形状一样的模盒，用其来包装制品达到防震作用。这种方法多用于小型、轻质制品的包装，如图10-2所示。

图 10-1　裹包包装法　　　　　　　　图 10-2　模盒包装法

（2）部分防震包装法

对于整体性好的产品和有内包装容器的产品，仅在产品或内包装的拐角处或局部地方使用防震材料进行衬垫即可，这种方法叫部分防震包装法，如图 10-3 所示。

（3）悬浮防震包装法

对于某些贵重易损的物品，为了有效地保证其在流通过程中不受损害，往往采用坚固的外包装容器，把物品用带子、绳子、吊环、弹簧等物吊在外包装中，不与四壁接触，如图 10-4 所示。

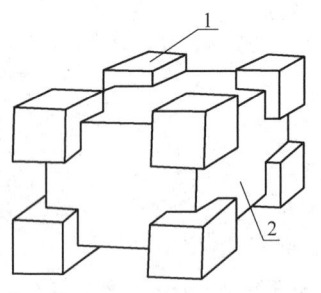
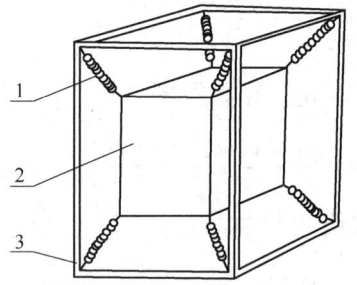

图 10-3　用棱衬垫进行的　　　　　　图 10-4　悬浮防震包装法
　　　　部分防震包装法　　　　　　　　1—弹簧；2—产品或内包装；3—框架
1—棱衬垫；2—产品或内包装

2. 防破损保护技术

缓冲包装有较强的防破损能力，是防破损包装技术中有效的一类。此外还可以采取以下几种防破损保护技术。

①捆扎及裹紧技术。捆扎及裹紧技术的作用，是使杂货、散货形成一个牢固整体，以增加整体性，便于处理及防止散堆，从而减少破损。

②集装技术。利用集装技术，减少与货体的接触，从而防止破损。

③选择高强度保护材料。通过高强度的外包装材料来防止内装物受外力作用破损。

3. 防锈包装技术

防锈包装的首选技术是使用防锈剂，防锈剂有防锈油和气化性防锈剂两类。各种防锈油是在矿物油中加入防锈添加剂后制成的。气化性防锈剂是一种在常温下就能挥发的物质，挥发出的气体附着在金属表面，从而防止生锈。根据防锈油剂的不同，防锈包装技术可分为防锈油包装技术和气相防锈包装技术。

（1）防锈油包装技术。大气锈蚀是空气中的氧、水蒸气及其他有害气体等作用于金属表面引起化学作用的结果。如果使金属表面与引起大气锈蚀的各种因素隔绝（将金属表面保护起来），就可以达到防止金属受大气锈蚀的目的。防锈油包装技术就是根据这一原理将金属涂封防止锈蚀的。用防锈油封装金属制品，要求油层要有一定厚度，油层的连续性好，涂层完整。不同类型的防锈油要采用不同的方法进行涂封。

（2）气相防锈包装技术。气相防锈包装技术就是用气相缓蚀剂（挥发性缓蚀剂），在密封包装容器中对金属制品进行防锈处理的技术。气相缓蚀剂是一种能减慢或完全停止金属在侵蚀性介质中的破坏过程的物质，它在常温下即具有挥发性，它在密封包装容器中，在很短的时间内挥发或升华出的缓蚀气体就能充满整个包装容器内的每个角落和缝隙，同时吸附在金属制品的表面上，从而起到抑制大气对金属锈蚀的作用，如图10-5所示。

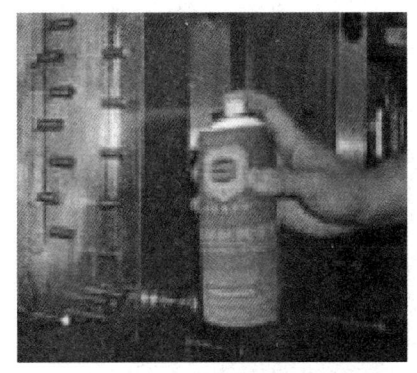

图10-5 气体防锈

4. 防霉包装技术

防霉包装是防止包装和内装物霉变而采取一定防护措施的包装。它除防潮措施外，还要对包装材料进行防霉处理。防霉包装必须根据微生物的生理特点，改善生产和控制包装储存等环境条件，达到抑制霉菌生长的目的。第一，要尽量选用耐霉腐和结构紧密的材料，如铝箔、玻璃和高密度聚乙烯塑料、聚丙烯塑料、聚酯塑料及其复合薄膜等，这些材料具有微生物不易透过的性质，有较好的防霉效能。第二，要求容器有较好的密封性，因为密封包装是防潮的重要措施，如采用泡罩、真空和充气等严密封闭的包装，既可阻隔外界潮气侵入包装，又可抑制霉菌的生长和繁殖。第三，采用药剂防霉的方法，可在生产包装材料时添加防霉剂，或用防霉剂浸湿包装容器和在包装容器内喷洒适量防霉剂，如采用多菌灵（BCM）、百菌清、水杨脱苯胺、菌菪净、五氯酚钠等，用于纸与纸制品、皮革、棉麻织品、木材等包装材料的防霉。第四，还可采用气相防霉处理，主要有多聚甲醛、充氮包装、充二氧化碳包装，也具有良好的效果。

5. 防潮包装技术

防潮包装技术包括以下两种。

（1）采用透湿度为零或接近零的金属或非金属将产品包装后加密封，如不加干燥剂的包装可采用真空包装、充气包装等；加干燥剂的包装，一般可选用硅胶和蒙脱石作干燥剂，如图10-6所示。

（2）采用较低透水蒸气性的柔性材料，将产品加干燥剂包装，并密封。例如，单一柔性薄膜加干燥剂包装；复合薄膜加干燥剂包装。

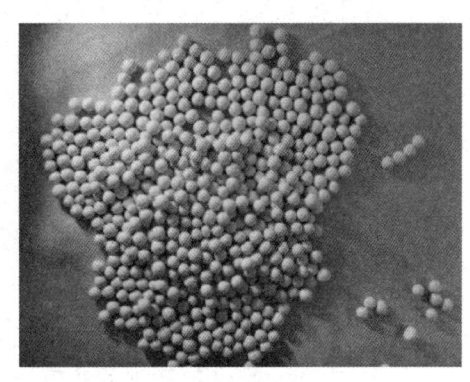

图10-6 硅胶干燥剂（防潮珠）

6. 防虫包装技术

防虫包装技术是指为了保护内装物免受虫类侵害而采取一定防护措施的包装技术，如图 10-7 所示。

7. 危险品包装技术

按物品的危险性质，交通运输部门和公安消防部门将危险品分为 10 类：爆炸性物品、氧化剂、压缩气体、液化气体、自燃物品、遇水燃烧物品、易燃液体、易燃固体、腐蚀性物品、放射性物品等。根据危险品的特点（如放射性、易燃、易爆等物品）应按照有关法令、标准和规定进行专门设计的包装，如图 10-8 所示。

图 10-7　防虫包装技术

图 10-8　危险品包装技术

8. 现代集合包装技术

现代集合包装技术是将一定数量的包装件或产品，装入具有一定规格、强度和可长期周转使用的更大包装容器内，形成一个合适的搬运单元的一种包装技术。集合包装主要以集装箱为主，可以将装满货物的托盘和集装容器、集装货捆一起装进大型的集装箱内，以便搬运、装卸和运输，如图 10-9 和图 10-10 所示。

图 10-9　集装箱

10.2.2 包装设备分类

包装设备的种类很多，分类方法也很多，主要有以下几种。

1. 按包装物和包装材料的供给方式分类

按包装物和包装材料的供给方式，包装设备可以分为全自动包装设备和半自动包装设备。

全自动包装设备是由设备自动供给包装物和包装材料，半自动包装设备是由人工供给包装物和包装材料。

2. 按包装物的使用范围分类

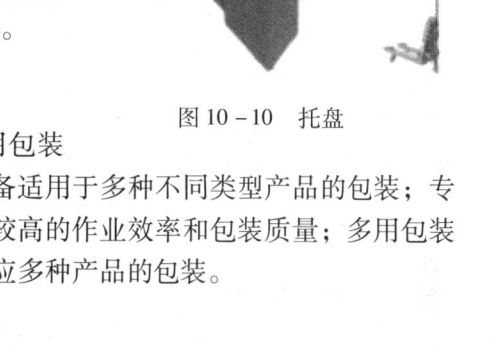

图 10-10 托盘

按包装物的使用范围，包装设备可以分为通用包装设备、专用包装设备和多用包装设备。通用包装设备适用于多种不同类型产品的包装；专用包装设备仅适用于某一种特定产品的包装，具有较高的作业效率和包装质量；多用包装设备可以通过调整或更换设备上的某些部件，以适应多种产品的包装。

3. 按包装设备的功能分类

按包装设备的功能，包装设备可以分为充填、计量、封口、裹包、捆扎、标记、清洗、灭菌等多种设备。

4. 按包装的产品分类

按包装的产品，包装设备可以分为食品、药品、工业品、化工产品、建材等多种设备。

5. 按包装大小分类

按包装大小，包装设备可以分为小包、中包、大包等多种设备。

6. 按特种包装分类

按特种包装，包装设备可以分为收缩、拉伸、热成型、充气、真空、现场发泡等多种设备。

7. 按被包装物形态分类

按被包装物形态，包装设备可以分为固体（包括块状、粒状和粉状）和液体（包括高黏度、中黏度、低黏度）等多种设备。

8. 按传送方式分类

按传送方式，包装设备可以分为单位包装机、间歇运动多工位包装机、单头连续运动多工位包装机、多头连续运动多工位包装机等多种设备。

9. 按包装容器分类

按包装容器，包装设备可以分为装箱、装盒、装袋、装瓶、装罐、装桶等多种设备。

10. 按包装层次分类

按包装层次，包装设备可以分为单层包装设备和多层包装设备。

10.2.3 常见的包装容器

包装容器按照包装的方式可以分为包装袋、包装盒、包装箱、包装瓶、包装罐等。

1. 包装袋

包装袋是柔性包装中的重要技术，包装袋材料是挠性材料，有较高的韧性、抗拉强度和耐磨性。一般以纸质和熟料材料较为常见。包装袋一般可以分为以下三种类型。

①集装袋。集装袋是一种大容积的运输包装袋，盛装重量在 1 吨以上。集装袋的顶部一般装有金属吊架或吊环等，便于起吊和搬运，卸货时可以打开袋底的卸货孔，进行卸货，非常方便，适用于运装颗粒状、粉状的货物，如图 10-11 所示。

②一般运输包装袋。一般运输包装袋的盛装重量是 0.5~100 千克，大部分是由植物纤维或合成树脂纤维纺织而成的编织袋，或是由多层材料制成的包装袋，如麻袋、草袋等，主要用于包装粉状、粒状和个体小的货物。

③小型包装袋（或称普通包装袋）。小型包装袋盛装重量较轻，通常用单层材料或双层材料制成。其包装范围较广，液状、粉状、块状和异性物质都可采用这种包装。

图 10-11　集装袋

上述包装袋中，集装袋比较适用于运输包装，一般运输包装袋适用于外包装及运输包装，小型包装袋适用于内包装、个装及商业包装。

2. 包装盒

包装盒是介于刚性和柔性包装两者之间的包装容器，如图 10-12 所示。包装材料有一定的挠性，不易变形，有较高的抗压强度，刚性高于袋装材料。包装结构是规则的几何形状的立方体，也可以制成其他形状（如圆筒状等），有开闭装置。包装盒整体强度不大，包装量也不大，适合做运输包装，也适合做商业包装、内包装，适用于包装块状及各种异形商品。

图 10-12　包装盒

3. 包装箱

包装箱是刚性包装技术中的重要一类，包装

材料为刚性或半刚性材料，有较高强度且不易变形。包装结构和包装盒相同，只是容积、外形都大于包装盒，包装操作主要为码放，适合做运输包装、外包装，包装范围很广，主要用于固体杂货包装。包装箱主要有以下几种。

①瓦楞纸箱。瓦楞纸箱是用瓦楞纸板制成的箱形容器，如图10-13所示，分为折叠式、固定式和异形瓦楞纸箱三种，用量很大，适用范围很广。

②木箱。木箱是流通领域中常用的一种包装容器，其用量仅次于瓦楞纸箱，木箱主要有木板箱、框板箱和框架箱三种。

a. 木板箱。木板箱一般用作小型运输容器，能装载很多不同性质的货物，如图10-14所示。木板箱抗撞、防溃散能力很强，耐压强度很高，但木板箱的箱体较重，体积较大，本身没有防水性。

b. 框板箱。框板箱是由木条和人造板材钉合制成的木制容器，如图10-15所示。

c. 框架箱。框架箱是由一定截面的条木构成箱体骨架，再根据需要在骨架外面加木板覆盖的大型包装容器。

图10-13 瓦楞纸箱

图10-14 木板箱

图10-15 框板箱

③塑料箱。塑料箱一般用作小型运输包装容器，其优点是自重轻，耐腐蚀性好，可装载多种商品，整体性强、强度和耐用性能满足反复使用的要求，可制成多种色彩以对装载物加以分类，手握搬运方便，没有木刺、不易伤手，如图10-16所示。

④集装箱。集装箱指由钢材或铝材制成的大容积物流装运设备，从包装角度则属于一种大型包装箱，可归属于运输包装的类别中，也是一种大型可反复使用的周转型包装容器，如图10-17所示。

图10-16 塑料箱

图10-17 集装箱

第10章 包装与流通加工设备

4. 包装瓶

包装瓶是瓶颈尺寸有较大差别的小型容器,是刚性包装中的一种,有较高的抗变形能力,刚性、韧性也较高,个别包装瓶的材料介于刚性和柔性材料之间。

包装瓶的包装量一般不大,适合美化装潢,主要做商业包装、内包装使用,主要包装液体、粉状物,包装瓶按外形可分为圆瓶、方瓶、高瓶、矮瓶、异形瓶等若干种,如图 10-18 所示。

图 10-18 包装瓶

5. 包装罐

包装罐是指罐身各处横截面形状大致相同,罐颈短,罐颈内径比罐身内径稍小或无罐颈的一种包装容器,是刚性包装的一种。包装材料强度较高,罐体抗变形能力强,可做运输包装、外包装,也可做商业包装、内包装用。

包装罐主要有以下三种类型。

①小型包装罐。小型包装罐是典型的包装罐,可用金属材料或非金属材料制造,容积不大,一般做销售包装、内包装,罐体可采用各种方式装潢美化,如图 10-19 所示。

②中型包装罐。中型包装罐也是典型的罐体,容积较大,一般做化工原料、土特产的外包装,起到运输包装的作用,如图 10-20 所示。

图 10-19 小型包装罐

图 10-20 中型包装罐

③集装罐。集装罐是一种大型的罐体，外形有圆柱形、圆球形、椭球形等，有卧式、立式之分。集装罐往往罐体大而罐颈小，采取罐填式作业。集装罐是典型的运输包装，适合包装液体、粉状及颗粒状货物，如图10-21所示。

图 10-21　集装罐

10.2.4　包装机械设备

包装机械设备是指完成全部或部分包装过程的机器设备，是使产品包装实现机械化、自动化的根本保证。常见的包装机械设备有：打包机、捆扎机、纸箱成型机、开箱机、贴标机、套袋包装机、收缩机、封箱机、胶带封箱机、缠绕机、裹包机、堆码机、码垛机、装箱机、输送机、装盒机、真空包装机等。下面具体介绍几种常见的包装机械设备。

1. 充填设备

充填设备是指将待包装的物料按所需的精确量（质量、容量、数量）充填到包装容器内的机械。按其计量方式不同可分为容积式充填机、称重式充填机、记数式充填机，另外一种常见的充填机是自动充填机，比较适用于干粉剂的充填，如图10-22所示。

图 10-22　自动充填机

充填设备一般由物料供送装置、计量装置、下料装置等组成。它可以作为一种单机单独使用,也可以与各种包装机组成机组联合工作。充填包装设备是包装设备的重要组成部分,其关键内容是高速度、高精度与高可靠性的统一,其性能的好坏直接影响包装质量。

2. 封口设备

封口设备是指在包装容器内盛装产品后对容器进行封口的机器。

不同的包装容器有不同的封口方式,如塑料袋多采用接触式加热加压封口或非接触式的超声波熔焊封口;麻袋、布袋、编织袋多采用缝合的方式封口;瓶类容器多采用压盖和旋盖封口;罐类容器多采用卷边式封口;箱类容器多采用钉封和胶带粘封。

按照封口方式的不同,封口机可分为以下几种类型。

(1) 热压式封口机

热压式封口机是采用加热加压的方式封闭包装容器的机器,常用的加热元件有加热板、加热环、加热辊等,其主要用于各种塑料袋的封口,如图 10 - 23 所示。

(2) 熔焊式封口机

熔焊式封口机是通过加热使包装容器封口处熔化而将包装容器封闭的机器,常用的加热方式有超声波、电磁感应和热辐射等。其主要用于封合较厚的包装材料,如图 10 - 24 所示。

图 10 - 23 热压式封口机

图 10 - 24 熔焊式封口机

(3) 缝合式封口机

缝合式封口机是使用缝线缝合包装容器的机器,多用于麻袋、布袋、复合编织袋等的封口，如图 10-25 所示。

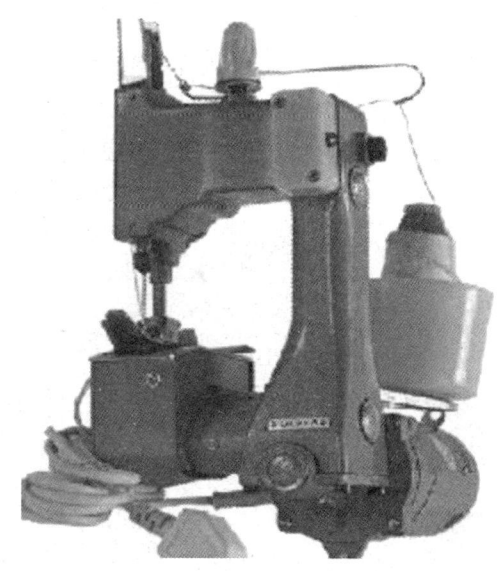

图 10-25　缝合式封口机

（4）卷边式封口机

卷边式封口机是用滚轮将金属盖与包装容器开口处相互卷曲勾合以封闭包装容器的机器。卷边式封口机又称封罐机，是罐头食品生产过程中的重要机械设备之一，如图 10-26 所示。

图 10-26　卷边式封口机

（5）液压式封口机

液压式封口机是指用滚轮滚压金属盖使之变形以封闭包装容器的机器，如图 10-27 所示。它生产的罐头密封可靠，能保存较长时间，但开启较困难。

（6）旋合式封口机

旋合式封口机是指通过旋转封口器材以封闭包装容器的机器，如图 10-28 所示。封口器材通常是带有螺纹的瓶盖或带有向内卷曲盖爪的罐盖，以旋拧的方式旋紧在带有螺纹的瓶口或罐口上。

图 10-27　液压式封口机

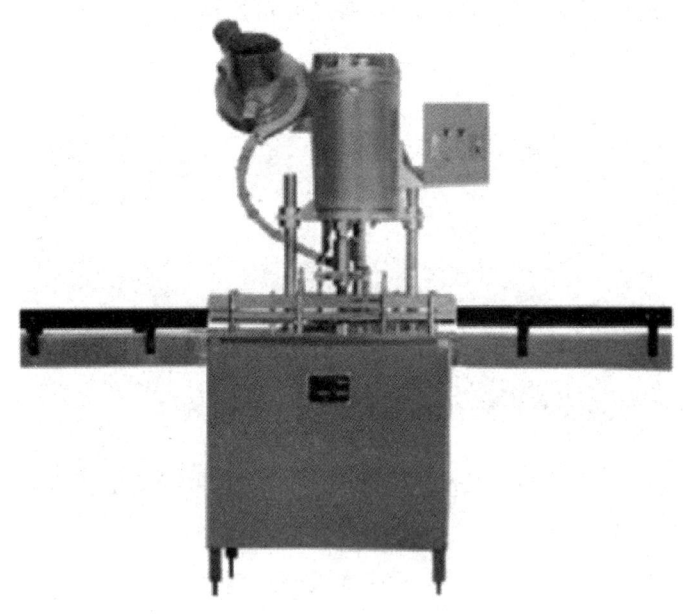

图 10-28　旋合式封口机

3. 灌装设备

灌装设备是指将定量的液体物料充填到包装容器中的充填机械，如图 10-29 所示，主要用于在食品领域中对啤酒、饮料、乳品、酒类、植物油和调味品的包装，还包括洗涤剂、矿物油和农药等化工类液体产品的包装。包装所用容器主要有桶、瓶、听、软管等。

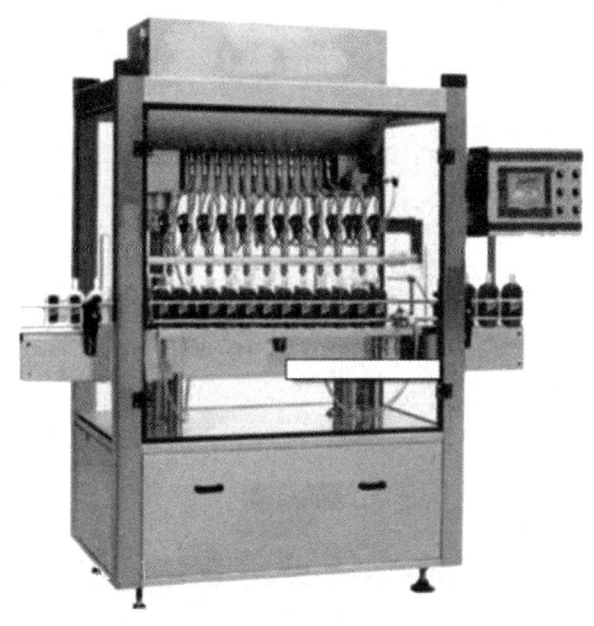

图 10-29 灌装机

4. 裹包设备

用挠性包装材料进行全部或局部裹包产品的包装设备统称为裹包设备，也称裹包机，如图 10-30 所示。按裹包方式的不同，可分为全裹式裹包机、半裹式裹包机、缠绕式裹包机、拉伸式裹包机、收缩式裹包机等。

图 10-30 裹包机

裹包设备的共同特点是用薄形挠性包装材料，如玻璃纸、塑料膜、黏膜、各类复合膜、拉伸膜、收缩膜等，将一个或多个固态物品进行裹包，广泛用于食品、烟草、药品、日用化工品、音像制品等领域。其种类繁多，功能各异，因而裹包设备的结构较为复杂，其调整、维修需要一定的技术水平。

5. 捆扎设备

捆扎设备是利用带状或绳状捆扎材料将一个或多个包件紧扎在一起的机器，如图 10 - 31 所示，属于外包装设备。目前，我国生产的捆扎机基本上采用塑料带作为捆扎材料，利用热熔搭接的方法使紧贴包件表面的塑料带两端加压黏合，以达到捆紧包件的目的。

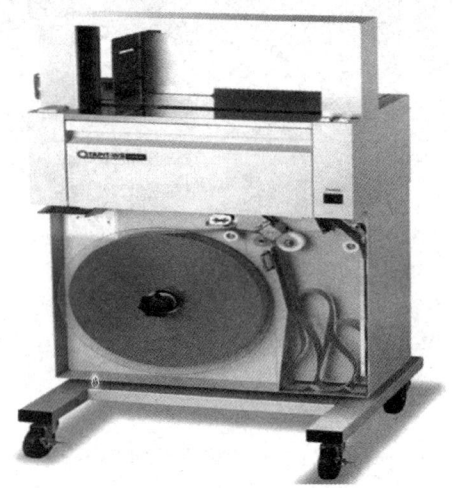

图 10 - 31　捆扎机

6. 装箱机

装箱机用于啤酒、饮料等商品的装箱，如图 10 - 32 所示，此类商品灌装之后必须装箱，进行运输包装，才能进入流通领域。此类商品的装箱工作，可以采用装箱机来进行。

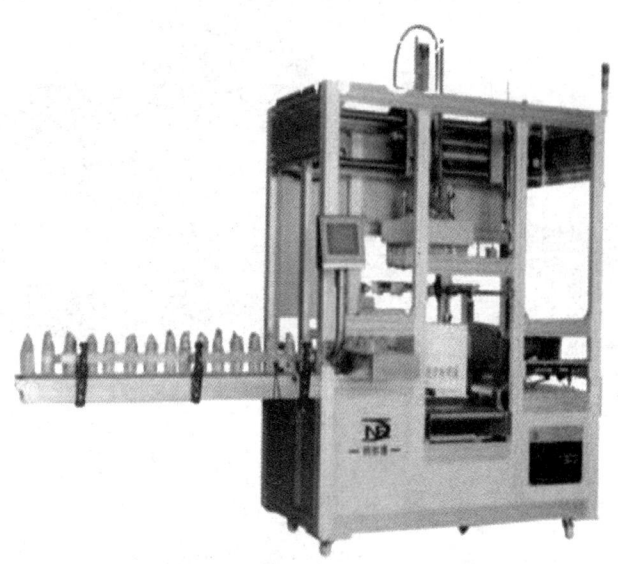

图 10 - 32　装箱机

7. 贴标机

贴标机是将标签粘贴在包装件或产品上的机器，如图 10 - 33 所示。贴标机的基本组成包括供标装置、取标装置、涂胶装置、打印装置和连锁装置等部分。

图 10-33　贴标机

8. 打码机

打码机是在产品包装上打印出产品批号、出厂日期、有效期等字样的机器，如图 10-34 所示。

9. 真空包装机

真空包装机是将产品装入包装容器后，抽去容器内的空气，达到预定的真空度并完成封口工序的一类机械。充气包装机是将产品装入包装容器后，再将氮气、二氧化碳等气体置换到容器内，并完成封口的一类设备。绝大多数真空包装机都具有充气功能，所以人们把以上设备统称为真空包装机，如图 10-35 所示。

图 10-34　打码机　　　　图 10-35　真空包装机

真空包装设备具有自动化、生产率高、功能集成化、部件专业化等特点，适用于食品、金属制品、化工原料、精密仪器仪表、纺织品等的真空包装，而且对于固体、散粒体、半流体或液体都适用。

10. 泡罩包装机

泡罩包装机是将透明塑料薄膜或薄片制成泡罩，用热压封合、黏合等方法将产品封合在泡罩与底板之间的一类设备，主要用于轻工、医药和化工等行业，按照包装方法的不同，泡罩包装机可分为辊筒式、辊板式和平板式三种。图10-36所示为平板式泡罩包装机。

拓展阅读10-1

图10-36 平板式泡罩包装机

10.3 流通加工设备

10.3.1 流通加工设备的分类

按照不同的标准，流通加工设备可以分成不同的种类。

1. 按流通加工形式分类

按流通加工形式的不同，流通加工设备可分为以下几种类型。

（1）冷链设备

冷链设备是采用低温冷冻方法对生鲜产品进行保护性加工的设备，如组合式保鲜冷库可以提供最适合蔬菜、水果等新鲜农产品呼吸的温湿度，可以始终保持蔬菜、水果等农产品或其他类需要保鲜的物品的新鲜度。

（2）分选加工设备

分选加工设备是根据农副产品的规格、质量离散较大的情况，为了获得一定规格的产品而采取分选加工的设备。

（3）精制加工设备

精制加工设备主要用于农、牧、副、渔等产品的切分、洗净、分装等简单加工，如将洗净的海鲜切成片，然后进行晒干分装的过程中所用到的一部分设备。

（4）剪切加工设备

剪切加工设备是指进行下料加工和将大块的钢板裁小或裁成毛坯的设备，如剪板机。

（5）分装加工设备

分装加工设备是指在销售地按照销售要求而进行大包装改成小包装，运输包装改成销售包装等加工，以便于销售的加工设备。

（6）集中下料设备

以对木材的集中下料为例，集中下料设备是指在流通加工中将原木材锯成各种型材，同时将碎木碎屑集中起来加工成各种规格的板材，还可以进行打眼、凿孔等初级加工的设备。

（7）配煤加工设备

配煤加工设备是指将各种煤及一些其他发热物质，按不同的配方进行掺配加工，生产出各种不同发热量的燃料的设备。目前很多火力发电厂都在进行配煤加工研究和实践。

2. 根据加工对象分类

根据加工对象的不同，流通加工设备可分为以下几种类型。

（1）生鲜食品流通加工设备

生鲜食品流通加工设备可分为冷冻加工设备、分选加工设备、精制加工设备和分装加工设备。

（2）木材加工设备

针对木材自重轻、运输体积大、车船满载困难、装车捆扎不易的特点，木材加工设备主要用来对其进行磨制、压缩、锯裁等加工。

（3）玻璃加工设备

在流通中，玻璃加工设备主要是指对玻璃进行加工，包括各种各样的切割机在内的专用机械。进行精加工还需清洗机、磨边机、雕刻机、烤花机、拉管机、分选机、堆垛机、瓶罐检验包装设备、玻璃技工工具、金刚石砂轮等。

（4）水泥加工设备

水泥加工设备通过输入熟料并在流通加工点使用粉磨加工设备进行磨细，根据实际情况进行配料加工，以满足客户要求，这是水泥流通加工的重要形式。集中搅拌混凝土是水泥加工的另一种重要形式，主要设备包括混凝土搅拌机械、混凝土搅拌站、混凝土输送车、混凝土输送泵、车泵等。

（5）金属加工设备

某些金属材料的长度、规格不完全适合用户，若采用单独剪板下料方式，设备闲置时间长、人力消耗大，而采用集中剪板、集中下料方式，可以避免单独剪板的一些弱点，提高材料利用率。流通中进行加工的金属材料主要有钢铁、铜材、铝材、合金等。金属加工设备是对上述金属进行剪切、折弯、下料、切削加工的机械，它主要分为成型设备和切割加工设备等。

（6）煤炭加工设备

煤炭加工设备主要包括除矸加工设备、管道输送煤浆加工设备、配煤加工设备等。

（7）机械产品及零配件流通加工设备

机械产品及零配件流通加工设备主要有组装加工设备、石棉橡胶板的开张成型加工设备等。

（8）其他通用流通加工设备

其他通用流通加工设备主要有裹包集包设备，如裹包机、装盒机等；外包装配盒设备,如钉箱机、打带机;印贴条形码标签设备,如网印设备、喷印设备、条形码打印机;拆箱设备,如拆箱机、拆柜工具;称重设备,如称重机、地磅等。

10.3.2　常见的几种流通加工设备

1. 冷链设备

冷链设备是将生鲜、易腐品在低温冷藏条件下由产地、捕捞地送至零售卖场、家庭而采用的运输、储存设备的总和。运用冷链设备进行生鲜等物品的运输、储存,可以有效控制物品在物流过程中的温度,在保持物品鲜度的同时,还可以减少因物品鲜度下降、变色、变质、腐烂等带来的损耗,降低运营成本。冷链设备主要用于食品工业、医学界及免疫系统。常用的冷链设施设备有冷库、冷藏车及冷藏箱等。在之前的章节都有详细介绍,本节不再赘述。

2. 金属加工设备

流通领域的金属加工设备主要是指对金属进行剪切、弯曲、下料、切削加工的机械,应用较多的是剪板机、折弯机和冲剪机。

（1）剪板机

剪板机是在各种板材的流通加工中应用比较广泛的一种剪裁设备,如图10-37所示。它能剪切各种厚度的板材,其工作过程主要是板料在剪板机的上下刀刃作用下受剪,产生分离变形。一般剪切时下剪刀固定不动,上剪刀向下运动。钢板剪切机的类型,按照工艺用途,可分为多用途剪板机和专用剪板机;按照传动方式不同,可以分为机械传动式剪板机和液压传动式剪板机;按上下刀片的相对位置,可以分为平刃剪板机和斜刃剪板机;按刀架运动方式,可以分为直线式剪板机和摆动式剪板机。由于钢铁厂生产的钢材都是按照统一标准生产的,规格和卷重较大。通过剪板机可以将大规格的钢材裁小或剪切成毛坯,降低了销售起点,便于用户采购使用。

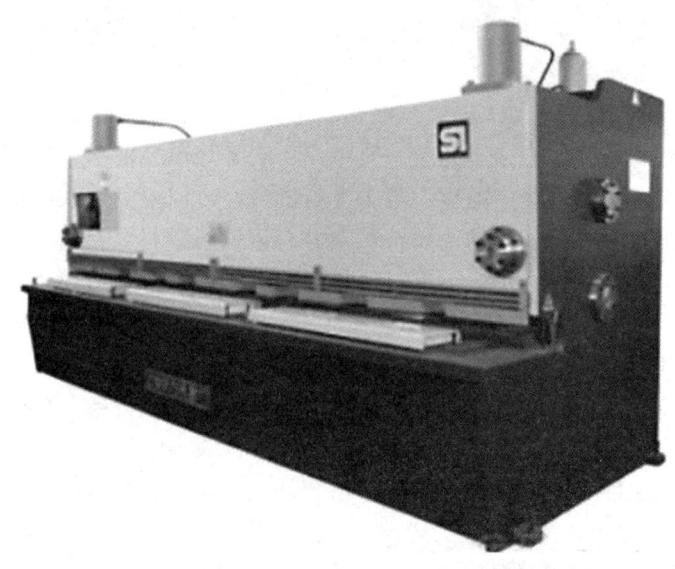

图10-37　剪板机

（2）折弯机

折弯机主要用于板料、带料的折弯成型加工，如图10-38所示。

图10-38 折弯机

（3）冲剪机

冲剪机采用机械传动，机架为钢板焊接结构，有足够的强度和刚度，能对方钢、圆钢、槽钢、工钢、角钢进行剪切、冲孔、模剪，如图10-39所示。

图10-39 冲剪机

3. 玻璃加工设备

流通领域的玻璃加工设备主要是指对玻璃进行切割的各种专用机械。平板玻璃的"集中套裁、开片供应"是重要的流通加工方式，这种加工方式可以大大提高平板玻璃的利用。玻璃切割机的种类很多，大多数玻璃套裁中心都装备有全自动数控玻璃切割机，如图10-40所示。全自动数控玻璃切割机从取玻璃、切割玻璃，到分离玻璃都由计算机自动控制，操作简单方便，生产效率高。

图10-40　全自动数控玻璃切割机

此外，还有万能水切割机，如图10-41所示，适用于玻璃、石材等物的切制加工。它采用超高压水枪进行切割加工，能够用于任意平面图形和文字的切割，切割的物体表面平整、光洁，设备操作方便，无粉尘污染。

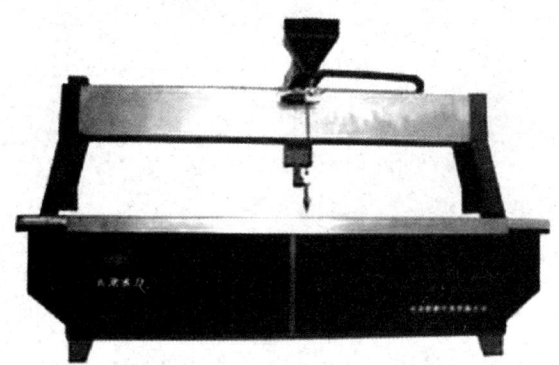

图10-41　万能水切割机

4. 木材加工设备

对木材进行加工的设备主要有以下两种。

（1）磨制、压缩木屑设备

木材是容重轻的物资，在运输时会占用相当大的容积，往往使车船满装而不能满载，同时，装车、捆扎也比较困难。从林区外送的原木中有相当一部分是造纸树，美国采取在林木生产地就地将原木磨成木屑，然后采取压缩方法使之成为容重较大、容易装运的形状，然后运至靠近消费地的造纸厂，取得了良好的效果。根据美国的经验，采取这种方法比直接运送原木可以节省运送原木约一半的运费。

（2）锯木设备

在流通加工点，利用锯木机等锯木设备将原木锯裁成各种规格锯材，将碎木、碎屑集中加工成各种规格板材，还可以根据需要进行打眼、凿孔等初级加工，这样，具有相当大的经济效益。

锯木机是用有齿锯片、锯条或带齿链条切割木材的机床，如图 10-42 所示。锯木机按刀具的运动方式可分为三种：刀具做往复运动的锯机，包括有线锯机和框锯机；刀具做连续直线运动的锯机，包括有带锯和链锯；刀具做旋转运动的锯机，包括各种圆锯。

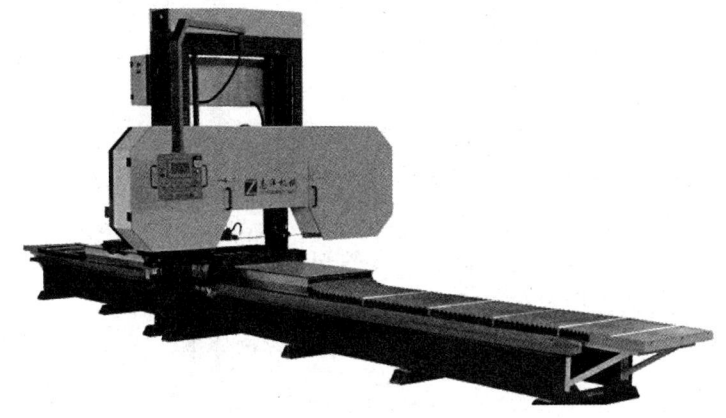

图 10-42 锯木机

本章小结

随着科学技术的发展，包装设备在物流领域发挥着越来越重要的作用，本章介绍了常用的包装技术、包装设备的分类、包装容器及包装的机械设备。同时，本章在介绍流通加工设备分类的基础上，详细介绍了在生产实践中应用广泛的流通加工设备的种类、功能及工作原理等。

习题

一、单项选择题

1. 关于流通加工理解，正确的是（　　）。

A. 流通加工的对象是不进入流通过程的商品，不具有商品的属性，因此流通加工的对象不是最终产品，而是原材料、零配件、半成品

B. 一般来讲，如果必须进行复杂加工才能形成人们所需的商品，那么，这种复杂加工应专设生产加工过程，而流通加工大多是简单加工，而不是复杂加工，因此流通加工可以说是对生产加工的取消或代替

C. 从价值观点看，生产加工的目的在于创造价值及使用价值，而流通加工则在于完善其使用价值，并在不做大改变情况下提高价值

D. 流通加工的组织者是从事流通工作的人，能密切结合流通的需要进行某种加工活动，从加工单位来看，流通加工与生产加工都是由生产企业完成的

2. 根据流通加工定义，下列属于流通加工的是（   ）。
A. 某工厂采购布匹、纽扣等材料，加工成时装并在市场上销售
B. 某运输公司在冷藏车皮中保存水果，使之在运到目的地时更新鲜
C. 杂货店将购买的西红柿按质量分成每斤 1 元和每斤 2 元两个档次销售
D. 将马铃薯通过洗涤、破碎、筛理等工艺加工成淀粉
3. 在进行防潮包装时，不属于应注意事项的是（   ）。
A. 防潮阻隔性材料应具有平滑均一性，无针孔、沙眼、气泡、破裂现象
B. 尽量缩小货物的体积和防潮包装的总面积、总体积
C. 采用悬浮式包装
D. 若产品有尖突部位，可能损伤防潮包装隔层，要预先采取包扎措施
4. 下面不符合绿色包装原则的是（   ）。
A. 简化包装，节约材料，既降低了成本，又减轻了环境污染
B. 包装重复使用或回收再生，如多功能包装。这种包装用过之后，可以制成展销陈列架、储存柜等
C. 开发可分解、降解的包装材料，如有的塑料包装品能够在被弃埋入土壤后，成为土壤中微生物的食物，在很短时间内化为腐殖质
D. 使用塑料产品包装，降低成本，减少包装内容物分量

二、简答题

1. 常用的包装容器有哪些？它们各自适用于什么类型的产品包装？
2. 详述包装机械设备的种类。
3. 流通加工都有哪些作用？
4. 举例说明流通加工设备的种类和作用。

参 考 文 献

[1] 王雅华，朱晓燕．物流设施与设备[M]．北京：清华大学出版社，2018．
[2] 蒋亮．物流设施与设备[M]．北京：清华大学出版社，2018．
[3] 蒋祖星．物流设施与设备[M]．北京：机械工业出版社，2018．
[4] 赵智锋．物流设施设备运用[M]．上海：上海财经大学出版社，2017．
[5] 肖生苓．现代物流设施与设备[M]．北京：科学出版社，2017．
[6] 傅莉萍．物流设施与设备[M]．北京：科学出版社，2015．
[7] 于汶艳．物流设施与设备[M]．北京：清华大学出版社，2013．
[8] 于英．交通运输工程学[M]．北京：北京大学出版社，2017．
[9] 郑少锋．现代物流信息管理与技术[M]．北京：机械工业出版社，2016．
[10] 邹安全．现代物流信息技术与应用[M]．武汉：华中科技大学出版社，2017．
[11] 焦维新．北斗卫星导航系统[M]．北京：知识产权出版社，2015．
[12] 赵燕．现代物流设备应用与管理[M]．北京：北京大学出版社，2015．
[13] 殷勇，鲁工圆，交通运输设备[M]．成都：西南交大出版社，2014．
[14] 周兴建．现代仓储管理与实务[M]．北京：北京大学出版社，2017．
[15] 吴志成．物流设施与设备[M]．北京：北京交通大学出版社，2012．
[16] 罗松涛．物流包装[M]．北京：清华大学出版社，2010．